JACQUELINE KENNEDY

CONVERSACIONES HISTÓRICAS SOBRE MI VIDA CON JOHN F. KENNEDY

JACQUELINE KENNEDY

CONVERSACIONES HISTÓRICAS
SOBRE MI VIDA CON JOHN F. KENNEDY

ENTREVISTAS CON
ARTHUR M. SCHLESINGER, JR., EN 1964
INTRODUCCIÓN Y NOTAS DE
MICHAEL BESCHLOSS

PRISA EDICIONES

La transcripción de conversaciones grabadas es casi siempre un arte más que una ciencia. Con el fin de hacer este libro comprensible para el lector, y siguiendo el estilo de otras historias orales ya publicadas, se han eliminado algunas interjecciones y frases sin terminar cuando interrumpían la conversación, pero sólo cuando dichos cambios no alteraban el significado.

Véanse los créditos fotográficos en la página 363.

Título original: *Jacqueline Kennedy. Historic conversations on life with John F. Kennedy*

© 2011, Caroline Kennedy, John Schlossberg, Rose Schlossberg y Tatiana Schlossberg

Publicado originalmente por Hyperion.

© De la traducción: Elena Alemany, 2011

© De esta edición:

2011, Santillana USA Publishing Company
2023 N.W. 84th Ave.
Doral, FL, 33122

Teléfono 305-591-9522
Telefax   305-591-7473

www.librosaguilar.com

Diseño de cubierta: Phil Rose
Fotografías de cubierta: © Mark Shaw/mptvimages.com

© AP Photo/Henry Burroughs.
Primera edición: Octubre de 2011
ISBN: 978-1-61605-898-2

Impreso en el mes de Octubre en los talleres de HCI Printing

Jacqueline Kennedy

ÍNDICE

PRIMERA CONVERSACIÓN   39

Las aspiraciones presidenciales de John F. Kennedy • La nominación del vicepresidente en 1956 • La lucha por el control de la delegación de Massachusetts • La política de Boston entre 1953 y 1954 • Los primeros años de casados • Operación quirúrgica en 1954 • El carácter de JFK • La vida social de Georgetown • Las fiestas de la Casa Blanca • El impacto de JFK en los demás • Adlai Stevenson • La campaña de 1958 para el Senado de Massachusetts

SEGUNDA CONVERSACIÓN   73

Los hábitos de lectura de JFK • Intereses y héroes de infancia de JFK • Las opiniones de JFK sobre Thomas Jefferson, Theodore Roosevelt, Franklin D. Roosevelt • Joseph P. Kennedy • El carácter de JFK • Charles de Gaulle • Los rivales de 1960 • La campaña de 1960 • La autoría de *Perfiles de coraje* • La relación entre JFK y Robert

PRÓLOGO
por Caroline Kennedy

En 1964, como parte de un proyecto de historia oral sobre la vida y la carrera de John F. Kennedy, mi madre se sentó con Arthur M. Schlesinger, Jr., para compartir con él sus recuerdos y sus percepciones. Grabadas menos de cuatro meses después de la muerte de su marido, estas conversaciones suponen un regalo para la historia y una muestra de amor por su parte. Para tratarlas con el respeto que se merecen mis hijos y yo tomamos muy en serio la decisión de publicarlas ahora con motivo del quincuagésimo aniversario de la presidencia de mi padre. El momento parece adecuado ya que ha pasado el tiempo suficiente para que puedan valorarse por su perspicacia única, aunque la presidencia de Kennedy todavía queda en la memoria viva de muchos que encontrarán iluminadoras las observaciones de mi madre. También espero que las generaciones más jóvenes que están conociendo ahora la década de 1960 encuentren en estos recuerdos una introducción útil a la forma en la que se hace historia y se sientan inspirados para corresponder con este país que nos ha dado tanto a todos.

Mientras yo crecía mi madre dedicó gran parte de su tiempo a reunirse a puerta cerrada con miembros de la administración de mi padre para planificar su tumba en el Cementerio Nacional de Arlington, asegurarse de que el Centro John F. Kennedy para las Artes Escénicas reflejaría su compromiso con el legado cultural de nuestro país, realizar sus deseos respecto a la Biblioteca Presidencial John F. Kennedy y el Instituto de Política y tomar innumerables decisiones sobre las disposiciones de los papeles oficiales de mi padre, efectos personales, recuerdos y pertenencias varias. Estaba decidida a que la Biblioteca Kennedy fuera una conmemoración viva, un lugar donde los estudiantes se inspiraran para seguir carreras de servicio público, donde los estudiosos tuvieran acceso a los registros históricos y donde las familias pudieran aprender sobre los ideales que animaron la carrera de mi padre y su visión de América. Estos encuentros fueron de alguna forma misteriosos, pero mi hermano y yo tuvimos la sensación de que nada era más importante que la «historia oral» de la que oímos hablar de vez en cuando.

Mis padres compartían el amor por la historia. Para ellos el pasado no era una cuestión académica, sino la reunión de la gente más fascinante que nunca pudieras desear conocer. Los intereses de mi padre eran políticos (sigo teniendo sus libros sobre la Guerra Civil y de la historia parlamentaria inglesa, además de su ejemplar anotado de *El federalista*). Mi madre pensaba que en la historia de América no había mujeres suficientes para que ésta fuera tan interesante como leer novelas y diarios de las cortes europeas. Leyó *Guerra y paz* durante las primarias de Wisconsin y sostenía que la lectura de *Las memorias del duque de Saint-Simon* sobre la vida en Versalles fue la preparación más valiosa que recibió para vivir en la Casa Blanca.

Tras la muerte de mi padre mi madre decidió hacer todo lo posible para asegurarse de que se conservaran los documentos sobre su administración. Confiaba en que las decisiones que había tomado soportarían el examen del tiempo y quería que las futuras generaciones supieran lo extraordinario que era como hombre. Ayudó a poner en marcha uno de los proyectos de historia oral más amplios realizados hasta entonces, en el que se entrevistó a más de mil personas sobre su vida y su trabajo con John F. Kennedy. Aunque para mi madre fue doloroso revivir su vida, desde entonces destrozada, supo que su participación era importante. Siempre nos dijo que había elegido que la entrevistara Arthur M. Schlesinger, Jr., el historiador, ganador del premio Pulitzer, antiguo profesor de Harvard y ayudante especial del presidente Kennedy, porque estaba haciendo esto para las futuras generaciones, y por ello puso las cintas en una caja fuerte que permanecería sellada durante cincuenta años.

Leí por primera vez las transcripciones de estas conversaciones unas pocas semanas tras la muerte de mi madre en 1994, cuando se abrió la caja fuerte y su abogado me dio una copia. Todo lo relativo a esa época era sobrecogedor para mí porque me encontré a mí misma enfrentándome al mismo tipo de decisiones sobre sus posesiones que ella tuvo que hacer treinta años antes. Conocer sus deseos sobre la historia oral lo hizo más fácil (supe que estaba leyendo algo que se suponía que no se vería todavía) y, aunque la encontré fascinante, la puse de nuevo en la caja fuerte a esperar su momento.

Hace unos años mi familia empezó a pensar cómo conmemorar el quincuagésimo aniversario de la presidencia de mi padre. Decidimos concentrar nuestros esfuerzos en proyectos que hicieran accesible su legado a nivel mundial.

Trabajando con el personal de la Biblioteca y la Fundación John F. Kennedy y socios privados generosos, mi marido dirigió el proyecto para crear el archivo digital más grande de una presidencia, además de curricula online, exposiciones descargables y una web —www.jfk50.org—, destinados a despertar vocaciones de servicio como la de mi padre en la generación actual.

La publicación de estas entrevistas es una importante contribución para su esfuerzo conmemorativo y tiene su propia historia. Cuando el director de la biblioteca se dirigió por primera vez a mí con esta propuesta, le pedí que buscara los archivos para confirmar los deseos de mi madre respecto a la fecha de publicación. Sorprendentemente para la importancia del material, no había escritura de donación o transmisión, ni una carta de voluntad respecto a la fecha en la que las entrevistas se debieran abrir. Sólo había una breve nota de un antiguo archivero del gobierno indicando que estas entrevistas estaban «sujetas a las mismas restricciones que las entrevistas de Manchester».

A modo de contexto, había tres entrevistas significativas que mi madre concedió después de la muerte de mi padre. La primera era de Theodore H. White en Hyannis Port el 29 noviembre de 1963, sólo unos días después del funeral de mi padre. En esa entrevista mi madre (y es muy conocido) dijo a White que ella y mi padre solían escuchar el musical de Broadway *Camelot* por la noche antes de irse a dormir y que, haciendo memoria, «aquel breve momento brillante» le recordó la presidencia. El artículo de White se publicó una semana después en la revista *Life*, pero las notas de la entrevista permanecieron selladas hasta un año después de la muerte de mi madre. Hoy están a disposición de los investigadores en la Biblioteca Kennedy en Boston.

El segundo conjunto de entrevistas fue con William Manchester, que estaba escribiendo un libro llamado *La muerte de un presi-*

dente. Durante las sesiones mi madre dijo más sobre el asesinato de mi padre de lo que quería. En consecuencia se disgustó tanto ante la idea de que sus recuerdos personales se hicieran públicos que denunció al autor y al editor para apartarlos del libro. Se llegó a un acuerdo y, aunque gran parte del contenido alcanzó la esfera pública, las notas de las entrevistas fueron selladas durante cien años, es decir, hasta 2067.

Con diferencia, lo más importante eran estas conversaciones de historia oral con Arthur Schlesinger, en las que mi madre recordaba con gusto la etapa de su vida de casada y compartía su percepción sobre la personalidad política de mi padre, tanto en el plano privado como en el público. La nota del archivero sobre la fecha de publicación no era coherente con mi recuerdo, y tampoco parecía reflejar los deseos de mi madre. Lo comprobé con antiguos miembros de su personal en la Casa Blanca y de épocas posteriores, además de con otros amigos y abogados. Nadie tenía un recuerdo distinto al mío y estaban entusiasmados con la idea de publicarlo.

Así que me encontré frente al dilema que había tenido que confrontar muchas veces en relación con los papeles personales de mi madre y su correspondencia. Por una parte, ella era una persona con una querencia reconocida por su privacidad y que no concedía entrevistas grabadas (más allá de estas tres) respecto a la vida en la Casa Blanca y pidió en su testamento que mi hermano y yo hiciéramos todos los esfuerzos para evitar la publicación de sus papeles personales, cartas y escritos.

Sin embargo, también guardó todos los trozos de papel que encontró por el camino, cada tarjeta de felicitación o telegrama, cada carta de sus padres, cada agenda y cada diario, y cada borrador de carta o nota que escribió. Sabía que vivir en la Casa Blanca era un enorme privilegio y estaba orgullosa del papel que había llevado a cabo. Mucho antes, cuando descubrió que una de las secretarias estaba difundiendo notas y correspondencia interna que hacía crónica tanto de la vida diaria como del funcionamiento oficial de la mansión, escribió una reprimenda solicitando a todo el personal que guardara hasta el más mínimo garabato. Lo inmersa que estaba en las memorias del pasado alimentaba su creencia de que tenía la obligación de conservar todo lo que ocurrió durante su etapa en la Casa Blanca.

En los años posteriores a su muerte me hice a mí misma la siguiente pregunta: «¿Cuándo deja alguien de pertenecerte a ti para pertenecer a la historia?». Sobre poca gente se ha escrito más que sobre mi madre y crecí sintiendo que tenía que protegerla, de la misma forma que ella nos había protegido a nosotros. Así que al principio pensé que sería mejor que estas entrevistas permanecieran selladas durante otros cincuenta años en lugar de exponer su memoria a otra nueva ronda de cotilleo y especulaciones. Pero también entiendo que el interés continuado por su vida es un tributo a la inmensa admiración y la buena voluntad con los que todavía cuenta, y creo que el acceso abierto al gobierno es un importante valor norteamericano.

A lo largo de los años he recibido muchas peticiones para publicar las notas y la correspondencia de mi madre. En ocasiones ha sido difícil equilibrar su deseo de privacidad con su papel público y rendir cumplido respeto a ambos. Aunque sopeso cada petición sé que mi madre confiaba en mi capacidad de juicio y sentía que yo comprendía su perspectiva acerca de la vida. Según pasan los años, se ha vuelto menos doloroso compartirla con el mundo e incluso es un privilegio. Como hija suya a veces me ha resultado difícil hacer compatible el hecho de que la mayoría de la gente pueda identificar al instante a mi madre por más que en realidad no la conozcan en absoluto. Puede que tengan una idea de su estilo y su aspecto majestuoso pero no siempre aprecian su curiosidad intelectual, su sentido del ridículo y de la aventura, su infalible sentido de lo correcto. Tiempo después he intentado trazar una línea divisoria entre su vida pública y la privada en gran medida como la que ella trazó —trato de complacer las peticiones que pertenecen a la carrera de mi padre, la vida en la Casa Blanca, acontecimientos históricos y conservación histórica mientras niego el permiso para publicar sus escritos como ciudadana particular—, tanto de joven como ya trabajando como editora.

Estas conversaciones no pertenecen a la misma categoría que sus escritos personales, porque se grabaron con la intención de que un día fueran accesibles. Así que no era cuestión de si se publicarían o no, sino de cuándo y la decisión dependía de mí. Mi experiencia con otras solicitudes sirvió de base a la decisión de que había llegado el momento.

Al alcanzar esta conclusión me resultó de ayuda recordar el contexto en el que las entrevistas tuvieron lugar y el proceso temporal en el que ocurrieron. El objetivo era crear un registro de la vida y la trayectoria profesional de mi padre a partir de los recuerdos de aquellos que lo conocieron y trabajaron con él. Así pues, las preguntas siguen una secuencia de una cronología laxa que comienza con las primeras batallas políticas de mi padre en Massachusetts, su lucha por la nominación como vicepresidente en 1956, la campaña de 1960, el camino hacia la presidencia, la toma de posesión, Bahía Cochinos, la crisis de los misiles cubanos, la vida oficial y familiar en la Casa Blanca y los planes para la campaña de 1964 y para un segundo periodo. Mientras se cuenta esto hay también diálogos que revelan mucho sobre los principales personajes y acontecimientos de la época tanto en política nacional como en asuntos internacionales.

La decisión se complicó por mi convicción de que si mi madre hubiera revisado las transcripciones sin duda habría hecho revisiones. Era una joven viuda en los momentos más duros de su duelo. Las entrevistas tuvieron lugar sólo cuatro meses después de que ella hubiera perdido a su esposo, su casa y su propósito en la vida. Tenía que educar a dos hijos ella sola. No resulta sorprendente que algunas declaraciones las pudiera haber considerado después demasiado personales y otras demasiado severas. Hay partes en las que estoy segura de que hubiera añadido algo y sus puntos de vista ciertamente evolucionaron con el tiempo. Me enfrenté a la duda de si borrar observaciones que podían quedar fuera de contexto. Era consciente de que mis intenciones se podían malinterpretar por más que la versión editada fuera un reflejo más ajustado de cómo se sentía ella en realidad. Tras mucha deliberación decidí mantener íntegramente los audios de las entrevistas como fuente primaria y editar el texto ligeramente con el fin de hacerlo más comprensible, no para eliminar contenido, como se había hecho con otras transcripciones presidenciales y entrevistas de historia oral.

Mis reservas se vieron mitigadas por la notable inmediatez y la informalidad de las conversaciones. Conociendo tan bien a mi madre, puedo escuchar su voz en mi cabeza cuando leo sus palabras en el papel. Puedo saber cuándo se emociona, cuándo se lo pasa bien o cuándo se está enfadando, por más que sea siempre extremadamente cortés. Aunque la mayor parte de sus respuestas eran sobre mi padre, al escuchar el audio se descubren muchas cosas acerca de ella como persona. Su tono desvela mucho, además de sus pausas y sus declaraciones. Confío en que los lectores situarán sus puntos de vista en contexto para construir un retrato exacto y complejo de una persona en un momento concreto y que su dedicación a su marido se hará evidente para los demás como lo es para mí.

Además de su pasión por la historia, mis padres compartían la convicción de que la civilización norteamericana había alcanzado la mayoría de edad. Hoy esto parece una propuesta nada notable, pero en aquel momento Estados Unidos empezaba a emerger como poder global y aún se tenía como referente de dirección y liderazgo a Europa. Mis padres creían que Estados Unidos debía liderar con sus ideales, no sólo con el poder político y militar, y querían compartir con el mundo nuestros logros culturales y artísticos. Mi madre tuvo un papel decisivo en el desarrollo de lo que ahora se llama «diplomacia suave». Viajó con mi padre y sola, a menudo hablando los idiomas de los países que visitaba. Causaba sensación a nivel internacional.

También comprendió que la Casa Blanca en sí misma era un símbolo poderoso de nuestra democracia y quería asegurarse de que ésta proyectara lo mejor de Norteamérica a los estudiantes y a las familias que la visitaban, así como a los jefes de Estado extranjeros que se recibían allí. Trabajó duro no para «redecorar» —palabra que odiaba— sino para restaurar la Casa Blanca de forma que el legado de John Adams, Thomas Jefferson, James Madison y Abraham Lincoln fuera visible. Transformó la biblioteca de la Casa Blanca para exhibir obras clásicas de la historia y la literatura norteamericanas. Creó un comité de bellas artes y una asociación de historia de la Casa Blanca para recopilar una colección permanente de pintores y artes decorativas norteamericanos que se convertiría en una de las más bellas del país. Convirtió la Casa Blanca en el mayor escenario del mundo e invitó a los artistas más importantes a actuar allí. Recibía con los brazos abiertos a jóvenes músicos, cantantes emergentes de ópera afroamericanos, músicos de jazz y bailarines modernos, todo para despertar y difundir la apreciación por las artes y la cultura norteamericanas.

Tenía la profunda convicción de que nuestra capital, Washington DC, debía reflejar la recién estrenada posición predominante de Norteamérica en el mundo. Luchó para preservar la plaza Lafayette y desplegó un gran esfuerzo para rehabilitar la avenida Pennsylvania, esfuerzo que se ha mantenido desde entonces. Mi madre comprendió que el pasado era una fuente de orgullo para gente en todo el mundo, de igual forma que lo es en Norteamérica, y convenció a mi padre de que Estados Unidos podía fomentar la buena voluntad en pueblos como Egipto, con quien teníamos diferencias políticas, apoyando sus esfuerzos por conservar su historia. Su persistencia tuvo como resultado una contribución generosa de Estados Unidos al rescate por parte de la Unesco de los templos de Abu Simbel, que estaban amenazados por la construcción de la presa de Asuán e impresionó favorablemente al régimen de Nasser. En otro ejemplo de diplomacia cultural mi madre fue responsable de la visita de la *Mona Lisa* a Estados Unidos, la única vez que la pintura ha salido del Louvre.

Más importante que todo lo anterior es que ella creía que su responsabilidad era ayudar a mi padre de todas las formas que pudiera. Aunque se convirtió en un activo diplomático y político nunca pensó que mereciera el título de «primera dama» que en cualquier caso le disgustaba, arguyendo que sonaba como el nombre de un caballo de carreras. Pero tenía un profundo patriotismo y estaba orgullosa de lo que había logrado y mi padre también estaba orgulloso de ella. Sus años juntos en la Casa Blanca fueron los más felices de la vida de mi madre.

Dado el importante papel que desempeñó Jacqueline Kennedy en la presidencia de John F. Kennedy y los años posteriores pareció un flaco servicio permitir que su perspectiva estuviera ausente del debate público y del de los estudiosos que acompañaría al quincuagésimo aniversario de la administración Kennedy. Medio siglo parece tiempo suficiente para que las pasiones se enfríen y lo bastante cercano para que el mundo descrito aún pueda enseñarnos algo. El sentido del paso del tiempo se acentuó por la pérdida de mi tío Teddy y mi tía Eunice en 2009, Ted Sorensen en 2010 y mi tío Sarge en enero de 2011.

Pero antes de tomar la decisión final pedí a mis hijos que leyeran las transcripciones y me dijeran qué pensaban. Sus reacciones no fueron muy diferentes de las mías. Encontraron las conversaciones anticuadas en muchos sentidos, pero fascinantes en muchos más. Les encantaron las historias sobre su abuelo y lo perspicaz aunque irreverente que era su abuela. Les confundieron algunas preguntas de Arthur Schlesinger —rivalidades personales que perseguía y problemas particulares que no han sobrevivido a la prueba del tiempo—. Deseaban que hubiera hecho más preguntas sobre ella.

Pero terminaron con las mismas conclusiones que yo: no había un motivo importante para rechazar la publicación y nadie habla por mi madre mejor que ella misma.

Nueva York, 2011

INTRODUCCIÓN
por *Michael Beschloss*

Así que ahora, por fin, le toca hablar a ella. Si uno estudia los miles de libros sobre John Fitzgerald Kennedy, encontrará que la voz de uno de los testigos cruciales está ausente. Como *The New York Times* dijo la mañana después de su muerte el 19 de mayo de 1994, «su silencio sobre su pasado, especialmente sobre los años de Kennedy y su matrimonio con el presidente, fue siempre un misterio». No escribió autobiografía ni memorias.

Jacqueline Lee Bouvier nació el 28 de julio de 1929 en Southampton, Nueva York, el lugar de vacaciones de las familias paterna y materna. Su padre, el bronceado, educado en Yale y francoamericano John V. Bouvier III había seguido a sus antepasados hasta Wall Street; pero su carrera nunca se recuperaría de la crisis de 1929. La madre de Jacqueline, Janet Norton Lee, era hija de un irlandés-norteamericano hecho a sí mismo, magnate de la banca y los negocios inmobiliarios. Desde su infancia en Park Avenue y Long Island, a Jackie (ella prefería Jacqueline, pero sus amigos y su familia raramente usaban su nombre completo) le gustaba montar a caballo, hacer dibujos fantasiosos y leer libros; especialmente de historia del arte, poesía, historia de Francia y literatura. Cuando tenía 12 años, sus padres se divorciaron de forma problemática y la madre se casó con Hugh D. Auchincloss, Jr., un heredero de la Standard Oil, que acogió a Jackie y a su hermana menor, Lee, en sus casas pintorescas de McLean, Virginia, y Newport, Rhode Island. Como estudiante en el colegio de Miss Porter en Connecticut, donde montaba su caballo *Danseuse*, los profesores consideraron a Jackie una persona de fuerte voluntad, irreverente y muy inteligente.

Tras dos años en Vassar, que no la motivaron, la joven se abrió a la vida en un curso preparatorio en la Sorbona y la Universidad de Grenoble. Al volver a vivir en Merrywood, la casa de su padrastro en Potomac, se graduó en 1951 en la George Washington University y consiguió superar a ciento doce compañeras para ganar el premio Vogue de París al diseñar un número de muestra y escribir un artículo sobre «Gente que me habría gustado conocer» (Oscar Wilde, Charles Baudelaire y Sergei Diaghilev). El premio consistía en un año como editora junior en Nueva York y París. Lo declinó, para alivio de la madre, que se sentía inclinada a tomar el acusado interés de su hija por Francia como un poco agradable signo de alianza con Jack Bouvier. En lugar de ello Jackie aceptó un empleo como «fotógrafa inquieta» para el *Washington Times-Herald*. En este puesto empezó a ver al hombre que se convertiría en su marido.

La primera vez que vio a Jack Kennedy fue en 1948 en un tren desde Washington DC hasta Nueva York cuando, según registró en la época, habló brevemente con un atento «congresista joven, alto y delgado con un pelo rojizo muy largo». Pero el encuentro no llegó a nada. Ese mismo año el amigo de su familia Charles Bartlett la llevó «a través de aquella enorme muchedumbre» en la boda de su hermano en Long Island para encontrarse con Jack Kennedy, pero para cuando «conseguí llevarla hasta él, vaya, él se había ido». Finalmente, en la primavera de 1951, en el salón de Bartlett y su mujer Martha en Georgetown, Jack y Jackie tuvieron su presentación oficial. Tras lo que ella llamó un «cortejo espasmódico» la esteta francófila y el senador de Massachusetts en ascenso rápido se casaron en Newport el 12 de septiembre de 1953 y comenzaron la década de su vida en común sobre la que leeremos en este libro.

Durante los meses posteriores al asesinato de John Kennedy a su viuda de 34 años le pareció que los recuerdos de su etapa en la Casa Blanca, que llama en este tomo «nuestros años más felices», eran tan traumáticos que pidió al servicio secreto que por favor organizaran sus viajes de forma tal que nunca fuera a atisbar accidentalmente la vieja mansión. Quería permanecer al margen de la Casa Blanca el resto de su vida, y lo hizo con una única excepción (en 1971, cuando Aaron Shikler terminó sus retratos oficiales del presidente número 35 con su mujer, aceptó hacer una visita muy privada a la Casa Blanca con sus hijos, donde vieron los retratos y cenaron con el presidente Richard Nixon y su familia). A finales de 1963 la señora Kennedy temía que recordar con detalle la vida con su marido le hiciera «romper a llorar de nuevo», pero estaba decidida a conseguir para Jack una audiencia justa ante los historiadores. Dado que JFK se había visto privado de la oportunidad que tuvieron otros presidentes de defender su reflejo histórico en libros, artículos y comentarios públicos, ella sintió la sobrecogedora obligación de hacer todo lo que estuviera en sus manos. Para garantizar que no se le olvidara, en los días de Dallas Jackie ya estaba tratando de imaginarse la arquitectura de una futura Biblioteca Kennedy, planeada para Harvard, en una ribera del río Charles elegida por el presidente justo un mes antes de morir.

A principios de diciembre de 1963, cuando la viuda y sus hijos todavía no habían dejado sus dependencias de la Casa Blanca, el ayudante de su marido, Arthur Schlesinger, Jr., recopiló algunas de las cartas más conmovedoras que había recibido sobre su último jefe y las envió al piso de arriba a su viuda. El Schlesinger de pajarita, conocido «por su humor ácido y la magnífica elasticidad de sus andares», era un antiguo profesor de historia de Harvard, uno de los estudiosos más respetados del país, autor de libros ganadores de premios sobre las épocas de Andrew Jackson y Franklin Roosevelt y escritor de discursos durante las dos campañas a la presidencia de Adlai Stevenson. Conocía a JFK desde cuando ambos eran estudiantes en Harvard pero su amistad con Jackie comenzó realmente en la campaña presidencial de 1960, cuando su marido, con el afán de no verse rodeado de académicos liberales, pidió a Schlesinger que le mandara consejo táctico a través de ella. Tras el asesinato el historiador estaba ya planeando investigar para el libro sobre la presidencia número 35 que JFK y sus otros ayudantes siempre supusieron que Schlesinger escribiría algún día.

Desde sus dependencias de la Casa Blanca, Jacqueline escribió una contestación a mano para la nota de Schlesinger: «Te devuelvo tus cartas; estoy muy contenta de haberlas visto; todavía no he tenido tiempo de leer ninguna». Escribió que alguien había instado a que la Biblioteca Kennedy tratara de mantener la influencia de su marido en los jóvenes: «Bueno, no veo cómo podría seguir en marcha sin él, pero puedes pensar alguna forma; estaría bien intentarlo». Le dijo a Schlesinger que le había impresionado mucho un discurso que éste dio sobre su esposo: «Contaba todo lo que yo pensaba sobre Jack aunque no vivió para ver cumplidos sus sueños... tenía tantas ganas de ser un magnífico presidente... creo que aún lo puede ser, porque empezó estas ideas, que es lo tú dijiste. Y debería ser grande por eso». Instó a Schlesinger a escribir sobre él pronto, «mientras esté todo fresco, mientras aún recuerdes sus palabras exactas».

Como Schlesinger recordaría más tarde, un proyecto de historia oral «estaba muy presente en mi mente desde Dallas, y también en la mente de Robert Kennedy». En Harvard había sido un pionero exitoso de su nuevo sistema de investigación. Preocupado porque esa importante evidencia histórica se estaba perdiendo, ya que la gente estaba escribiendo pocas cartas y diarios, los pioneros en la Universidad de Columbia y en otros lugares estaban entrevistando a figuras históricas, grabando las conversaciones y disponiendo las transcripciones en archivos públicos. Como «cuestión urgente» Schlesinger recordó a Jacqueline que, al contrario que los presidentes Truman y Eisenhower —que tenían diarios y escribían cartas sorprendentemente reveladoras—, el gobierno de John Kennedy se hacía con frecuencia por teléfono o en persona, sin dejar registro por escrito[1].

Sin un programa de historia oral acelerado, que capturara recuerdos de los «nuevos hombres de frontera» cuando estaban aún frescos, gran parte de la historia de Kennedy hubiera desaparecido. En enero de 1964 Jacqueline y Robert Kennedy aprobaron un plan para investigadores y miembros del círculo Kennedy destinado a grabar los recuerdos de los «miles» de personas que conoció el presidente —familiares, amigos, secretarios de gabinete, políticos de Massachusetts, dirigentes extranjeros y otros que habían disfrutado de una relación más allá de lo «superficial» con él—. Junto con la propia historia oral de RFK, la pieza central de la colección serían las entrevistas con la viuda de John Kennedy, que estarían realizadas por el propio Schlesinger.

---

[1] A principios de 1963 Schlesinger instó al presidente a grabar sus propios recuerdos tras «episodios mayores». Pero, con la excepción de dictar un memorando de forma ocasional a modo de registro, Kennedy declinó. Schlesinger no supo hasta 1982 que en el verano de 1962 JFK había empezado discretamente a grabar cientos de horas de sus encuentros en la Casa Blanca y de las llamadas. Aunque esta colección sólo cubría una pequeña fracción de las conversaciones en las que el presidente hacía negocios.

Así, el lunes 2 de marzo de 1964 Schlesinger entró en la nueva casa de Jacqueline Kennedy en el 3017 de la calle N y trepó los largos tramos de escalones de madera para empezar la primera de siete entrevistas con la antigua primera dama. En medio del luto la señora Kennedy había comprado esta casa de 1794, que se alzaba enfrente de lo que una vez fue la de Robert Todd Lincoln[2]. Estaba haciendo todo lo posible para dar una vida normal a Caroline, de 6 años, y a John, que tenía 3, a quienes veía al mismo tiempo como su tarea y su salvación. Autobuses de turistas paraban en el exterior durante todo el día (y a veces por la noche) y descargaban gran número de viajeros que llenaban sus escalones, le enfocaban cámaras Instamatic a la cara en las ventanas frontales y decían en alto los nombres de sus hijos, obligándole a dejar cerradas las cortinas en su salita de estar recién pintada de blanco.

Dentro de la casa, al atravesar unas puertas correderas, Schlesinger se encontró con Jacqueline en la sala de estar, cuyas estanterías mostraban artefactos de la antigua Roma, Egipto y Grecia que el presidente Kennedy le había regalado a lo largo de los años. Apartada de las ventanas de la fachada principal, a ella le gustaba sentarse en un sofá de terciopelo muy desgastado. Sobre una mesa con tres alturas detrás de ella había dos fotografías enmarcadas.

JFK sonriente detrás de su mesa, dando palmas mientras sus niños bailaban, y otra foto de él haciendo campaña en medio de una multitud. Tras colocar su grabadora junto a una cigarrera plateada en una mesita negra oriental, Schlesinger solía sentarse a la derecha de la señora Kennedy en una silla de color amarillo claro que había visto en el piso de arriba de la Casa Blanca. Él la instó a que hablara como si se dirigiera a un «historiador del siglo XXI». Como él recordaría después, «de vez en cuando me pedía que apagara el aparato para que pudiera decir lo que quería decir y después preguntaba "¿debería decir eso con la grabadora puesta?". Mi respuesta solía ser "¿por qué no lo dices?"... tienes control sobre la transcripción». A lo largo de esta sesión y de las seis siguientes, empezando con una voz temblorosa que se volvía más firme con el tiempo, Jacqueline se quitaba un peso de encima mientras la grabadora registraba el sonido del encendido de sus cigarrillos, los hielos

---

[2] *[N. de la T.]*: Robert Todd Lincoln, hijo de Abraham Lincoln, fue abogado y secretario de Guerra.

Arthur M. Schlesinger, Jr.

El presidente John F. Kennedy con Caroline y John en el Despacho Oval.

en los vasos, perros ladrando en la distancia, camiones traqueteando por la calle N y los aviones rugiendo en el aire.

Para cualquiera que dude de la autodisciplina emocional de Jacqueline Kennedy conviene resaltar que durante estos meses de su inmensa tristeza era capaz de forzarse a hablar con gran detalle sobre su antigua vida ya desaparecida. Y Schlesinger ni siquiera era su único interlocutor aquella primavera. En abril de 1964 se sentó durante horas por la noche en el mismo salón para someterse a las preguntas de William Manchester, que estaba investigando para su libro autorizado sobre el asesinato. Para evitarle a la señora Kennedy la agonía de contar estos acontecimientos dos veces Schlesinger le dejó la tarea a Manchester. Sin embargo, el día después de haber terminado su última entrevista con Schlesinger la obligaron a sentarse en la misma habitación para ser preguntada por los miembros de la comisión Warren sobre el último desfile de automóviles de su marido.

Leídas tras casi medio siglo, las entrevistas de este libro revisan escena por escena la historia de la década de 1950 y principios de la de 1960 que pensamos que sabíamos. Aunque nunca un trabajo de este tipo cuenta toda la historia, esta historia oral constituye una

narración fresca e interna de la vida de John Kennedy como senador, candidato y presidente y la experiencia de su mujer en esos
años, lo que proporciona nuevos detalles sobre lo que JFK y Jacqueline se decían el uno al otro en privado, el papel entre bambalinas
de ella en la vida política de él, la diplomacia y las crisis mundiales,
así como los puntos de vista de ella firmes y siempre originales
sobre el cambiante elenco de personajes que los rodeaba. El estudioso que sigue de cerca los años de Kennedy sabe de qué forma
ampliaba Jackie el campo de acción de su marido gracias a su dominio del francés y del español, su conocimiento de la historia de
Europa y sus colonias y sus conocimientos sobre arte. Pero incluso
hoy muchos suponen que la vida política le era más o menos indi-
ferente. Cuando Schlesinger la conoció en Hyannis Port en 1959,
como otros en aquella época, la encontró «frívola en cuanto a política» y le preguntaba cosas elementales con «ojos completamente abiertos de pura ingenuidad». Este comportamiento no era sorprendente ya que a las jóvenes de buena familia de la generación
de Jacqueline no se las estimulaba para que parecieran intelectuales.
Ni tampoco ayudaría a su marido el hecho de que ella pronunciara
sus opiniones más cáusticas ante nadie que no fueran los amigos en
los que más confiaba. Pero, como esta historia oral confirma, ella
sabía bastante más sobre la vida política de John Kennedy de lo que
mostraba a los extraños, y su influencia en sus relaciones oficiales
era sustancial.

Jacqueline Kennedy habría sido la última persona —a lo largo
de estas entrevistas o después— en sugerir que era una especie de
gurú oculta de la política de la Casa Blanca. Como cuenta en este
tomo, consideraba que su papel consistía en no atormentar a su
marido con comentarios o preguntas sobre seguridad laboral o derecho internacional, como Eleanor Roosevelt hizo con Franklin,
sino proporcionar a JFK un «clima de afecto», con invitados inte-
resantes, comida agradable y «los niños de buen humor» para ayudarlo a escapar de la presión de dirigir el mundo libre en medio de
uno de los periodos más peligrosos de la Guerra Fría. Para sorpresa tanto del presidente como de la primera dama —como muestra
esta historia oral, ambos temían que los electores la encontraran
demasiado débil— se convirtió, con su belleza y su cualidad de
estrella, en un enorme activo político. Legiones de mujeres americanas querían andar, hablar y vestirse como ella, llevar su mismo
peinado y decorar sus casas como Jackie. No fue casualidad que en

otoño de 1963 el presidente la presionara para que se le uniera en los viajes de campaña a Texas y California. En su última mañana ante el público en Fort Worth broméo sobre la popularidad de su mujer, quejándose de que «¡nadie se pregunta qué llevamos puesto Lyndon y yo!»[3].

Como primera dama, la señora Kennedy no era feminista, al menos en el sentido actual del término. El libro de Betty Friedan *La mística femenina*, pionero en su campo, se publicó en 1963, pero el movimiento a favor de las mujeres plenamente desarrollado tardaría al menos una década en llegar. En este libro la señora Kennedy sugiere que las mujeres deberían buscar su sentido de propósito a través de sus maridos y que el matrimonio tradicional es «lo mejor». Describe a su primera secretaria de temas sociales en la Casa Blanca como una «especie de feminista» y, por tanto, «tan diferente de mí». Hasta señala que las mujeres deberían mantenerse fuera de la política porque son demasiado «emotivas» (punto de vista que abandonó con énfasis en la década de 1970). Pese a tales declaraciones nadie puede poner en duda que esta primera dama tomara sus propias decisiones difíciles sobre su vida y su trabajo. Resistiendo a quienes le aconsejaban que imitara a sus predecesoras más convencionales, dejó claro desde el principio que su trabajo principal no era asistir a actos benéficos o banquetes con políticos sino educar bien a sus hijos en medio del despliegue de atención en torno a la familia de un presidente, así como otros proyectos públicos que asumió por su cuenta y riesgo. A lo largo de estas entrevistas la señora Kennedy despacha muy rápido estos logros. Esto se debe a que las historias orales de Schlesinger se proponían centrarse en su marido y porque en 1964 hasta un historiador tan culto como Schlesinger veía la historia de una primera dama como un evento secundario, lo que lo llevó a tratar a Jacqueline sobre todo como una fuente respecto a su marido. Es una lástima porque entre las primeras damas del siglo XX probablemente sólo Eleanor Roosevelt tuvo un mayor impacto en los norteamericanos de su tiempo.

Una de las aportaciones de Jacqueline Kennedy fue para comunicar la importancia de la conservación histórica. Durante las

---

[3] Décadas más tarde, tras la muerte de ella, el fenómeno continuaba. Medio millón de personas se apiñaron en el Museo Metropolitan de Nueva York para ver la primera exposición pública del vestuario de Jacqueline en la Casa Blanca.

décadas de 1950 y de 1960 los arquitectos norteamericanos y los planificadores urbanísticos deseaban arrasar con los monumentos urbanos y los vecindarios que parecían anticuados para hacer sitio a las nuevas autopistas, edificios de oficinas, estadios y viviendas públicas. Sin la intervención de la señora Kennedy algunas de las joyas de la corona de Washington DC hubieran tenido la misma mala suerte; por ejemplo, la plaza Lafayette, frente a la Casa Blanca, que Pierre L'Enfant, el arquitecto original de Washington capital, había concebido como «El parque del presidente». El plan consistía en destruir a toda velocidad casi todas las casas del siglo XIX y edificios del este y el oeste de Lafayette Park, incluida la mansión de viuda de Dolley Madison y el edificio de 1861, que había sido el primer museo de arte de la capital. En su lugar irían «modernas» torres de oficinas federales de mármol blanco que dejarían pequeña a la Casa Blanca.

Caminando por la plaza, Jacqueline recordó cómo siendo estudiante en París había descubierto de qué forma los franceses protegían sus edificios y lugares vitales. Deseó que la Casa y el Senado «aprobaran una ley que estableciera algo semejante a la de Monuments Historiques en Francia» (el Congreso lo hizo en 1966). Como escribió en una carta, no podía quedarse quieta mientras los monumentos americanos «se tiraban abajo y se construían cosas horribles en su lugar. La mera idea de ello me aterrorizaba y decidí hacer una llamada de emergencia». En respuesta, un eminente arquitecto norteamericano se quejó de que en el extremo occidental de la plaza no había «prácticamente nada» que mereciera conservarse: «Espero que Jacqueline Kennedy se dé cuenta por fin de que vive en el siglo XX». Pero ganó la señora Kennedy. «Contén la respiración —escribió a uno de sus cómplices en la conspiración—, todos nuestros sueños más locos se vuelven reales... ¡Las casas de Dolley Madison y la de Taylor se salvan!». De haber sido primera dama otra persona, la vista desde las ventanas del lado norte de la Executive Mansion hoy sería verdaderamente desoladora[4]. Entre otros monumentos de la capital que consiguió proteger se encontraba el viejo edificio gris abuhardillado del Executive Office Building,

---

[4] JFK señaló con ironía que el rescate del Lafayette Park «puede que sea el único monumento que dejemos». En octubre de 1963, convirtió el caso en un principio general al declarar mientras dedicaba una biblioteca a Robert Frost en el Amherst College que ansiaba una Norteamérica «que conserve las magníficas casas antiguas y las plazas y parques del pasado de nuestra nación».

construido en la década de 1870 cerca de la Casa Blanca, que antiguamente albergó los departamentos de Estado, Guerra y Marina.

En enero de 1961, cuando el recién nombrado presidente y su mujer recorrieron la avenida Pennsylvania, se les recordó de nuevo que el diseño de L'Enfant para el gran itinerario ceremonial desde el Capitolio hasta la Casa Blanca había dado paso a destartaladas tiendas de tatuajes y recuerdos. Algunas noches, sin que lo supiera la gente, Jackie «solía recorrer a pie la mitad del camino» hasta el Capitolio con Jack, como después le escribiría a su cuñado, el senador Edward Kennedy: «El mal gusto de las inmediaciones de la casa presidencial le deprimía. Deseaba hacer algo que asegurara la nobleza arquitectónica a lo largo de esa avenida, que es la arteria principal del gobierno de Estados Unidos... Deseaba emular a Thomas Jefferson, con quien instintivamente tenía una enorme afinidad... Sólo quería decirte de todo corazón que esto era algo que significaba mucho para Jack». El presidente estableció una comisión para reformar el bulevar y lo supervisó muy de cerca junto con su esposa. Jacqueline recordó a Ted Kennedy que la avenida Pennsylvania era una de las últimas cosas de las que «recuerdo que Jack hablara con emoción» antes de que se fuera a Texas en 1963.

Es muy conocido que ella redecoró la Casa Blanca como una casa tesoro con decoración de la historia norteamericana, pintura, escultura y objetos que rivalizarían con museos de renombre mundial. Para los 160 años tras el momento en que Abigail y John Adams se convirtieran en sus primeros habitantes, las familias presidenciales habían redecorado las estancias públicas de la mansión según sus deseos. Cuando Jacqueline las inspeccionó por primera vez, se le cayó el alma a los pies. El papel de las paredes era malo y las reproducciones eran de los «primeros Statler», dijo, completamente desprovisto de historia americana. Trazó un plan para convencer a coleccionistas ricos (empleando mi «instinto de caza», bromeó en privado) para que donaran piezas norteamericanas importantes, rehízo las estancias públicas tras una investigación cuidadosa para convertirlas en verdaderos lugares históricos y creó una asociación histórica de la Casa Blanca para evitar que a la mujer de un futuro presidente con una tía dueña de «una tienda de curiosidades» le diera por modernizar estas habitaciones según su propio gusto no histórico. Especialmente después de la visita guiada de Jacqueline por las habitaciones de la Casa Blanca recién redecoradas en febrero de 1962 retransmitida por televisión, que fue vista por cincuen-

ta y seis millones de espectadores, el proyecto ayudó a los norteamericanos a cobrar conciencia de sus tradiciones respecto a las
artes decorativas. También han perdurado otras formas en las que
la señora Kennedy transformó lo que ella describió como «el escenario en el que la presidencia se presenta al mundo», incluidas las
cenas de Estado y otras ceremonias presidenciales. Convirtió el
austero Despacho Oval en «una sala de estar de Nueva Inglaterra»
al incluir sofás y sillones, y al descubrir la chimenea e instalar la
enorme mesa del barco real *Resolute*, que desde entonces han usado
cinco de los sucesores de su marido. Por petición de Jacqueline el
diseñador industrial Raymond Loewy inventó el actual diseño azul
cielo y blanco de la flota aérea presidencial.

La señora Kennedy también transformó el papel de la primera dama. Desde su restauración de la Casa Blanca, tarea que ella
misma concibió y se asignó, todas las mujeres del presidente se han
sentido llamadas a centrarse en algún proyecto público importante. La Jackie de 31 años iba en serio cuando dijo que su principal
tarea en la Casa Blanca era ser mujer y madre, pero, como recordaría después Lady Bird Johnson[5], «era muy trabajadora, cosa que
no creo que se reconociera lo suficiente». Con esa ética del trabajo era natural que Jacqueline emprendiera el proyecto de restauración, por más que supiera que resultaría extenuante. Había tenido
un trabajo a tiempo completo después de graduarse, lo que era poco
habitual en su grupo social, y más tarde, en 1975, cuando su segundo marido, Aristóteles Onassis, había muerto y sus dos hijos estaban
en el colegio aceptó un verdadero empleo como editora en Viking
and Doubleday, sello famoso por los libros de calidad de arte e historia que se benefició de su buen gusto, su experiencia vital y su
pericia.

La capacidad de Jackie para el crecimiento intelectual se manifestó en la década de 1970 cuando se unió al movimiento feme-
nino. Le dijo a una amiga que se había dado cuenta de que no
podía esperar vivir básicamente a través de un marido. Capitaneó
varias causas feministas, incluida la revista de Gloria Steinem *Ms*[6]

---

[5] *[N. de la T.]* Era común refererirse a la mujer del presidente Lyndon B. Johnson
por el sobrenombre de Lady Bird, que le pusiera una niñera de pequeña por
considerarla tan bonita como una mariposa (*ladybird* en inglés).

[6] *[N. de la T.]* La fórmula de tratamiento «Ms» es una forma neutra que se puede
aplicar tanto a mujeres casadas como solteras.

y, pese a su aversión a las entrevistas, dio una en honor de las mujeres trabajadoras para una historia de portada de la revista de Steinem, diciendo: «Lo que ha sido triste para muchas mujeres de mi generación es que se suponía que no debían trabajar si tenían familia».

Pero a principios de la década de 1960 todo esto pertenecía al futuro de Jacqueline Kennedy. De forma retrospectiva sintió que sus esfuerzos como primera dama por salvar Abu Simbel tuvieron la misma importancia que su restauración de la Casa Blanca, aunque fueron mucho menos conocidos. Alarmada al enterarse en 1962 de que las inundaciones amezanaban el importante monumento egipcio, escribió a JFK: «Es el mayor templo del Nilo (del siglo XIII a.C.). Sería como dejar que se inundara el Partenón... Abu Simbel es el más importante. Nada se encontrará nunca que lo iguale». Pese a la insistencia de que los congresistas rechazarían Abu Simbel como «unas rocas egipcias», la atracción personal de la primera dama en la colina del Capitolio logró los fondos necesarios para Egipto. Cuando el presidente egipcio Gamal Abdel Nasser ofreció mandar uno de los tesoros de su país a Estados Unidos como muestra de agradecimiento, ella pidió el Templo de Dendur, que ella y su marido querían instalar en Washington DC para «recordar a la gente que los sentimientos del espíritu son lo que evita las guerras».

John Kennedy se había apresurado a afirmar que los hitos culturales de su presidencia —Pablo Casals y el American Ballet Theatre en la sala este, la exposición de la *Mona Lisa* en Norteamérica, la cena para los Premios Nobel, los esfuerzos para desarrollar un teatro nacional (hoy el Centro John F. Kennedy para las Artes Escénicas) y otros— muy probablemente no hubieran existido de no haberse casado con Jacqueline Bouvier. El matrimonio insistía en que las artes deben incluirse necesariamente en cualquier definición de una vida norteamericana plena. La acaudalada sociedad de principios de la década de 1960 era un buen receptor de semejante declaración. Muchos estadounidenses, gozando de la prosperidad de posguerra, evaluaban cómo gastar sus nuevos ingresos en horas de ocio, ingresos que sus esforzados antepasados sólo podían haber soñado.

El agudo sentido de Jacqueline Kennedy de cómo los símbolos y la ceremonia podían moldear la historia norteamericana nunca fue más evidente que durante el largo fin de semana de pesadilla tras el asesinato de su marido. Recordando lo que había leído mientras transformaba la mansión sobre el funeral de Abraham Lincoln, el más elaborado en la historia del país antes de 1963, la viuda estupefacta improvisó tres días inolvidables de ceremonia en el tono justo: el ritual en la sala este y en la Rotonda del Capitolio, los líderes extranjeros caminando hasta la extrañamente íntima antigua catedral, el *Air Force One* que tanto amaba JFK volando en forma de saludo sobre el entierro, la luz de la llama perpetua (como la que había visto una vez siendo estudiante en la Sorbona). Tras Dallas todo esto ayudó a los norteamericanos a recuperar al menos una parte de su respeto por sí mismos. Una vez superada la triste festividad el dominio de la señora Kennedy de las demostraciones públicas se mantuvo: cuando ella y sus hijos abandonaron oficialmente la Casa Blanca, hizo que su hijo John llevara una bandera americana.

En el verano de 1964, tras terminar sus entrevistas con Arthur Schlesinger, le dijo a un amigo que volver a contar su vida pasada había sido «atroz». Afectada por la conmoción que la rodeaba en su casa de Georgetown y por el martirio de los recuerdos de una vida más feliz, se trasladó con su familia a un apartamento alto en la Quinta Avenida de Nueva York, buscando «una nueva vida en una nueva ciudad». Desde las ventanas de sus nuevas habitaciones podía ver al otro lado de la calle el Museo Metropolitan, donde pese a su preferencia por Washington DC, estaban instalando el Templo Dendur, y por la noche los reflectores la molestaban. Ese otoño, en el primer aniversario del asesinato, escribió sobre JFK para la revista *Look*: «Ahora es una leyenda por más que hubiéramos preferido que fuera un hombre... Al menos nunca conocerá ninguna de las tristezas que quizá nos esperen en el futuro». Casi como un propósito para sí misma añadió: «Él está libre y nosotros tenemos que vivir».

Tras haber escrito estas palabras a mano la señora Kennedy nunca volvió a abrir la boca en público sobre su marido. Ni en 1965, cuando la reina Isabel II dedicó un espacio conmemorativo para él en el lugar de nacimiento de la Carta Magna, ni tampoco en 1979, cuando presenció la apertura de la Biblioteca Kennedy; ni siquiera entonces[7].

---

[7] Para el vuelo de su familia a Inglaterra con motivo de la ceremonia de la reina en 1965 el presidente Johnson le ofreció un avión presidencial. Recordando su viaje en el *Air Force One* de regreso de Dallas, Jacqueline escribió a LBJ que no sabía «si podría armarse de valor para ir en uno de esos aviones de nuevo». Sin embargo, en honor de su marido, aceptó: «Pero, por favor, que no sea el *Air Force One* y que sea un 707, que por dentro parece menos un *Air Force One*». En 1968, antes de embarcar en un jet presidencial portando el ataúd de Robert Ken-

Cuando ella y sus hijos se asentaron en Nueva York reafirmó su derecho a ser una ciudadana particular y se contentó con permitir que las conversaciones de este libro fueran su principal contribución para la historiografía de Kennedy. En la primavera de 1965 leyó una versión inicial de *Mil días: John F. Kennedy en la Casa Blanca*, de Arthur Schlesinger, que estaba por publicarse y se disgustó al ver que el autor había tomado algunos datos de sus conversaciones selladas para describir las relaciones del presidente con ella y con sus hijos. Le rogó por carta que quitara «cosas que creo son demasiado personales... El mundo no tiene derecho a su vida privada conmigo. Compartí todas esas habitaciones con él, no con los lectores del libro del mes y además no los quiero tener fisgoneando por esas habitaciones ahora —incluso la bañera— con los niños». Schlesinger accedió y para cuando se publicó *Mil días* su amistad se había recuperado.

Pese a su insistencia con la privacidad Jacqueline Kennedy nunca olvidó su deber con la posteridad. Sabía que cuando su historia oral se publicara tras su muerte tendría lo que esperaba fuera la última palabra —o casi— sobre su vida con su marido. Fue otra de sus innovaciones. Con los recuerdos de este libro Jacqueline Kennedy se convirtió en la primera mujer de un presidente estadounidense en responder a horas de intensas preguntas grabadas sobre su vida pública y privada. Ahora, tras décadas en las que su historia se ha dejado a otros, leemos lo que ella tiene que decir.

---

nedy desde Los Ángeles hasta Nueva York, pidió que le garantizaran que no era el *Air Force One* de 1963. Aunque afligida hasta el fin de sus días por sensibilidades tan dolorosas como ésa, Jacqueline fue bendecida con hijos amorosos y protectores. Una vez que John estaba leyendo un volumen infantil sobre su padre dijo en alto: «Cierra los ojos, mami» y arrancó una foto del coche presidencial en Dallas antes de mostrarle el libro.

PRIMERA
Conversación

LUNES 2 DE MARZO DE

1964

Jackie, ¿cuándo crees que el presidente empezó a pensar y actuar seria-
mente sobre la presidencia?, ¿cuándo piensas que empezó a verse a sí mis-
mo como un posible presidente?

Creo que probablemente lo estuvo pensando durante un tiempo enormemente largo, mucho antes de que yo lo conociera, y lo
digo porque recuerdo el primer año de casados, le oí en Cape Cod[1].
Estaba en una habitación con su padre, hablando; entré y estaban
hablando de algo... la vicepresidencia. Bien, esto fue justo el año
después de que lo eligieran senador.

¿Fue en 1953?

Sí. Le dije: «¿Estabas hablando de ser vicepresidente?» o algo
parecido, y él se rio un poco. Pero creo que siempre estaba... nunca se detuvo, siempre seguía subiendo. Así que obviamente tras el
asunto de la vicepresidencia, bueno, entonces, definitivamente iba
por la presidencia[2]. Pero creo que hubiera sido —no lo sé— quizá
cuando se presentó por primera vez al Senado. Fue seguramente
antes de que lo conociera.

---

[1] *[N. de la T.]* El clan de los Kennedy tenía propiedades en Hyannis Port, en la
zona de Cape Cod, en Massachusetts.

[2] Adlai Ewing Stevenson (1900-1965) fue gobernador de Illinois desde 1949 hasta 1953 y candidato a la presidencia por el partido demócrata en 1952 y 1956. En
la convención demócrata de Chicago de 1956 Stevenson de forma inesperada
rompió la tradición y permitió que los delegados eligieran ellos mismos quién
debía ser vicepresidente. En la competición que vino después JFK perdió contra
el senador de Tennessee Estes Kefauver por muy poco.

Joseph P. Kennedy, Jr., Joseph P. Kennedy, Sr., y John F. Kennedy a su llegada a Southampton, Inglaterra, en julio de 1938.

Estoy seguro de que en cierto sentido estaba siempre en su mente. ¿Es cierto lo que se dice y que hasta se ha publicado respecto a que la idea inicial del embajador era que Joe fuera la gran figura política de la familia?[3]

Es el tipo de historia trillada que toda esa gente que acostumbraba a entrevistar al señor Kennedy...[4] Uno termina muy cansado de la gente que pregunta anécdotas y él siempre ha contado esta cosa sobre que Joe habría llegado. Sabes, ¿cómo podría saberlo yo? Porque yo nunca conocí a Joe. Y obviamente supongo que Joe se hubiera presentado y entonces Jack, siendo alguien tan cercano a él, no hubiera podido seguirle tan de cerca en [las elecciones de] Massachusetts. Quizá se hubiera dedicado a algo literario. Pero la historia no es tan simple como parece y, además, una vez que Joe murió, sabes, el señor Kennedy no hizo nada raro como decir «de acuerdo, ahora te presentamos a ti». Simplemente todo evolucionó, regresaron de la guerra, no sé.

Me parecía que aquella historia era demasiado fácil y artificial. Joe fue compañero mío de clase en Harvard, pero...

Tengo la sensación, a partir de mis ideas sobre Joe y demás, de que habría sido una persona con muy poca imaginación, comparado con Jack. Nunca habría sido... creo que probablemente habría conseguido ser senador pero no mucho más. No sé si es un prejuicio, pero no creo que poseyera en absoluto el tipo de imaginación que tenía Jack.

Bueno, yo lo conocí relativamente bien y en realidad no tenía imaginación, fuerza o interés intelectual. Era un tipo de lo más atractivo y encantador y hubiera tenido, creo, mucho éxito en la política, pero pienso que nunca hubiera llevado las cosas hasta el punto donde las llevó el presidente. ¿La vicepresidencia estaba, por tanto, en su mente más o menos antes de 1956?

---

[3] Joseph Patrick Kennedy (1888-1969) fue financiero, primer presidente de la Securities Exchange Commission [una agencia independiente que regula los mercados financieros de la nación], embajador antes de la Segunda Guerra Munial ante el tribunal de Saint James bajo la presidencia de Franklin Roosevelt y padre de nueve hijos, incluido el presidente número 35 de Estados Unidos. El comentario de Jacqueline se refiere a la insistencia de Kennedy padre ante varios reporteros a finales de 1950 sobre que había decidido inicialmente que su hijo mayor, Joseph, Jr. (1915-1944), debía ser un día presidente y que cuando Joe murió en la Segunda Guerra Mundial se volvió hacia Jack.

[4] [N. de la T.] Jacqueline Kennedy llamaba «señor Kennedy» a su suegro, Joseph Patrick Kennedy.

Bueno, es gracioso, estaban hablando de ello en, supongo, en torno a octubre o noviembre de 1953 en Cape Cod. Pero sé que la noche que Jack se presentó para la vicepresidencia en Chicago no quería hacerlo en absoluto en ese momento. Y ¿sabes? fue una cosa de último momento cuando Stevenson abrió la convención y eso le enseñó mucho sobre cómo hacer las cosas en California en 1960 porque nadie estaba preparado. Y recuerdo estar en esa oficina y a Bobby intentando que alguien le pintara carteles[5]. Quiero decir, no estaba intentando ir por la vicepresidencia.

Eso fue cuando llegó a Chicago en 1956, no iba realmente a...

No, no quería. Sabes, pensó que Stevenson sería derrotado y que sería porque... una de las razones sería que tenía a un católico en su lista y eso sólo podía haber sido un impedimento. Pero cuando aquella noche aquello se lanzó abiertamente no sé quién dijo «haz una carrera» o algo así. Todo ocurrió en realidad esa noche.

Debía de haber algún atisbo en su mente, porque recuerdo a Ted Sorensen viniendo —o quizá, al menos, en la mente de Ted— a verme a Cape Cod ese verano, antes de la convención, y discutir esto, y decirle a Ted que yo estaba a favor y que sabía que en el círculo de Stevenson había otras personas también a favor. Recuerda que entonces Ted tenía preparado un memorando sobre el voto católico[6].

---

[5] Robert Francis Kennedy (1925-1968) era el quinto hijo de los nueve de Joseph y Rose Kennedy, abogado, consejero del comité del Senado y jefe de la campaña de su hermano de 1960, tras la cual el presidente electo lo hizo abogado general. Pese a su mandato formal para llevar el Departamento de Justicia, según se desarrollaba la presidencia de su hermano, RFK fue su jefe asesor y ejecutor en virtualmente todos los asuntos que se le presentaron. En 1964, tras la muerte de su hermano, RFK fue elegido senador por Nueva York. Cuatro años después lo asesinaron cuando era uno de los candidatos demócratas para la presidencia.

[6] Theodor Sorensen (1928-2010) era hijo del procurador general de Nebraska, un progresista norteamericano de origen danés y de su mujer ruso-judía. Ted Sorensen se unió al equipo de JKF en 1953 y como autor de discursos ayudó a dar al senador su voz, con las oraciones rápidas, el fraseo en contrapunto, la retórica elevada y las referencias históricas alabadas por todos. Más tarde, en la Casa Blanca, Sorensen trabajó como consejero especial del presidente. En primavera de 1956 Kennedy le pidió que elaborase un memorando sobre los muchos votantes que un compañero católico podía traer a una lista demócrata en 1956 y que lo hiciera circular. (Tras la demoledora derrota en 1928 de Al Smith, el único candidato católico elegido nunca para una lista de un partido mayoritario, muchos temían que el catolicismo fuera una rémora para los aspirantes). Pero la señora Kennedy está en lo cierto respecto a que su marido no presionó a Stevenson abiertamente

Robert F. Kennedy durante la campaña para el Senado de John F. Kennedy,
Massachusetts, 1952.

Ah, sí; cierto. No había caído en que fue entonces. Lo raro de
Jack que hace que me sea muy difícil dar la sensación en estas entrevistas de que digo cosas con sentido es que él nunca habló de esta
especie de objetivos secretos o de tramar cosas. La vida con él era
siempre muy rápida, lo que estabas haciendo ese mismo día. Siem-

_____

para que lo incluyera en la lista. Cuando el de Illinois tomó su inusual y sorprendente decisión de abrir la nominación y Kennedy hizo su intento precipitado de
ganar el premio, Joseph Kennedy, de vacaciones en Cap d'Antibes [en la zona de
los Alpes marítimos franceses], se puso furioso porque su hijo intentara algo tan
mal planificado. JFK dijo después que se alegraba de haber perdido porque cuando Stevenson fue derrotado por Dwight Eisenhower ese otoño podrían haber
culpado a su compañero de lista católico.

El senador John F. Kennedy en la convención nacional demócrata en Chicago.

pre hablaba en casa de qué estaba pensando o sobre gente. Quiero decir, la gente dice que nunca hablaba de política en casa conmigo, pero sólo hablábamos de eso.

Pero él nunca tramaba para conseguir pequeños logros ni te decía cuándo iba tras ellos y la vida con él era tan rápida que hasta que no miras atrás no ves lo que ocurría.

Con la gente la vida no es así, de todas formas. No creo que la gente tenga objetivos para cuyo logro en cierta forma conspire. Hay cosas que emergen según se desarrollan sus vidas y que están interiorizadas y por las que en cierto modo no se esfuerzan conscientemente. Cuando la gente hace eso, lo que se tiene es una especie de asunto Nixon[7], que no es atrac-

---

[7] Richard Milhous Nixon (1913-1994) sirvió en la Casa Blanca desde 1947 hasta 1951 con JFK en la Casa, donde eran amigos cordiales. Nixon era senador de California cuando fue elegido por Dwigtht Eisenhower para la lista de candidatos republicana de 1952. El 7 de noviembre de 1960 el vicepresidente Nixon perdió la presidencia contra Kennedy por el reducido margen de 112.827 votos. Con la expresión «asunto Nixon» Schlesinger se refiere a una ambición manifiesta.

*tivo, y el presidente vivía día a día con tanta intensidad que la idea era
más bien algo bastante implícito en su carrera, tanto en su conciencia como
en su destino, más que, imagino, algo explícito en su mente o cualquier
cosa de la que hubiera hablado nunca. Cuando decidió presentarse a la
vicepresidencia en 1956, ¿cómo fue, crees tú que fue sólo que la situación
lo sobrepasó o...?*

Estaba fuera en la convención con él en Chicago, pero iba
a tener un niño, así que me quedé con Eunice[8], y él vivía en un hotel con Torb. Y lo vi, lo había visto el día de la convención, había
cenado, pero era tal..., no puedo explicarte la confusión que
había. Tendrías que hablar con Torb[9] sobre esto. Sabes, estaba tan
cansado y trabajaba sin parar. Y cada día era diferente, así que creo
que fue entonces cuando ocurrió la peor pelea de su vida, sobre
la que deberías preguntarme alguna vez; cuando consiguió el control
de la asamblea de Massachusetts. Eso era para dirigir la delegación de Massachusetts, ¿verdad?

Sí, contra Bill Burke.

Sí, contra Onion Burke[10]. Porque aquélla fue la única pelea
de las que había tenido en su vida en la que realmente lo vi ner-

---

[8] Eunice Mary Kennedy Shriver (1921-2009) era hermana de JFK. En 1956 vivía
en Chicago con su marido, Sargent Shriver, presidente de la Secretaría de Educación de la ciudad. Antes de casarse habían compartido una casa con su hermano
en la zona de Georgetown de Washington. Incansable y muy religiosa, la señora
Shriver hizo una tarea pionera para traer a los discapacitados intelectuales a la
escena pública y siempre presionaba a Jack para que hiciera más por la causa. Su
hermana Rosemary (1918-2005) estaba internada en Wisconsin. JFK de hecho
estableció la primera comisión presidencial sobre retraso mental. Joseph Kennedy
dijo una vez que si Eunice hubiera sido hombre podría haber sido presidente.

[9] Torbert MacDonald (1917-1976) era un amigo de Kennedy, capitán del equipo
de fútbol americano de Harvard y uno de sus compañeros de habitación en Harvard, casado con Phyllis Brooks, una actriz de películas B de la década de 1930.
Sirvió como miembro demócrata en el Congreso, representando a Malden, Massachusetts, desde 1954 hasta su muerte.

[10] En 1956 el presidente del partido demócrata estatal era un conservador estridente llamado William *Cebollas* Burke (1906-1975), dueño de explotaciones de
cebolla y tabaco y de un bar de Hatfield, Massachusetts. Burke estaba moviendo
hilos para mantener la delegación estatal fuera del alcance de Adlai Stevenson en
la convención de Chicago, pues intentaba que ésta eligiese al bostoniano John
McCormack (1891-1980), líder de la mayoría de la Casa como «hijo favorito». Mc-
Cormack estaba encantado pero JFK consideró el gesto como una bofetada en la
cara. Como explicó después: «Yo había respaldado públicamente a Stevenson
y quería hacer valer mi compromiso». Kennedy deseaba evitar poner una figura

vioso y de la que no podía dejar de hablar antes de que se produjera. Así que el gran acontecimiento de toda la primavera, supongo, fue ganar aquella pelea. Y realmente no se lo quitaba de la cabeza. Así que en cualquier caso salió de todo aquello como una persona importante y creo que tuvo un par de reuniones bastante insatisfactorias con Stevenson y de repente era esa noche. Y recuerdo que me quedé despierta toda la noche en las oficinas centrales y Bobby llegó corriendo y me dijo: «No sabemos nada, ¿qué hacemos con lo de Nevada?». Y yo estaba en aquel rinconcito haciendo algo con unos sobres o encargando carteles a alguien y dije tímidamente: «Tengo un tío que vive en Nevada». Nadie había creído nunca que tuviera ningún pariente metido en política ni nada, pero este tío era un gran amigo de Pat McCarran[11]. Así que Bob y yo fuimos al cuartito de atrás y lo llamamos por teléfono.

¿Quién era el tío?

Norman Biltz. Siempre ha participado en la política de Nevada. Está casado con la hermana de mi padrastro, Esther, que antes estuvo casada con el hermano de Ogden Nash. Después se casó con Norman Biltz, creo, y vivió en Reno el resto de sus días[12].

¿Norman Biltz es demócrata?

Sí, bueno, pero Pat McCarran y toda esa clase de tipos eran, no sé, bastante... no sé si la palabra es «turbio» porque lo quiero,

---

no liberal en el partido de Massachusetts y tenía miedo de parecer debilitado en su estado originario si Stevenson lo tenía en cuenta como vicepresidente. En mayo de 1956 desplegó un esfuerzo importante para deponer a Burke en favor del antiguo alcalde de Somerville, Pat Lynch. Esto culminó en lo que Sorensen llamó «un encuentro tormentoso, con abucheos, empujones, insultos y disputas por conseguir el martillo de la subasta; y casi llegaron a las manos». Desde la primera elección de Kennedy para la Casa en 1946 McCormack había visto al prometedor joven como una amenaza contra su dominio y ahora este temor se había cumplido. Burke estaba desbancado y JKF asumió el control efectivo de su partido en Massachusetts. La polarización Kennedy-McCormack dividió a los demócratas del estado hasta 1962, cuando Edward Kennedy derrotó al sobrino Edward del entonces portavoz McCormack para lograr la nominación del partido para el antiguo escaño de JFK en el Senado.

[11] Patrick McCarran (1876-1954) fue senador demócrata de Nevada desde 1933 hasta su muerte en 1954. Azote de potenciales comunistas en el gobierno y admirador del dictador Francisco Franco, tenía mucha más influencia en su estado de lo que cabía esperar por su cargo.

[12] A Norman Biltz (1902-1973) se lo conocía como *Duque de Nevada*. Republicano, con muchos amigotes demócratas, era uno de los magnates más poderosos y de los terratenientes más acaudalados del estado.

pero desde luego es alguien a quien hay que conocer en Nevada. Y dijo «de acuerdo», porque Nevada no había apoyado a Jack y al día siguiente todos los votos de Nevada eran para Jack. *[Risas de Schlesinger]*. Así que todo lo que sé es que cuando decidió, no sé...; sólo sé que supe ese día que se presentaba para vicepresidente. Y respecto a antes de eso supongo que Torb podría contártelo porque estaba encerrado en la habitación con él.

Sí, hablaremos con Torb. Así lo recuerdo porque me viene a la memoria la decisión de Stevenson de abrir el proceso y que de nuevo Ted o alguien del personal del presidente se pusiera en contacto conmigo para algo, y creo que desde luego estaba en la mente de algunas personas del entorno. Antes, creo, la cosa se había quedado parada y de repente revivió. Hablemos de la lucha contra Bill Burke. En realidad era una pelea contra John McCormack, ¿verdad?

Sí y de nuevo me tienes que poner en antecedentes y yo te puedo contar cosas que te refresquen la memoria, porque es...

El gran problema era el control del comité demócrata estatal y Burke había sido...

Y ahí estaba Lynch...

Y ahí estaba Lynch, que era nuestro hombre.

Sí.

Y que ha sido presidente del estado durante años desde entonces. Kenny y Larry[13] estaban en aquella pelea, ¿verdad?

Eso creo, sí.

Estaban. Pero creo que ninguno de ellos pertenecía entonces al equipo del senador; al personal del Senado.

Así es. Creo que Kenny me ha hablado de eso justo ahora, quiero decir, hace un par de semanas. Pero lo primero es que Jack estaba viajando mucho entonces, pero sí recuerdo que hablábamos todas las noches. Me acuerdo de que en la boda de Jean él estaba tan ocupado allí en Massachusetts y ella vino... a cenar la noche

---

[13] Kenneth O'Donnell (1924-1977), hijo del entrenador de Holy Cross, había sido compañero de habitación y compañero de equipo de fútbol americano de Robert Kennedy y bombardero en Inglaterra durante la Segunda Guerra Mundial. Desde la campaña de JFK al Senado en 1952 había sido un miembro clave del círculo de ayudantes de Kennedy conocido como la «mafia irlandesa», trabajando como secretario de contrataciones en la Casa Blanca de Kennedy. Lawrence O'Brien (1917-1990), de Springfield, Massachusetts, trabajó en las campañas de JFK para el Senado y la presidencia y después como enlace del presidente con el Congreso.

El senador Kennedy con Kenny O'Donnell, 1960.

antes de casarse[14]. Bien, aunque Jack no paraba en esa cena, hablando con su padre, con Bobby, Torb, con todos. Era todo sobre ese tema; lo tenía obsesionado. Porque se iba a saber. Se casó el 6 de mayo, o algo así; o el 19 de mayo, y supongo que el voto o lo que fuera iba a aparecer unos días después y recuerdo pensar... fue la única vez en mi vida que he pensado que Jack era un poco descon-

---

[14] Jean Ann Kennedy Smith (1928-) era la hermana menor de JFK. Su marido Stephen Edward Smith (1927-1990) llevó sagazmente las finanzas de la familia Kennedy y trabajó como estratega político para los tres hermanos Kennedy y como solucionador de problemas en la trastienda.

siderado. Pero realmente no pensé eso porque podías ver lo preocupado que estaba, porque toda aquella noche en la que todos tenían que estar haciendo brindis por Jean y así —cosa que hacían, y él hizo uno conmovedor— estaba hablando con todo el mundo en la cena sobre esa pelea. Quiero decir, lo tenía en mente y yo nunca lo había visto así —ni en la primera Cuba, la segunda Cuba[15], en ninguna elección—, quiero decir, la elección, la elección presidencial, cuando pienso en lo tranquilo que estaba aquella noche, si saldría bien o no, pero aun así... pero eso sólo fue aquella primavera. Y como sabes, no te debe parecer mal que no recuerde esos asuntos políticos, porque en realidad estaba viviendo otro lado de la vida con él, pero recuerdo aquella primavera como de una gran preocupación.

Tuve la impresión de que tuvo que ser una situación realmente crítica. Fue la primera gran prueba de fuerza dentro de la organización del partido. Sé que Kenny me decía de tanto en tanto cuando hablábamos sobre la gente de la política «fulano y mengano estuvieron de nuestra parte en la pelea contra Burke», lo que significaba: le perdonamos cualquier cosa. O decir sobre alguien «estuvo contra nosotros en la lucha contra Burke» y esto se convirtió en el criterio de juicio que años después en los años presidenciales seguiría muy presente en las mentes de todos.

Y recuerdo a toda esa gente. Me fascinaba porque cuando regresé de la luna de miel Patsy Mulkern, al que llamaban «muñeco de porcelana» porque había sido boxeador profesional, me llevó inmediatamente a Boston para registrarme como demócrata y me hizo recorrer de arriba abajo aquella calle, y me dijo que «vapulear» a la gente significa chocar las manos y otras cosas. Y también había otro hombre con Burke llamado Grenara. Bueno, aquellos nombres me fascinaban. Sabes, es como primero veías ese mundo y luego nos íbamos a cenar al Ritz. *[Jacqueline y Schlesinger se ríen].* Y después ibas a otro sitio. Parece que fueran simples maletas, moviéndose, y entonces ibas a Nueva York por un par de días. No tuvimos casa propia hasta que llevábamos cuatro años casados. Así que puedo decirte...

¿Fue en Georgetown o allá en McLean?

Oh, no; así es. Tuvimos una tres años en Hickory Hill[16]. No compramos una casa. Sabes, alquilábamos de enero a junio, después

---

[15] Términos usados en el círculo de Kennedy para referirse a la fallida invasión de Bahía Cochinos en 1961 y a la crisis de los misiles cubanos de 1962.

[16] Esta casa de McLean, Virginia, fue ocupada brevemente por el general del ejército de la Unión George McClellan durante la Guerra Civil. Jacqueline y su marido la vendieron a Robert y Ethel Kennedy en 1956 por 125.000 dólares, el

íbamos a vivir a casa de mi madre que estaba en Virginia durante el verano porque los primeros cuatro años no teníamos hijos. Así que los veranos los pasábamos en su casa, yendo a Cape Cod cuando podíamos durante los fines de semana y en otoño nos quedábamos con su padre, ya sabes, vivíamos con nuestra familia. Y después nos fuimos a ese apartamento en Boston o íbamos a Nueva York un par de días. Una vida terriblemente nómada, sabes, y entonces nos íbamos después de Navidad o así unos días a Jamaica o un sitio de ese tipo. Menudo ritmo, cuando pienso en el poco tiempo que estábamos solos y siempre moviéndonos.

Lo sé, la vida de los políticos; nunca estás solo cuando te dedicas a la política. Es terrible.

Solo, nunca. Después, cuando Teddy se casó e inmediatamente consiguió una casa, Jack dijo: «¿Qué pasa conmigo? ¿Por qué no he conseguido una casa antes?». Y yo pensé, ¿por qué no lo hice yo? Pero andabas de un lado para otro y todo era tan rápido. Y entonces conseguimos Hickory Hill, pero resultó ser un error porque estaba muy lejos de la ciudad. Ése fue el año tras lo de la espalda de Jack[17]. Bien, de nuevo gastamos mucho dinero para comprar esa casa en Virginia y pensé que sería un lugar donde él podría descansar los fines de semana el año que se recuperara de su espalda. Y lo discutimos cuando la compramos. De nuevo esto muestra que de alguna forma no me decía lo que venía después ya que una vez que empezamos a vivir en la casa se pasaba fuera todos los fines de semana, de viaje. Y no resultaba cómodo para él durante la semana, porque estaba mucho más lejos de su oficina. Y entonces perdí el niño; sabes, yo había preparado un cuarto para niños y demás allí, yo ya no quería vivir en esa casa, así que nos mudamos[18]. Alquilamos

mismo precio que habían pagado por ella. El trayecto en coche desde esta casa hasta el Capitolio llevaba mucho tiempo cuando había tráfico, especialmente si se compara con lo que se tardaba desde Georgetown.

[17] Se refiere a la operación de espalda de JFK de 1954.

[18] El 23 de agosto de 1956 Jacqueline dio a luz a su primer bebé, una niña, que nació muerta. Su marido quería muchos hijos y su dificultad para tenerlos, especialmente en comparación con las hermanas y las esposas Kennedy, que lo hacían sin aparente esfuerzo, produjo una frustración en ella que de forma inevitable afectó a su moral, a su matrimonio y a su capacidad para hacer vuelos frecuentes con su marido durante la campaña presidencial de 1960 como primera dama. Esto hizo que el hecho de que la primera niña naciera muerta, a los tres años de matrimonio, y la muerte del niño prematuro Patrick Bouvier Kennedy a los dos días de nacer el 7 de agosto de 1963 fuera más duro de encajar para el matrimonio.

una casa, no, el año siguiente alquilamos una casa en la calle P,
y después tuve a Caroline y compramos nuestra casa en 1957[19]. Sí,
debimos haber tenido Hickory Hill. No, ¿cuándo conseguimos
Hickory Hill? Su operación fue en 1955. Sí, supongo que fue dos
años antes de que tuviéramos una casa.

Conseguisteis la casa de la calle N en 1957.

En 1957 y creo que tuvimos Hickory Hill el invierno después
de lo de su espalda, que fue en 1955.

*Algunas personas han especulado, y yo he escrito, que la operación
y la enfermedad de la espalda fue una especie de punto de inflexión. Nunca
he sabido si había algo, si era una especie de desconocimiento de FDR[20]
y si realmente había algo ahí.*

No, no creo que hubiera nada en eso. Y es muy sencillo. Max
Freedman[21] me dijo la otra noche: «¿Y cuándo crees que empezó
esa dedicación?». Bueno, eso me irritó tanto... Siempre estaba ahí.
Sabes, el invierno de su espalda, que fue horrible, sólo para evitar
que se volviera loco ahí tumbado, con todo tipo de dolores y cam-
biándolo de lado cada veinte minutos o así, o empezando a andar,
y justo cuando estaba empezando a andar con muletas una de éstas
se rompió, así que estaba de nuevo en el punto de partida. Sabes,
cuando empezó a escribir ese libro que había tenido en mente durante mucho tiempo —había tenido a Edmund Ross—, me habló
de ello un año o así antes como el clásico ejemplo de persona valiente[22]. Y siempre había pensado escribir un artículo o algo sobre
ese tema, y así todo aquel invierno empezó a buscar más gente, lo
suficiente como para escribir un libro. Así que no fue ningún punto de inflexión. Simplemente pasó aquel invierno como lo hacía
todo, soportando un invierno horrible de enfermedad y preparando el libro.

---

[19] Los Kennedy compraron el edificio federal de ladrillo rojo de tres plantas del
3307 de la calle N en Georgetown (del que ella dijo: «Mi preciosa casita está ligeramente inclinada hacia un lado») y se quedaron allí hasta que se mudaron a la
Casa Blanca.

[20] *[N. de la T.]* FDR: Frank Delano Roosevelt; a lo largo del libro hay muchas referencias a este político mediante las iniciales.

[21] Max Freedman (1914-1980) era corresponsal en Washington para *The Guardian*
de Manchester (Inglaterra).

[22] Edmund G. Ross (1826-1907). Senador republicano por Kansas, se ganó su
lugar en *Perfiles de coraje* al emitir en 1868 el voto decisivo contra la destitución
del presidente Andrew Johnson, lo que costó a Ross la reelección.

La espalda era un asunto destacado desde hacía algún tiempo.

Sí, con la espalda la cosa cada vez iba a peor. Quiero decir el año antes de que nos casáramos, cuando me llevaba por ahí, la mitad del tiempo iba con muletas. Cuando fui a verlo hacer campaña, antes de casarnos, llevaba muletas. Lo recuerdo más tiempo con muletas que sin ellas. Y después, durante nuestro matrimonio, iba mucho tiempo sin ellas y entonces algo se torció. Era realmente... el problema que todo el mundo supo después... que ni siquiera necesitaba la operación. Había tenido la espalda mal desde la época de la universidad y después en la guerra y le hicieron una operación de disco que no necesitaba, así que los músculos se le debilitaron, tuvieron un espasmo, y eso era lo que le producía dolor, los músculos. Y así, ahí lo teníamos, yo creo que si hubiera ido cuatro días con muletas, sabes, todo habría mejorado, pero sólo lo estaba debilitando. Y no fue hasta después de su operación de espalda cuando el pobre doctor que había sido su médico, Ephraim Shorr, le dijo: «Ahora creo que tengo la libertad para decirte algo que quería haberte dicho antes, pero no pensaba que fuera correcto hacerle eso al doctor Wilson», que era el cirujano de la espalda[23]. Me puso furiosa que los médicos simplemente dejaran sufrir a la gente, y no diré nada para no herir los sentimientos de otros médicos eminentes. Pero entonces el Dr. Shorr le habló de la doctora Travell, que era una mujer de Nueva York que vivía en la calle Dieciséis y había hecho cosas fantásticas con los músculos. Y Jack fue a verla. Le aplicó novocaína para los espasmos. Bueno, lo pudo «arreglar». Quiero decir, la vida simplemente cambió a partir de entonces[24]. Porque, obviamente, después de un año de cirugía y un año inactivo su espalda estaba más débil que nunca. Qué deprimente tuvo que ser para él, haber pasado un año así y darse cuenta de que su espalda estaba peor, no mejor.

En otras palabras, ¿la operación de 1955 no era necesaria?[25]

---

[23] Ephraim Shorr (1896-1956) era un endocrino del Hospital de Nueva York. Philip Wilson (1886-1969) era cirujano jefe en el Hospital de Cirugía Especial de Nueva York en el que se realizó la operación y un compañero de clase de Harvard del padre de JFK.

[24] Janet Travell (1901-1997) se convertiría después en la médico de JFK en la Casa Blanca, la primera mujer que desempeñó este cargo.

[25] La operación de doble fusión vertebral de JFK en el Hospital de Cirugía Especial de Nueva York realmente fue el 21 de octubre de 1954 e incluyó la inserción de una placa metálica para sujetar la columna lumbar. Ese agosto los médicos de la

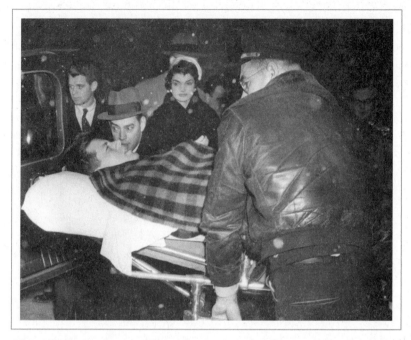

El senador Kennedy en camilla, acompañado por Robert Kennedy y Jacqueline Kennedy, Nueva York, diciembre de 1954.

No era más necesaria de lo que pueda ser que te la hagan a ti ahora mismo. Y fue simplemente criminal. Pero, sabes, todos esos médicos de los huesos miran por rayos X... Mira, Jack se estaba

Clínica Lahey le habían advertido de que sin esa operación podía perder el uso de las piernas y que para un paciente de la enfermedad de Addison como JFK la cirugía podía producir una infección que podía matarlo. Cuando los doctores operaron, se produjo la infección dejando al senador en coma. Se le aplicaron los santos óleos. El siguiente febrero, cuando los doctores temieron que la placa estuviera infectada y recomendaron otra operación para quitarla y realizar un injerto de hueso en su columna, Jackie quiso una segunda opinión pero los doctores la convencieron para que no la pidiera. La segunda operación condujo a su marido a tres meses de agonía y depresión mientras se recuperaba en Palm Beach; ella deseó haberse opuesto a los médicos. Tras la primera operación de JFK, cuando estaba al borde de la muerte, le había oído llamarla pero le prohibieron el acceso a la habitación. Decidió no dejar que ocurriera nunca más. Por tanto, el 22 de noviembre de 1963, en Dallas, cuando una enfermera del Hospital Parkland intentó impedirle que entrara en la habitación donde su marido estaba recibiendo medidas desesperadas, Jackie le dijo «voy a entrar en ese cuarto» y lo hizo, lo que le permitió estar con él cuando murió.

volviendo loco por el dolor. Incluso le dijeron antes de eso: «No podemos decir si ayudará o no». Recuerdo que estábamos hablando su padre y yo y él dijo: «No me importa. No puedo seguir así». Era, sabes, una oportunidad entre un millón, pero lo iba a intentar. Y si no hubiera sido por la doctora Travell, quiero decir, nadie puede subestimar su aportación en ese momento. Aunque más adelante resultó evidente que lo que debía hacer era fortalecer su espalda con ejercicio. Ella era muy reacia a dejar que abandonara sus tratamientos con novocaína, que por entonces no le estaban haciendo ningún bien. Esto era una vez ya en la Casa Blanca. Pero ella le cambió la vida entonces.

Y ella entró en escena, ¿cuándo? ¿En 1956?
No. ¿Cuándo fue la operación de espalda?
En 1955.
Octubre; no... la tuvo en octubre de 1954.
La operación fue en el invierno de 1954-1955.
Sí, y volvió al Senado en junio de 1955. Así que ella tuvo que entrar en escena aproximadamente en junio de 1955. Él hizo un gran esfuerzo por andar ese día e incluso pasear. Pero después regresó, nos quedamos en el hotel Capitol Arms[26] o algo parecido, pegado al Capitolio, tenía una cama de hospital allí. Había caminado alrededor del Senado con un aspecto magnífico y bronceado con su traje gris, y después vino a casa y se metió en una cama de hospital.

Oh, Dios, creo que una de las frases más terribles que nunca he leído es una en la introducción de Bobby a Perfiles de coraje[27] *respecto a «la mitad de sus días en esta tierra pasados con dolor». Porque, sabes, por ahí en la Casa Blanca, algunas veces uno podía darse cuenta cuando se estiraba para coger algo y de repente se paraba o se quedaba corto o no quería estar mucho tiempo de pie. Aunque yo nunca...; por lo que yo vi, se comportaba con un estoicismo total respecto a esto. ¿Lo mencionó alguna vez?*
Él nunca... cuando piensas cuánta gente hipocondriaca hay o cuánta gente se queja...; a él nunca le gustó que le preguntaras cómo se encontraba. Podías saber cuándo se encontraba mal —lo cuidabas y le llevabas a la cama o algo— pero nunca estaba irritable,

---

[26] El hotel Carroll Arms estaba cruzando la calle desde el antiguo edificio Senate Office (hoy llamado Russell), en el que JFK tenía su oficina.

[27] RFK escribió un prólogo para la edición *in memoriam* del libro de su hermano, que se publicó en 1964.

El senador Kennedy se recupera en Palm Beach, Florida.

no le gustaba hablar de ello y hacía un esfuerzo consciente para apartarlo de su mente invitando a cenar a amigos o hablando sobre, ya sabes, o yendo a ver una película o... simplemente para no quedarse sentado ahí con dolor.

Y por supuesto eso lo apartó de los deportes, que en algún tiempo tuvieron que... como navegar...

Excepto —es curioso— porque el mes antes de casarnos los dos montamos a pelo por un campo en Newport sobre dos indómitos caballos de carga y galopamos por el campo de golf. En nuestra luna de miel jugamos al golf. [Su dolencia] lo apartaba de los deportes por épocas, pero después volvía a practicarlos. Y jugó al béisbol todo el tiempo en Georgetown en la primavera con los senadores[28]. Y siempre jugaba al fútbol americano de toques pero no podía correr, quiero decir, no podía correr lo suficiente, pero nunca podía ser el que corriera para el *touchdown*. Solía pasar y recibir y correr un poco por ahí.

El dolor solía ir y venir, ¿verdad?

Sí.

Imagino que, cuando estaba más cansado, empeoraría. ¿O era impredecible?

Era impredecible. Ahora que sabemos que era espástico supongo que podía venir cuando estaba cansado. O simplemente algo lo desencadenaba, algo que no te esperarías que lo hiciera. Podía montar a caballo y que no ocurriera nada. Y una cosa tonta como dejar caer una pila de papeles y agacharse rápidamente para cogerlos podía desencadenarlo. Pero en ningún caso, nunca pensé que me había casado con un inválido o un tullido y no quiero que parezca que era así... porque le había dificultado tanto tiempo.

Eso es lo llamativo, porque cuando leí la frase de Bobby, era la última cosa que uno pensaría, habiéndolo visto de forma intermitente durante tantos años, porque siempre parece haber tenido esa extraordinaria alegría y esa vitalidad, y el hecho de que tuviera eso, con esa clase de asunto molestándole —ese dolor molestándole— es simplemente una especie de tremenda victoria espiritual, una victoria psicológica.

Sí. Una vez le pregunté —creo que esto es bastante conmovedor— que si pudiera pedir un deseo cuál sería; en otras palabras, mirando su vida retrospectivamente, y dijo: «Desearía haber tenido más buenos momentos». Y pensé que era muy conmovedor que dijera eso porque yo siempre pensé en él como esa figura enormemente glamurosa con la que me casé cuando él tenía 36 años. Pensé que había tenido millones de viajes alegres a Europa, chicas, bailes, de todo. Y, naturalmente, había hecho mucho de eso, pero supongo que a lo que se refería era a que había tenido muchos dolores y encima siempre corriendo, esos horribles años haciendo campaña, siempre con Frank Morrisey[29], alimentándose de batidos y perritos calientes. *[Comentan en susurros si deben hablar del tema «estómago»]*. Tenía también problemas de estómago, lo que le pro-

---

[28] JFK jugaba al *softball* en un parque de Georgetown con compañeros del Senado.

[29] Francis X. Morrisey (1911-2008), de Charlestown, Massachusetts, hijo de un operario del puerto que lo llevó a la escuela nocturna de Derecho, trabajó en las campañas de JFK para la Casa Blanca y el Senado y fue nombrado juez municipal de Boston.

ducía muchos dolores a veces, así que no era siempre la espalda. Pero toda su familia lo tiene. Es sólo un estómago Kennedy. Es obvio que viene de los nervios.

Durante las campañas y más adelante estas cosas continuaron y él simplemente...

Oh, sí. Como dije, siempre estaba haciendo campaña con muletas. Era tan patético verlo subir las escaleras de un avión, o las de un escenario o lo que fuera con sus muletas, sabes, porque parecía tan vulnerable. Y una vez que estaba allí arriba en el podio parecía tan, sabes, tan con el control de todo.

¿Qué hizo de aquel momento propio de El último hurra *en Massachusetts*[30]*? Obviamente lo disfrutó y le motivó mucho aquello.*

Lo disfrutó de la misma manera que le gusta oír a Teddy contar historias sobre Honey Fitz[31]. Le gustaban las historias sobre su abuelo. Pero no, él no era realmente... Kenny y Dave[32] y todos siempre me decían, ahora que la gente habla de escribir libros sobre Jack, siempre me decían: «¿Por qué Sorensen y Schlesinger van a escribir libros? No se van a poner de parte de la gente a la que Jack pertenecía. ¿Por qué no escribe alguien un libro para los de los "tres pisos"?»[33]. *[Schlesinger se ríe].* Y ellos piensan que Jack es suyo. Pero realmente no lo era. Cuando pienso ahora que está

---

[30] *El último hurra* (1956), del novelista de Boston y periodista Edwin O'Connor, recreaba la vieja y moribunda política irlandesa-norteamericana de su ciudad y se convirtió en película con Spencer Tracy como protagonista.

[31] John Francis Fitzgerald (1863-1950), abuelo materno y tocayo de JFK, fue congresista de Massachusetts por un tiempo breve y después el primer alcalde de Boston americano de origén irlandés, famoso por sus versiones de *Sweet Adeline*. En la noche de 1946, cuando JFK fue elegido para la Casa, Honey Fitz (apelativo cariñoso que se le aplicaba a John Francis Fitzgerald) representó una danza típica irlandesa y predijo que su nieto sería un día presidente. Kennedy admiraba la capacidad de ascender de la generación política de su abuelo y disfrutaba con sus cuentos populares, pero su propia identidad era tan visiblemente distinta que algunos en su estado lo llamaban «el primer brahmán irlandés» [N. de la T.: un brahmán es un miembro de la casta superior en la India].

[32] David Powers (1912-1998) era otro americano de origen irlandés de Charlestown, jovial e imperturbable, que empezó con JFK durante la primera campaña a la Casa Blanca y se quedó con él el resto de la vida de Kennedy como amigo, contador de anécdotas, compañero de viaje y hombre para todo.

[33] Los apartamentos de tres plantas conocidos por albergar a los inmigrantes recién llegados y trabajadores de las fábricas y sus descendientes, especialmente los irlandeses-norteamericanos, como Morrissey y Powers.

El presidente Kennedy y Dave Powers en 1961.

muerto, los distintos tipos de gente que vienen a mí, uno solía pensar que pertenecía a tanta gente, y cada uno pensaba que lo tenía completamente para él, y amaba a cada uno con el amor infinito de una madre por sus hijos. Si tienes ocho hijos, eso no significa que los quieras menos que si sólo tuvieras dos, que el amor se reduzca en proporción. Así que amaba a los irlandeses, a su familia, a gente

Los Kennedy con Ben y Tony Bradlee en el salón oeste de la Casa Blanca.

como tú y Ken Galbraith[34]. Me amaba a mí y a mi hermana, en un mundo que no tiene nada que ver con la política, al que se confiaba por placer y por desilusión. Nos quería a todos. Y sabes, no siento celos ningunos. Os tenía a todos. Realmente mantuvo su vida tan dividida en compartimentos y lo maravilloso es que cada uno en cada una de esas divisiones estaba dispuesto a morir por él. Y todos amábamos al resto... yo les gustaba a todos porque ellos sabían que me gustarían a mí. Y quiero a Dave Powers aunque no lo había visto mucho. Sólo ahora ves hasta qué punto Jack sabía lo que quería para cada aspecto en la vida. Nunca quiso invitar a cenar a la gente con la que trabajaba durante el día. Y a menudo yo decía en la Casa Blanca: «¿Por qué no invitamos a cenar a Ethel y Bobby?», porque pensaba que Ethel se podía ofender. Pero nunca quería ver a Bobby, y Bobby tampoco quería venir, porque habían trabajado

---

[34] John Kenneth Galbraith (1908-2006), nacido en Ontario, era un economista de Harvard y activista liberal, más conocido a finales de la década de 1950 por su libro *La sociedad opulenta*. Apoyó a JFK en 1960 y se convirtió en su embajador en la India.

juntos todo el día. Así que venía gente bastante relajante. Venían muy a menudo Charlie Bartlett[35] y los Bradlee[36]. Eran bastante ligeras esas fiestas que solíamos tener.

Las mejores fiestas a las que he ido nunca. ¿No eran estupendas? Las mejores chicas, los ratos más agradables. Todo el mundo era mucho mejor de lo habitual. Todos eran los más alegres y más guapos y más simpáticos.

Y era una mezcla de gabinete y amigos de Nueva York, y gente joven. Y yo trabajaba tan duro en esas fiestas porque sentía que una vez que estuviéramos en la Casa Blanca, sentí que podría salir y no te puedo contar lo opresiva que puede resultar la tensión de la Casa Blanca. Yo podía salir y cada vez que Jack veía que me deprimía un poco solía mandarme fuera, no exactamente, pero solía decir: «¿Por qué no te subes a Nueva York o vas a ver a tu hermana a Italia?». Y entonces me mandaba a Grecia, por una triste razón ese año, pero él pensó que me estaba deprimiendo tras la pérdida de Patrick[37]. Pensé, puedo salir, puedo ir a un restaurante en Nueva York o caminar por la calle y mirar una tienda de antigüedades o ir a un nightclub. Has oído hablar del twist o algo así, no es que te importen los nightclub y no quieres ir más que una vez al año, pero Jack no podría salir. Así que entonces intentaba organizar aquellas fiestas para traer gente alegre y nueva, y música y convertirlas en noches felices. Y a él le gustaban de veras.

Le gustaban mucho. Bailaba muy rara vez, pero le gustaba.

Caminaba por allí, dando caladas a su puro.

Hablaba con las chicas: pide a Oleg que baile el twist. O a Steve o a alguien[38].

---

[35] Charles Bartlett (1921-) era columnista en Washington para el *Chattanooga Times*, más tarde afiliado a nivel nacional con su mujer Martha, que presentó JFK a Jacqueline en 1951 y siguió siendo un buen amigo del presidente. Un tipo católico, Bartlett había servido en inteligencia naval en el Pacífico durante la Segunda Guerra Mundial. La señora Bartlett era la madrina de John Kennedy, Jr.

[36] Benjamin Bradlee (1921-) era jefe de la sección de Washington en *Newsweek*. Él y Tony, que entonces era su mujer, eran vecinos de Kennedy en Georgetown y se hicieron pronto amigos, y pasaban mucho tiempo libre con los Kennedy en la Casa Blanca y otros lugares.

[37] Dos meses después de perder a su segundo hijo, nacido prematuro en agosto de 1963, Jacqueline y su hermana Lee Radziwill viajaron en barco con Franklin Roosevelt, Jr., y su mujer por el Egeo invitados por el magnate armador griego Aristóteles Onassis.

[38] Oleg Cassini (1913-2006) era un modisto de Nueva York al que Jacqueline le pidió que le diseñara la mayor parte de su guardarropa de la Casa Blanca y que

Boda de John Fitzgerald Kennedy y Jacqueline Lee Bouvier
el 12 de septiembre de 1953.

Sí, y después solía moverse muy rápido. Sabes, como para ver a todo el mundo.

Realmente tenía un amplio abanico de conocidos y habilidad para trabar relación, con simpatía, con gente de todo tipo.

Sí, eso es muy cierto, porque la cosa más afortunada que solía pensar sobre él, sabes, cuando estábamos recién casados y también después, era que te interesaras por lo que te interesaras, él también se zambullía en ello. Cuando empecé a interesarme por los muebles franceses, se metió tanto y se puso tan orgulloso por haber ido a la casa de Joe Alsop[39] y haber reconocido los Luis XVI y Luis XV. Y empecé a coleccionar dibujos y entonces quería saber sobre ellos. Y se interesó por los animales o los caballos. O después, cuando estaba leyendo todo aquello del siglo XVIII, me cogió un libro y leyó y se aprendió todas las amantes de Luis XV antes que yo. Muchos senadores, cuando salíamos a cenar —senadores y embajadas ese primer año—, todos aquellos hombres de lo único de lo que siempre me hablaban era de ellos mismos. Y Jack estaba tan interesado... Quizá por ser Géminis, no sé[40]. Y una vez le pregunté un mes antes de casarnos en Newport cuáles pensaba que eran su mejor y su peor rasgo. Y dijo que su mejor cualidad era la curiosidad, cosa en la que creo que tenía razón. Y que su peor cualidad era la irritabilidad pero, quiero decir, conmigo nunca estaba irritable. Creo que se refería a impaciente. Sabes, no le gustaba que le aburrieran y, si alguien era aburrido, cogía el periódico, pero desde luego no era irritable con las personas con las que vivía.

No era irritable en el sentido actual de la Casa Blanca[41]. No, no he visto a nadie así —desde el sur de Boston, pasando por Harvard hasta Palm

---

también participaba en la vida social de los Kennedy. Ella le escribió que quería vestir «como si Jack fuera presidente de Francia». Añadió: «Organízate para quedarte a cenar cada vez que vengas a DC con bocetos». Steve es Stephen Smith.

[39] Joseph Alsop (1910-1989) era un columnista político de Washington, anglófilo, primo de Roosevelt y anfitrión estimado de Georgetown. Dio su respaldo a JFK en 1960 por considerarle «un Stevenson con pelotas». Alsop y su nueva mujer Susan Mary, descendiente de John Jay, recibía a una mezcla diversa de invitados durante los años de Kennedy y el suyo era uno de los pocos hogares privados donde el presidente y la primera dama cenaban cuando estaban en la Casa Blanca, lo que comenzó con la visita improvisada a Alsop a altas horas en su noche inaugural.

[40] Se refiere al signo del zodiaco de JFK.

[41] Se refiere a los informes sobre el genio volcánico del presidente Johnson.

Beach—; *estaba como en casa en una gran variedad de cosas y, como tú dices, hacía sentir a la gente que estaba con ellos. Era un extraordinario...*

Sí, entonces todos ellos se interesaron por la política y demás. Sabes, nunca antes había habido un presidente tan universal. No significa absolutamente nada, pero en *The Washington Post* el otro día leí la página de teatro y Alain Delon, que es este joven actor francés y estrella de cine, vino a Washington. Así que el crítico de teatro lo entrevistó y de lo que podía hablar era de Jack. Y digamos, sabes, como «nosotros los jóvenes», bueno, quiero decir hay un actor francés joven y sexy y está tan dolido por John. Y es porque Jack era joven, y amado —ya sabes— todo, elegancia, chicas, sabes, en todos los mejores sentidos de la palabra. Era como si tuviera muchas cosas en común con ese joven, de la misma forma que él tenía, sabes, muchas cosas en común con muchos aspectos tuyos. Todo el mundo encontraba una parte de él mismo en Jack. Antes esto la política sólo quedaba para esos ancianos sensibleros que gritaban el 4 de Julio y, sabes, todas esas cosas que me aburrían tanto de la política.

Trajo juventud e intelecto y una representación de la voz del mundo, que se oyó por todo el planeta y tenía esa extraordinaria mezcla de idealismo y realismo, que...

Esto de nuevo —los Kennedy me enseñaron todo esto—. Jack, realmente, todo ese preguntar y preguntar. Sabes, si no te pasabas a la ofensiva, te tendría a la defensiva toda la noche. Y así las preguntas que me hacía a mí o a mi hermana... así que una vez le pregunté cómo se definiría a sí mismo y dijo: «Un idealista sin ilusiones».

Humm. Es perfecto.

Y entonces una vez alguien me preguntó sobre él y yo lo conté como si lo afirmara yo, pero fue Jack quien lo dijo.

En los años del Senado, ¿a quién veías más a menudo? En el Senado, me refiero.

Bien, en los años del Senado, cuando piensas que Jack estaba fuera todos los fines de semana, y que lo tendría tres o cuatro días a la semana, dos de los cuales estaría cansado pero los únicos en que nos veíamos, recuerdo cenitas. ¿A quién invitarías? A los Symington, Smatherse, Cooper —siempre estaban—, curiosamente John Sherman Cooper y Lorraine[42].

---

[42] Stuart Symington (1901-1988) era un hombre de negocios patricio nacido en el Este, primer secretario del Ejército del Aire con Truman y senador por Missouri desde 1953 hasta 1976. Symington y su esposa Evelyn vivían a cuatro puertas de la casa de los Kennedy en la calle N. John Sherman Cooper (1901-1991) era se-

Es el hombre más agradable del Senado.
Sí, supongo.
¿No particularmente a Hubert[43]?
No, nunca lo vi. A los únicos que recuerdo tener invitados a cenar en nuestra casa el primer año que vivimos en Dent Place —el 3327 Dent Place que alquilamos a los Childs[44]— es a los Symington, Smatherse y Cooper y ésos son los únicos senadores en los que caigo, y bueno Mansfield[45] algunas veces. El año anterior, 1960, también teníamos a otros, recuerdo que tuvimos a McCarthy —Eugene McCarthy[46]— y un par más de ellos, que no recuerdo.
¿Alguna vez a Johnson[47]?
Nunca.

---

nador republicano por Kentucky y había sido compañero de clase de Symington en Yale. Antes de que ambas parejas se casaran Jacqueline y Jack salieron unas cuantas veces con el distinguido Cooper y su mujer Lorraine. John y Lorraine Cooper fueron también los invitados en la primera cena que tuvieron los Kennedy en casa después de su luna de miel. George Smatherse (1913-2007) fue senador demócrata conservador por Florida entre 1951 y 1969.

[43] Hubert Humphrey (1911-1978), senador liberal por Minnesota, se presentó contra JFK en las elecciones primarias de Wisconsin y Virginia Occidental de 1960, pero fue apartado después de perder las dos. En el último esfuerzo se quejó de la relativa falta de medios de su campaña en comparación con lo que él juzgó la abundancia de medios de Kennedy. Tras su retirada Humphrey y JFK retomaron su vieja amistad.

[44] El señor y la señora Childs. La dirección realmente era 3321 Dent Place.

[45] Mike Mansfield (1903-2001) se convirtió en senador demócrata por Montana en 1953 y fue líder de la mayoría entre 1961 y 1977. El tranquilo y erguido Mansfield había jugado al *softball* con JFK y otros senadores a principios de la década de 1950. Una razón por la que Kennedy estaba contento de tener a Lyndon Johnson como vicepresidente fue que su líder en el Senado no sería el descarado texano sino el leal Mansfield. Cuando éste se retiró del Senado dijo que de los presidentes que había conocido Kennedy era «el mejor de todo el grupo». Honrando la experiencia de Mansfield respecto a Asia, dos presidentes posteriores lo hicieron embajador en Japón.

[46] Eugene McCarthy (1916-2005) fue senador por Minnesota entre 1959 y 1971. Le molestaba JFK, a quien consideraba inferior intelectualmente y en la convención de 1960 dio un apasionado discurso de nominación para Stevenson. Kennedy sospechaba que el verdadero objetivo de McCarthy era frenar su buena racha para que Lyndon Johnson pudiera ganar.

[47] Lyndon Baines Johnson (1908-1973) sirvió como congresista, senador de Texas y líder de la mayoría en el Senado antes de que Jack lo colocara en su lista en Los Ángeles en 1960. El 22 de noviembre de 1963, tras el asesinato del presidente Kennedy, Johnson se convirtió en el presidente número 36 de Estados Unidos.

Mencionaste la convención de Chicago, un par de conversaciones insatisfactorias con Stevenson. Claro que la relación entre Stevenson y Kennedy ha sido siempre confusa y triste para mí, porque creo que si el presidente hubiera visto alguna vez a Stevenson realmente relajado le habría gustado bastante, porque podía resultar muy atractivo. Pero de alguna forma Stevenson solía quedarse paralizado y un poco remilgado y así con el presidente.

Bien, esto ahora retrospectivamente, pero siempre pensé que Stevenson dejó en la estacada a Jack tantas veces. Así que Jack trabajaba muy duro para él y todo eso y él no fue agradable con él en esa convención. Recuerdo que tuvo una reunión con Stevenson antes de que él dejara claro... quizá el motivo de la reunión, no lo sé, estoy pensando, ¿esperaba que Stevenson le pidiera ser vicepresidente, quizá? Así que creo (no sé si Stevenson también pero lo pienso en relación a mucha gente) que Jack le daba envidia.

Creo que puso profundamente celoso a Stevenson porque vio no sólo cómo le quitaba la nominación sino también a muchos de los que lo apoyaban y haciéndolo mejor de lo que él nunca haría la clase de cosas que todos quieren hacer. Pero en 1956, no sé, quizá es algo generacional, Stevenson tenía quince años más que él[48].

Bien, veo que más gente sintió amargura cuando era presidente. Y entonces oías hablar de ello. Uno por ejemplo es Scotty Reston[49]. Alguien muy próximo a él me contó que le daban envidia las nuevas generaciones. No soportaba ver a alguien más joven, o ni siquiera de su edad, entrar. Así que Jack provocaba eso y Dean Acheson[50] también. Y también había envidia en los contemporáneos porque alguien que tenía la misma edad que Jack, sentado tras su ventanilla de empleado en un pequeño banco y dejándose caer por un bar en la playa Bailey[51], se sentiría algo insignificante cuando viera todo lo que Jack estaba haciendo. Y me pareció que Stevenson

---

[48] En realidad, diecisiete años.

[49] James Scotty Reston (1909-1995) fue un columnista sobre temas de Washington en *The New York Times* que hizo mucho para dar forma a la opinión política de la costa Este.

[50] Dean Acheson (1893-1971) era el secretario de Estado de Harry Truman, figura destacada en aquella época y escéptico sobre JFK, compartía el punto de vista de Truman sobre que era demasiado bisoño e inexperto para ser presidente.

[51] El bar de Bailey Beach era un club exclusivo de Newport, frecuentado por la madre de Jacqueline y su padrastro, que ahora para ella representaba un mundo social enclaustrado que se le había quedado pequeño.

se comportó de veras horriblemente con Jack en la convención de 1960. Cuando Jack le pidió —¿fue en las primarias de Oregón?— que lo apoyara o se retirara[52]. Pero le había estado preguntando cosas toda la primavera y Stevenson simplemente estaba... Oh, sé lo que le dijo Stevenson, que no podía hacerlo porque no podía ser desleal con Lyndon Johnson o algo así.

Es cierto. Yo era intermediario. Había unos cuantos intermediarios, estoy seguro. Pero hablé con Stevenson un par de veces aquel invierno y aquella primavera de parte del presidente, y la respuesta de Stevenson fue que en 1959 le había dicho a Lyndon Johnson que permanecería neutral y no apoyaría a ningún candidato y que tenía que mantener la palabra dada a Lyndon Johnson.

Pero después recuerdo una noche que Jack vino a casa y bastante..., no rudamente pero con esa risa especial que tenía, contándome esto es lo que me ha dicho Stevenson y pensó que Stevenson deseaba ser nombrado como contrincante de Johnson. Y después me contó algo tan insultante que Johnson le había dicho el día anterior acerca de Stevenson. Sabes, estaba pensando «qué tonto puede llegar a ser este hombre». Pero Jack supo entonces, creo, quiero decir, sabía que iba a conseguir la nominación.

Creo que Stevenson, aunque no lo reconocería ante sí mismo ni ante nadie más, estaba aguantando hasta llegar a un punto muerto en el que pudiera ser candidato presidencial. Dudo que hubiera querido presentarse como candidato a la vicepresidencia. Pero no lo admitiría, así que quienes lo habíamos apoyado en 1952, y en 1956 como yo hice, solíamos preguntarle si se presentaría como candidato. Él decía que no, y eso me liberó, me pareció, de toda obligación. Pero en todo ese tiempo, sabes, si has ganado dos veces, sigues teniendo esperanzas.

Oh, sí, es duro para él. Pero, sabes, nunca tuvo el alcance ni la profundidad de Jack. Sabes, ahora lo veo.

Alguien dijo alguna vez que Stevenson era un griego y Kennedy, un romano.

No. Creo que Kennedy era griego y Stevenson era, bueno...

Kennedy era ateniense y Stevenson era de Tebas[53]. [Risas].

---

[52] Con la esperanza de que le pidieran ser presidente en la convención de 1960 Stevenson había evitado decir que declinaría la nominación si se la ofrecieran.

[53] En la primavera de 1964 Jackie estaba leyendo *La forma griega*, de Edith Hamilton, y estaba muy influida por ese popular texto. La primavera siguiente, tras examinar la versión inicial de *Mil días*, de Schlesinger, le escribió a mano: «Recuerdas en mi historia oral, te contradije tu observación sobre que Adlai era grie-

[Risas]. Sí, no lo sé, era un poco... Era un tipo majo, Stevenson, pero quiero decir, cuando él habló fue la primera vez que alguien decía algo de política que se podía escuchar; la primera vez que alguien trajo algo intelectual a la política.

Ayudó a preparar el camino. Hizo su aportación abriendo el panorama y el presidente vino después como una especie de clímax.

Pero él no podía, quiero decir, no tiene sentido hablar de Stevenson. No podía tomar decisiones, o revisaba sus papeles, o tenía algo cuidadosamente mecanografiado y lo copiaba a mano porque estaba tan orgulloso de que todos dijeran que escribía él mismo todos sus discursos... no lo sé, pobre hombre. Es un poco triste. Ya sabes, Jack consiguió todos los sueños de su vida y debe de ser triste no haberlo conseguido[54].

Sí que es triste. Tras la convención de 1956 el presidente estaba bastante aliviado, ¿verdad? Al no haber conseguido, de una forma inmediata... sé que después solía decir a menudo lo complacido que estaba.

Es extraño. Ahí estaba simplemente. Recuerdo verlo con Michael Forrestal[55]. Yo había ido por un refresco o algo así, bastante por debajo de todos aquellos sillones y mientras regresaba, de repente, comenzó la competición y en todas las pizarras los números empezaron a cambiar. Me tropecé con Michael Forrestal, me agarró y me llevó a una exposición de Westinghouse y vimos toda la cosa por televisión. Y después fuimos a la habitación de Jack en el Stockade Inn o ¿cómo se llamaba?

---

go y JFK romano... dejando fuera a Adlai, sé lo que aportó a la política norteamericana en 1952, pero indudablemente mostró algunas debilidades y lamentables fallos de carácter después; puedes hacer que parezca lo maravilloso que quieras, pero no digas que JFK era romano. Lyndon es realmente un romano —un emperador clásico—, quizá [el gobernador republicano de Michigan George] Romney también lo es... Puedes hacerle griego y egipcio a Adlai o dejar fuera a Adlai y simplemente hacerle griego». Tras terminar su carta para Schlesinger la señora Kennedy rompió en dos la carta y le escribió una más suave sobre el mismo tema.

[54] Durante esos años Stevenson creó una buena relación con la primera dama que nunca tuvo con el presidente, que estaba resentido con él por negarle lo que él consideraba su derecho político de nacimiento, empezando con la presidencia y el Departamento de Estado. Pero por ahora Jacqueline ha adoptado el desdén de su marido por Stevenson.

[55] Michael Forrestal (1928-1989) era amigo de la familia; hijo del primer secretario de Defensa, James Forrestal, para el que JFK había trabajado brevemente en 1945; abogado de Nueva York y después miembro del Consejo de Seguridad Nacional de Kennedy, especializado en el sudeste de Asia.

Sí, el Stockyards Inn[56].

Pero él estaba simplemente decepcionado, como en cualquier pelea, y cuando siguió diciendo que... y lo dijo de forma tan bella, sólo un poco decepcionado. Entonces regresamos en avión —no me acuerdo de si fue esa tarde o el día siguiente— y ya no estaba...; estaba simplemente exhausto.

¿Recuerdas quiénes estaban más cerca de él en ese punto de la convención? Torb, Bobby y Ted Sorensen, imagino.

Sí. ¿Estaba allí dándose un baño y viéndolo por televisión? Supongo que esos tres. Ellos sabrían quiénes eran los demás. Fue en aquel cuartito, sabes, nada más volver, y había alguien más allí —tengo que pensar quién—, no me acuerdo.

Y entonces, después de 1956, para cuando se presentó al Senado en 1958 estaba bastante decidido a intentar conseguir la presidencia en 1960.

Bueno, no me lo dijo ni una sola vez en toda su vida, antes de empezar el año de las primarias: «Voy a ir a por la presidencia», ni lo contrario. Ya sabes, simplemente siguió hacia delante. Pero desde luego que estaba decidido, porque entonces regresó. Después de la convención voló a Europa para quedarse con su padre y descansar un poco en el sur de Francia. Y yo perdí el niño y regresó a Newport[57] un par de semanas. Después regresamos y vivimos en Hickory Hill aquel otoño mientras encontrábamos otra casa, pero él siempre estaba moviéndose. Y todo aquel invierno estuvo de acá para allá. Así que, obviamente, todo aquel hablar, hablar y hablar, sí, él se proponía, sí, supongo que realmente lo decidió entonces.

Recuerdo haberme dado cuenta de repente cuando estaba tan decidido a ganar la carrera para el senado de Massachusetts en 1958 con el margen mayor posible. Estaba muy claro que iba a ganar y, por tanto, no era necesario que hiciera campaña, pero trabajó muy duro en aquella campaña[58].

---

[56] Este hotel tradicional de Chicago de convenciones se llamaba en realidad Stockyard Inn y se alzaba enfrente del International Amphitheatre, donde se reunían los delegados.

[57] La madre y el padrastro de Jacqueline pasaban los veranos en Hammersmith Farm en Newport. Los Kennedy a veces usaban el lugar —que estaba cerca de una estación naval y era más tranquila que las casas de los Kennedy en Hyannis Port— como una Casa Blanca de verano.

[58] JFK se presentó para la reelección como presidente del Senado en 1958. Estaba deseando ganar por un margen tan impresionante que le diera un buen impulso de partida para la campaña presidencial de 1960.

John F. Kennedy haciendo campaña para la reelección para el Senado
con Jacqueline Kennedy y Edward M. Kennedy.

Sí, recuerdo cuando volvió de Europa en barco, alguien nos
vino al encuentro con un sondeo de cómo le estaba yendo a Foster
Furcolo[59]. ¿Sería eso? Los sondeos de Jack no eran tan buenos. *[Char-
la sobre la grabadora]*. Así que había este enorme y frenético esfuerzo. De alguna forma esto me parece la campaña más dura de todas,
aquella campaña del Senado.

---

[59] Foster Furcolo (1911-1995) fue gobernador demócrata de Massachusetts entre 1957 y 1961. Kennedy tenía una opinión tan mala de él que si hubiera ganado en
la nominación demócrata contra el senador republicano Leverett Saltonstall
en 1960 (y como preveía, Kennedy perdió) JFK planeaba votar a los republicanos
con discreción. Entre las razones por las que los sondeos de Kennedy eran bajos
se encontraban su apoyo al Canal del San Lorenzo, que desvió empleos y comercio de Massachusetts; su trabajo en la reforma laboral, que indignó al sindicato de
camioneros y a sus aliados; los antagonismos residuales de la lucha con Onion
Burke, las riñas políticas con el italo-americano Furcolo, que los republicanos
esperaban vanamente pudiera producir una estampida italo-americana hacia el
oponente de Kennedy, el poco conocido Vincent Celeste.

Te refieres a la extensión de más...

Me refiero a que durante los meses que durara aquello no recuerdo que durmiéramos en casa nunca. Dos meses, supongo. Sino que, ya sabes, todo el tiempo corriendo y corriendo.

Todos aquellos tés.

Y sobre todo los coches interminables. Era horrible. Sí, con el profesor Burns[60] y Jack diciéndole a quién chocarle la mano en los andenes, pero en medio de Berkshire, a través de Springfield, diferentes hoteles, ya sabes.

¿Te gusta hacer campaña?

Sí, hasta que te quedas exhausto. Sabes, aproximadamente el quinto día de estar fuera es puro agotamiento y..., sabes, me gusta cuando va maravillosamente, me gusta cuando la cosa va maravillosamente para Jack.

No hay nada más emocionante que entrar en un hall abarrotado y ver llegar al candidato mientras todo el mundo se vuelve loco.

Sí, bueno, toda esa parte me encantaba y hacia el final iba cada vez mejor.

---

[60] James MacGregor Burns (1918-) era un politólogo del Williams College, biógrafo de Franklin Roosevelt y activista demócrata liberal que en 1958 se presentó sin éxito para la Casa de Estados Unidos por Massachusetts occidental.

SEGUNDA

Conversación

La última vez creo que terminamos hablando del Senado, el momento en el que el presidente era reelegido por aquella gran mayoría y que de alguna forma lo convirtió en alguien del que se hablaba en todo el país como contendiente para 1960. ¿Fue aquello —lo era ya—, aquel cambio, una especie de, crees tú, una preocupación en su propia vida y en la tuya y demás? ¿De alguna forma se dirigía todo hacia eso cada vez más?

¿Te refieres a ser presidente?

Sí.

Bueno, nunca se dijo en voz alta, pero tras la noche de reelección en Boston[1] creo que nos fuimos a algún sitio soleado o así, pero después empezó a hablar todo el tiempo. De nuevo aquellos años antes de la Casa Blanca viajaba todos los fines de semana. Ya sabes, invitaciones de todos los rincones del país y entonces llegaron a las primarias que fueron ¿cuándo, en 1960?

1960.

Parece que la cosa duró eternamente.

En aquellos tiempos, cuando estaba fuera, como la campaña de 1958 y otras... él seguía leyendo y demás. ¿Cómo y cuándo lo hacía?

Bueno, leía de la forma más extraña. Quiero decir, yo nunca he podido leer salvo que haya una tarde lluviosa o una noche larga en la cama, o algo así. Él solía leer andando, en la mesa, en las comidas, solía leer después de cenar, en el baño, solía leer apoyando

---

[1] Victoria de JFK en la reelección de 1958 en la que consiguió el 73 por ciento del voto.

Leyendo en Hyannis Port en 1959.

un libro en la mesa en su despacho, mientras se hacía el nudo de la corbata. Ya sabes, solía leer a poquitos, abría un libro que yo estaba leyendo y lo devoraba. Realmente leía en todas las ocasiones en las que uno cree que no tiene tiempo para leer.

¿Solía leer en pequeñas sesiones y después recordarlo y volver y recuperar el hilo?

Podía acordarse siempre de cualquier cosa que quisiera recordar. Como las cosas que usaba en sus discursos. Podías estar sentada junto a él en algún andén y de repente le salía una frase que dos semanas atrás en Georgetown te había leído en voz alta una noche, sólo porque le interesaba.

Tenía la más fantástica y enloquecedora memoria para las citas, porque aunque recordaba las citas no podía recordar siempre de quién eran.

Recuerdo el invierno que estuvo enfermo. Su padre tenía una estantería repleta de libros, *Los grandes discursos del mundo* o algo así parecido y solía leer cada uno de esos libros, así que pedí a su padre que se los regalara por Navidad, cosa que por supuesto estuvo encantado de hacer. Pero se los había leído todos. Y solía leerme el *Al* —¿cómo era?— de Edmund Burke.

El discurso ante...

Al pueblo de...

Bristol[2].

Así es, y bueno, todo a partir de ahí, ya sabes que desde luego fue un invierno diferente. Fueron días y días en cama para pasar por todo eso.

¿Supones que de niño también leía mucho?

Sí, sé que leyó *Marlborough*[3] cuando tenía 10 u 11 años, porque en su habitación en Cape Cod, que tuvo desde que era niño, aquellos libros estaban en una pequeña estantería que estaba junto a su cama, todos viejos, con la parte de atrás como color malva. Y siempre estaba malo y en cama. Tuvo la escarlatina. Y después otro año tuvo no sé si asma o un problema en la sangre, anemia o así, cuando fue a Arizona.

Eso fue cuando dejó Princeton[4].

---

[2] En su *Discurso a los electores de Bristol* el filósofo y estadista angloirlandés de 1774 dijo: «Tu diputado te debe no sólo su diligencia, sino su juicio, y te traiciona, en lugar de servirte, si lo sacrifica en aras de tu opinión».

[3] La larga biografía de Winston Churchill de su antepasado más conocido, John Churchill, primer duque de Marlborough (1650-1722). En 1704, en la guerra de sucesión española, Marlborough y sus regimientos derrotaron a los franceses en Blenheim, en el Danubio, y así truncaron la campaña de Luis XIV contra Austria. Los volúmenes de Churchill contienen tanto historia como heroísmo, romance y drama. El interés de JFK por el libro y su protagonista sugiere una fuente de afinidad con su mujer, que usó lenguaje de Churchill en una carta de 1978 describiendo los «amigos atesorados, figuras nobles, momentos compartidos, magníficos empeños» de la presidencia de su marido.

[4] Jack tuvo que dejar Princeton en las Navidades de 1935, en su primer año, para ser hospitalizado por problemas abdominales crónicos y un preocupante bajo nivel de leucocitos. Cuando le dieron el alta, se recuperó en Palm Beach, trabajó

Sí. Y hubo otro verano, sabes, siempre estaba leyendo todas esas cosas y solía darme libros cuando íbamos a salir antes de casarnos. Recuerdo que el primero que me dio fue *The Raven: A Biography of Sam Houston*, de Marquis James. Después me dio *Pilgrim's Way*, de John Buchan, y muchos otros de Buchan[5]. Pero estaba siempre leyendo, casi hasta cuando conducía.

¿Leyó alguna vez novelas que no fueran de acción?

Escucha, las únicas novelas de acción que leyó en su vida fueron como tres libros de Ian Fleming. No, nunca lo vi leer una novela.

¿De veras le gustaba tanto Ian Fleming o era algún tipo de asunto de la prensa?

Oh, bien, era una especie de cosa de la prensa, porque le preguntaron sus diez libros favoritos y él hizo una especie de lista y puso una especie de novela. Sabes, le gustaba Ian Flemming[6], quiero decir, si estás en un avión o en una habitación de hotel y hay tres libros en tu mesilla, quiero decir a veces los cogía así. Hubo un libro que me dio a leer —algo sobre el tiempo—, era una novela de alguien que retrocede en el tiempo hasta el siglo XVIII y descubre un misterio[7]. Era una novela barata que encontró en un avión o algo así; los dos últimos libros que me dijo que leyera este otoño, él estaba leyendo *La caída de las dinastías*[8] y...

De Edmond Taylor.

---

en el verano de 1936 en una granja de ganado de Arizona y retomó sus estudios universitarios en Harvard aquel otoño.

[5] John Buchan (1875-1940) fue el primer barón Tweedsmuir, un autor prolífico tanto de ficción como de no ficción y gobernador general de Canadá desde 1935 hasta su muerte. A Kennedy le gustaba mucho la autobiografía de Buchan *Pilgrim's Way*, que leyó en una edición de 1940 y citaba a menudo la insistencia de Buchan en que la política era «todavía la mayor y la más honorable aventura».

[6] Ian Fleming (1908-1964) fue autor de películas de espías con James Bond, el agente secreto británico, como estrella. Los Kennedy conocieron a Fleming en una cena en Georgetown en 1960. El presidente disfrutó con *Desde Rusia con amor* en el teatro de la Casa Blanca poco antes de su muerte.

[7] En *La hija del tiempo*, de Josephine Tey (1951), un oficial de Scotland Yard investiga si Ricardo III había matado a la princesa en la Torre de Londres.

[8] Como el libro de Barbara Tuchman sobre la llegada de la Primera Guerra Mundial, *Los cañones de agosto*, lo había absorbido, JKF buscó un enfoque más amplio. *La caída de las dinastías: la caída del antiguo orden, 1905-1922*, de Edmond Taylor. No es difícil imaginar por qué Kennedy, habiendo evitado una guerra nuclear durante la crisis de los misiles cubanos el octubre anterior, quería leerlo.

Y también insistía en que leyera *Patriotic Gore*[9]. No me he puesto con ninguno de ellos.

Patriotic Gore, sobre todo, es un libro maravilloso.

Todavía no lo he leído. Pero, sabes, él estaba leyendo todo eso en la Casa Blanca mientras yo me estaba volviendo iletrada allí.

Es un verdadero misterio, porque estaba rodeado de todos esos académicos que se supone que leen libros todo el tiempo. Ninguno de nosotros teníamos tiempo para leer libros y él solía decir de un modo ligeramente acusatorio, nos preguntaba por libros que habían salido recientemente y que ninguno de nosotros habíamos leído.

Todos los domingos arrancaba tres páginas de la sección de libros del *Times* y ponía una equis al lado de los que yo tenía que conseguir. Sabes, sería muy interesante revisar mis facturas de la librería Savile y ver todas esas cosas que yo encargaba por petición de Jack. Y sabes, los fines de semana, todo el tiempo solía leer.

Sería fascinante. ¿Están en algún sitio las facturas?

Tengo todas las facturas. Supongo que están y la librería Savile tiene una lista. Qué otra cosa acostumbraba él a hacer... Por ejemplo, en Camp David, a veces, si era un día lluvioso o así se quedaba en la cama por la tarde. Se leería dos libros.

Leía muy rápido.

Sí.

Una vez hizo un curso de lectura rápida. ¿Supuso alguna diferencia[10]?

Bueno, eso fue muy raro, porque aquello era como esta grabadora. Bobby vino con... había estado en Baltimore y había conseguido todo ese equipo con una tarjetita que metías y la línea descendía por debajo. Bien, lo hicimos una vez. Sabes, tienes que ir más deprisa y responder preguntas sobre tres cuervos —cuántos cuervos en una parcela de repollos o algo así—. Creo que lo hicimos dos veces unas vacaciones de Navidad en Florida y después paramos. Así que nunca lo hizo.

Leía sobre todo historia y biografías.

Sí.

¿Por qué crees que no leía novelas?

---

[9] *Patriotic Gore*, el libro sobre la Guerra Civil del crítico Edmund Wilson, a quien una vez los Kennedy invitaron a cenar en la Casa Blanca.

[10] Siendo senador JFK acompañó a su hermano varias veces a un curso de lectura rápida en Baltimore, pero luego lo dejó. Tras convertirse en presidente la prensa exageró la importancia de este episodio menor.

Creo que buscaba algo en los libros, algo sobre la historia, o una cita, o así. Ah, en Glen Ora estaba leyendo a Mao Tse-Tung, y me lo citaba[11].

¿Sobre técnicas de guerrilla?

Sí. Entonces empezó a inventarse aquellas pequeñas parábolas como «Cuando un ejército bebe, no es por sed» o algo semejante. Se puso muy raro con eso. Pero creo que estaba buscando algo en su lectura. No leía sólo para distraerse. No quería perder ni un segundo.

Lo mismo con la poesía, por lo que no había... no solía leer mucha. ¿Solía leer las cosas que te gustaban mucho?

Sí, las leía; ese verano estaba leyendo al Maréchal de Saxe[12]. Recuerdo que el general Taylor[13] salió en el *Honey Fitz*[14] y le estaba preguntando sobre las batallas de los sajones. Estaba en Blenheim y eso y le dije a Jack lo que el general Taylor dijo sobre él. Estaba a mitad del libro y Jack me lo cogió y se lo leyó entero. Sabes, si alguna vez decía que había algo interesante en un libro que estaba leyendo, me lo cogía y lo leía.

---

[11] Los escritos del líder comunista (1893-1976) habían sido de especial interés para JFK en la primavera de 1961, cuando, con considerable visión de futuro, estaba ponderando cuánto esfuerzo tendría que hacer llegado el caso para buscar un acercamiento con China (con visión pragmática decidió que era un proyecto para un segundo periodo) y cuando se estaba preparando para una cumbre con el hombre que había sido hasta la reciente escisión entre Moscú y Pekín el más destacado aliado mundial de Mao, el líder soviético Nikita Kruschev. Y por supuesto durante sus conversaciones privadas con Kruschev en junio de 1961 Kennedy citó el aforismo de Mao de que el poder emana del extremo de un rifle.

[12] Maurice de Saxe (1696-1750), nacido en Alemania, era un mariscal francés y héroe de la batalla de Fontenoy de 1745. Escribió un tratado clásico, *Reveries on the Art of War*, que se publicó de forma póstuma en 1757.

[13] Maxwell Taylor (1901-1987) fue comandante de la Segunda Guerra Mundial de la división Airborne 101 y el primer general de las fuerzas aliadas en ascender las playas francesas el día D. En 1959 se retiró como del jefe del Estado Mayor del ejército del presidente Eisenhower, protestando con vehemencia contra lo que él creyó el exceso de confianza de Ike en las armas nucleares, queja que publicó en un libro llamado *The Uncertain Trumpet*. Kennedy estuvo de acuerdo con Taylor y citó sus argumentos durante la campaña de 1960. Cuando Kennedy le pidió que investigara la razón del fracaso de Bahía de Cochinos, Taylor le impresionó con su deseo de oponerse a la opinión generalmente aceptada. El presidente nombró a Taylor su asesor jefe militar y después jefe de los mandos conjuntos.

[14] Uno de los yates del presidente, que JFK había rebautizado con el nombre de su abuelo.

¿Y respecto al teatro?
¿Leer obras o ir al teatro?
Ir.

Bien, nunca teníamos mucho tiempo. Cuando estábamos en Nueva York solíamos ir a una obra de vez en cuando, pero siempre prefería obras ligeras. Ya sabes, quería relajarse. Prefería ir a una comedia musical o así antes que a algo pesado. No le gustaba realmente la poesía, pero a veces le gustaba leer a Byron, sabes, lo que hubiera por ahí lo cogía y lo leía, fragmentos de Shakespeare. Pero teníamos una grabación de John Gielgud que solíamos poner una y otra vez: *Las edades del hombre*[15] o algo así. Y también tuvimos uno ese otoño, ¿qué era? Quizá era Richard Burton. No sé. Le gustaba interpretarlos a veces por la noche. Sabes, cuando estás en la cama, a veces pones grabaciones.

La mayor parte era historia británica más que norteamericana. Tengo la impresión de que era historia británica y europea, ¿es cierto?

Sí, había mucho de la Guerra Civil, era lo que le interesaba de la historia norteamericana. Pero no había mucha historia americana en realidad. Entonces hice un curso de un año que impartía un hombre fascinante, para el que tuve que hacer un poco de investigación después, el doctor Jules Davids[16]. Cuando llegaba a casa toda emocionada por lo que había aprendido sobre los agentes federales anti *trust* o así, realmente no parecía interesarle demasiado. Realmente era... británico. Era una especie de *whig*, ¿no?[17].

Lo era. ¿Por el tiempo que pasó allí cuando su padre era embajador? ¿Aquello le dio una especie de...? ¿Fue antes de eso? Es una cosa extraña.

No, porque realmente pasó muy poco tiempo allí, cuando piensas que estaba terminando en Harvard y pasó cuánto, quizá un verano y su trimestre o así en la London School of Economics. No,

---

[15] Citas de Gielgud de Shakespeare (1958).

[16] Jules Davids (1920-1996), un afable historiador y diplomático de la Universidad de Georgetown que en la época era poco conocido y poco publicado, investigó para cinco capítulos de *Perfiles de coraje*. Su mujer señaló más tarde que sus honorarios de 700 dólares eran «mucho dinero para nosotros en aquel tiempo».

[17] El partido *whig* de los siglos XVII a XIX fue el epítome del estilo británico de aristócratas adinerados presentándose para puestos públicos. Los *whig* resistieron a una fuerte monarquía, de igual forma que el partido norteamericano del siglo XIX del mismo nombre se opuso a los presidentes poderosos como su odiado Andrew Jackson. Cuando James MacGregor Burns le preguntó en 1959 sobre el poder presidencial, JKF insistió: «¡No soy *whig*!».

fue toda su niñez [lo que le marcó en ese sentido], lo que elegía para leer. Sabes, hablo mucho de *Marlborough* pero había otros más; tengo todos esos libros que él siempre tuvo, así que cuando los saque de las cajas lo sabré. Su madre te puede contar algunas cosas sobre él, lo que leía cuando tenía 6 años, qué cosas preguntaba o cuando tenía 7. Sabes, algún libro para mayores que encontró. Fue todo cuestión de sus lecturas de cuando era niño.

Leer Marlborough *cuando tenía 10 años, por ejemplo. ¿Así que Churchill fue siempre, finalmente, una figura cargada de sentido?*

Creo que *Marlborough* era más que Churchill. Creo que él encontraba a sus héroes más en el pasado. No creo que admirara... bueno, naturalmente admiraba a Churchill y le hubiera gustado conocerlo. Lo conoció un verano en el sur de Francia pero para entonces el pobre hombre estaba, ya sabes, un poquito decrépito. Pero nunca tuvo admiración por un héroe contemporáneo, era más del pasado. ¿Qué dijo una vez de la presidencia? «Estas cosas siempre han sido hechas por hombres, y se pueden hacer ahora», cuando su padre dijo: «¿Por qué quieres presentarte para presidente?». No estoy diciendo que pensara que era tan grande como Churchill, pero podía ver que estaba listo para estar a la altura de las cosas y solucionar los fallos de tantos hombres que estaban vivos y sus defectos. Así que realmente estaba buscando lecciones del pasado en la historia, pero él —no, tienes razón— admiraba la prosa de Churchill y leyó todas las memorias que salieron.

Creo que es cierto. Creo que realmente buscó a, era más Churchill como escritor, más que, quiero decir, admiraba a Churchill como estadista, pero era Churchill como escritor lo que realmente le emocionaba y le picaba la curiosidad.

Y puedo recordarle leyéndome en voz alta dos cosas de eso: la parte en la que describe la corte de Carlos II, que es una maravillosa prosa de harén y todo, y también cómo describe la Guerra Civil[18]. Sabes, solía leer mucho en voz alta.

¿Alguien en el pasado norteamericano en quien estuviera particularmente interesado, Hamilton, Jefferson o Jackson?

Bueno, Jefferson supongo. Y la carta que tenía tantas ganas de comprar, pero era demasiado cara, y lo que yo iba a intentar encontrar y darle las pasadas Navidades era una carta que mandó Jefferson

---

[18] En la historia de Churchill en cuatro volúmenes *Una historia de los pueblos angloparlantes*.

en la que pedía cuatro jardineros más para Monticello, pero quería estar seguro de que sabían tocar el violín para poder tener concierto de cámara por la noche. Esa carta apareció en Parke-Benet y costaría unos 6.000 dólares o así, así que no pujó por ella. Ya sabes, Webster[19]. Leyó todas sus cosas. Creo que Jefferson[20], realmente.

¿Y qué pasa con Theodore Roosevelt, Wilson, FDR? ¿Alguna vez él...?

Entonces estaba leyendo un libro sobre Theodore Roosevelt aquel verano o aquel invierno.

Noel Busch, se lo dio Alice Longworth[21].

Sí, y me decía: «Escucha qué fatuo era Teddy Roosevelt», «mira qué...», y después solía describir numerosos, leerme varios fragmentos donde Roosevelt describe lo que hace. Siempre en una especie de forma muy de paso: «y entonces subí la colina San Juan y maté a cinco nativos» y haciendo apología de ello. Creo que vio mucho a través de Theodore Roosevelt. Aunque también lo admiraba. Pero leía todo lo que salía, de cualquiera.

¿Qué pensaba de FDR? ¿Le conoció alguna vez?

Bueno, todos lo conocieron porque recuerdo a la señora Kennedy diciéndome que debería pensar en todos los niños en el gabinete, porque qué amables habían sido el presidente Roosevelt y su mujer; todos los niños Kennedy conocieron a los Roosevelt[22]. Pero no creo que él pensara que fuera ningún... a menudo pensó que era más bien, charlatán es una palabra injusta, tú sabes a lo que me refiero, un poco de pose, de una forma bastante inteligente[23]. Sabes,

---

[19] Daniel Webster (1782-1852), senador de Massachusetts, tuvo su propio capítulo en *Perfiles de coraje* por apoyar el *Acuerdo* de 1850.

[20] En 1970 Jacqueline escribió sobre su marido a Ted Kennedy: «Fue el único presidente después de Jefferson que se preocupó por los jardines. Jefferson escribe a Francia pidiendo cuatro jardineros, también tendrían que tocar música de cámara en Monticello por las tardes. Como Jefferson, se preocupaba por la arquitectura o más bien la armonía del hombre con su entorno».

[21] Alice Roosevelt Longworth (1884-1980), referente de la vida social de Washington durante la mayor parte del siglo xx, era la hija de Theodore Roosevelt con su primera mujer. El libro de Busch era: *T.R.: The Story of Theodore Roosevelt and His Influence on Our Times* (1963).

[22] Esto fue en la década de 1930, cuando Joseph Kennedy sirvió a FDR como presidente de la Securities Exchange Commission y embajador ante la Corte británica.

[23] La frialdad privada de JFK hacia Franklin Roosevelt era casi única entre los líderes demócratas de la década de 1960, que normalmente lo consideraban un santo. Aquella frialdad reflejaba la dolorosa ruptura de Joseph Kennedy con FDR

hizo muchísimas cosas por lograr efecto y después solía ponerse furioso, no furioso pero sí irritado cuando la gente le decía que tenía que tener conversaciones hogareñas y cosas y descubrió cuántas tuvo Roosevelt, que fue algo muy, ya sabes, muy...

Trece o catorce veces en todo el tiempo. Hice los cálculos para él[24].

Sí, claro, estaba interesado en Roosevelt. No tenían ningún... no lo estaba imitando ni nada parecido.

No imitaba a...

No imitaba a nadie. Me acuerdo de que me contaba la ocasión en que Wilson se equivocó, o cuál era su error, o cómo..., pero, sabes, visto en retrospectiva, nunca era arrogante. Sólo parecía devorarlos a todos y después, supongo, los filtraba y salía aquello. Los usó a todos. Eso es lo que hizo.

Siempre me pareció bastante extraordinario. He aquí tres hombres que vivieron aproximadamente en la misma época: Winston Churchill, Franklin Roosevelt y Joseph P. Kennedy, de los cuales los dos primeros fueron en un sentido u otro grandes hombres y el tercero fue un hombre con mucho éxito, con mucho talento, pero no un gran hombre. Y pese a ello los hijos de Churchill y los de Roosevelt todos han sido en muchos sentidos brillantes y con talento, pero de alguna forma les faltaba chispa. Mientras que los hijos de Kennedy tienen esta extraordinaria disciplina.

Creo que hay que reconocerle el mérito en eso al señor Kennedy[25], porque Jack solía hablar mucho de eso. Sabes, hizo lo im-

---

en 1941 por la intervención en Europa, el coleante resentimiento de JKF respecto a la hostilidad de Eleanor Roosevelt hacia él antes de la convención demócrata de 1960 y su propia aversión de toda la vida a casi todo tipo de adoración de héroes. Como muchos otros, JFK era crítico respecto a lo que consideraba el exceso de tolerancia de FDR respecto al poder militar de los soviéticos en Europa al final de la Segunda Guerra Mundial, dejando al oeste en desventaja militar en Berlín y el resto de Europa, que se demostró una de las mayores preocupaciones de Kennedy como presidente. Pese a ello JFK no era reacio a reconocer las cualidades de grandeza de Roosevelt, en especial en asuntos nacionales. El padre de Jacqueline solía citar en plan jocoso la historia gráfica de Peter Arno en el *New Yorker* «Vayamos al Trans-Lux y bufemos a Roosevelt».

[24] A Kennedy lo criticaban por hablar demasiado poco al pueblo americano por televisión y lo urgían a seguir el ejemplo de FDR con sus «conversaciones caseras» en la radio. Por ello pidió a Schlesinger que viera exactamente cuántas charlas de esas había tenido Roosevelt durante sus doce años como presidente para contrastar la impresión popular de que eran casi semanales. Por contraste, el presidente Kennedy tenía una conferencia de prensa aproximadamente cada dos semanas.

[25] *[N. de la T.]* Jackie llamaba «señor Kennedy» a su suegro.

El embajador Kennedy con Joe, Bobby y Jack en 1938.

posible. Cuando sus hijos hacían algo, les escribía incesantemente cartas. Cada vez que hacían algo importante en la escuela allí estaba. La forma en que hablaba en la mesa. Si uno se limita a ser un gran hombre y sus hijos se quedan de alguna forma apartados, sabes, él miraba, siempre pensé que era la tigresa madre. Y la señora Kennedy[26], pobre cosita, estaba corriendo por allí, tratando de arreglárselas con su demonio de energía, viendo si tenía suficientes tumbonas en Palm Beach, o si debía mandar las de Bronxville o si debía guardar las de Londres. Su cabecita se hizo pedazos y es el señor Kennedy quien... y ahora le gusta decir que se sentaba alrededor de la mesa y les hablaba de Plymouth Rock y les moldeaba la cabeza, pero en realidad estaba diciendo: «¡Niños, no molestéis a papá!». Él lo hacía todo, él hizo este esfuerzo consciente respecto a la familia, y no creo que los otros dos hombres lo hicieran. Oh, otra

---

[26] Rose Elizabeth Fitzgerald Kennedy (1890-1995) era la madre del presidente, a la que Jacqueline llamaba «Belle Mère» [«suegra» en francés]. En ese momento tenía una relación afectuosa pero algo distante con su suegra, especialmente si se la compara con la conexión instantánea que sintió en su primer encuentro con Joseph Kennedy. Tras la muerte del presidente Rose y Jacqueline se unieron más.

cosa que Jack me contó sobre Roosevelt fue lo equivocada que era su política exterior y que no había sido bueno en eso, los errores que había cometido ahí. Recuerdo preguntarle una vez...

Sobre la Unión Soviética, supongo.

Sí, eso creo. Y de qué forma subestimó o malestimó[27], la palabra que sea, sabes, al hombre con el que estaba tratando. Pero perfectamente, sabes, sólo con mirarlo.

Tenía un gran desapego respecto de las cosas porque poseía una gran capacidad para ponerse en el lugar de los demás y ver cuáles eran los problemas.

Siempre pensé eso de él, ¿sabes? Quizá es lo que hace a alguna gente, como Jim Burns que nunca lo conoció, decir que era despegado y se preguntaba si tenía corazón[28]. Bien, por supuesto que tenía el corazón más grande cuando le importaba. Pero tenía este desapego. Siempre pensé que habría sido un magnífico juez. Porque podría coger cualquier caso —podía implicarle a él, a mí, o algo—, donde con otro cualquiera las emociones estarían tan involucradas, y mirarlo desde todos los puntos de vista. Lo recuerdo hablando de esa manera del general De Gaulle una vez, cuando todo el mundo estaba tan indignado con el general el año pasado[29].

---

[27] *[N. de la T.]* Aunque Jacqueline Kennedy dice: «he underestimated or misestimated —whatever the word is», la palabra «misestimated» no existe en inglés. Si bien los prefijos «under» y «mis» tienen una connotación negativa parecida (como en «underestimed», subestimado, y en «misunderstood», malentendido, incomprendido) no todas las palabras admiten ambos prefijos.

[28] Al matrimonio Kennedy les había ofendido el pasaje final del libro de 1960 de Burns *John Kennedy: A Political Profile*, escrito con la participación de JFK, en el que aun alabando el talento y la energía del senador cuestionaba su compromiso emocional con los objetivos políticos. (En la frase final del libro Burns escribió que el que Kennedy aportara «pasión» a la presidencia «dependería de que hiciera un compromiso no sólo mental, sino de corazón, que hasta ahora nunca se le ha requerido que haga»). Jacqueline se opuso con tal vehemencia a esto que escribió a Burns una refutación a mano en tono seco: «Creo que lo subestimas. Todo el mundo ve que tiene la inteligencia, el magnetismo y el impulso necesarios para triunfar en política. Veo cada semana desde que llevo casada con él que tiene las que posiblemente sean las cualidades más importantes para un líder: una imperturbable confianza en sí mismo y seguridad en sus capacidades. Cuando tienes a alguien como Jack, ¿por qué despreciarlo como una patética judía verde, que avanza a ciegas y busca y sin saber cómo se encuentra a sí misma cerca de la parte de arriba, guiñando los ojos bajo la luz del sol?».

[29] Charles-André Marie de Gaulle (1890-1970), el dirigente de la Francia Libre de la Segunda Guerra Mundial fue presidente de Francia entre 1959 y 1969. A me-

El presidente Kennedy con el presidente Charles de Gaulle, París, 1961.

Yo estaba tan sulfurada y él decía: «No, no, tienes que ver su perspectiva», ¿sabes?, aunque estaba irritado.

Bueno, eso era lo extraordinario. Hay quienes siempre ven el punto de vista de los demás y lo llevan al extremo de que eso les impide actuar por ellos mismos. Eso nunca le ocurrió a él. Podía ver la razón, entendía las urgencias políticas que llevaban a otros a hacer cosas maliciosas, pero eso a él nunca le impidió reaccionar.

Sí, ojalá le hubiera dado un reloj de pulsera con una grabadora integrada o algo así, porque si lo oyeras explicándome a De Gaulle, cuáles eran sus objetivos y por qué estaba tan amargado. Quiero decir, su análisis de ese hombre; De Gaulle era mi héroe cuando me casé con Jack y realmente se hundió. Porque creo que estaba muy lleno de rencor. Y eso era justamente lo que no tenía Jack, y él

diados de la década de 1950 Jacqueline bautizó a su caniche francés *De Gaulle*. Como ferviente francófila en arte, arquitectura, literatura, historia y moda se enfadó mucho, según se desarrollaban los años de Kennedy, por la disposición de De Gaulle de envenenar sus relaciones con JFK y Estados Unidos, además de con el resto de la alianza occidental por mantener el orgullo y la independencia franceses.

siempre solía decir —imagino que las mujeres son terriblemente emocionales y nunca quieres volver a hablar con alguien que dijo algo mezquino sobre tu marido—: «Siempre hay que dejar el camino abierto para la reconciliación». «Todo cambia tanto en política, tus amigos son tus enemigos la semana que viene y al revés».

¿Por qué era tu héroe De Gaulle?

No era realmente mi héroe, pero de alguna forma me gustaba mucho toda esa prosa de sus memorias y pensaba que ese hombre que se había quedado fuera en el bosque con poca luz y siguió para regresar, sabes, siendo más bien francófila, sólo cierto tipo de...

Estoy de acuerdo. Sabes, en el funeral, me pareció que —pese a todas las cosas malas que había hecho— tenía que ser una figura muy conmovedora y con encanto.

Sí, por supuesto tenía dos caras. Eso es lo que Jack siempre solía decir. Sabes, nadie es completamente blanco o completamente negro. Y él, de hecho, sí se dio cuenta de qué era Jack. Creo que simplemente se sintió culpable —no sé—. Sabes, se dio cuenta de quién era Jack y por eso vino al funeral. Y creo que eso fue un esfuerzo. No tenía por qué hacerlo.

La cuestión con De Gaulle y Churchill y el presidente y otras pocas personas es que tenían un sentido de la historia, que produce una especie de magnanimidad de juicio. Aunque De Gaulle esté lleno de resentimiento, puede ser también muy magnánimo y reconoció que el presidente estaba en la gran corriente de la historia; naturalmente sus memorias son tan maravillosas a ese respecto por el sentido de flujo, las necesidades a las que tiene que dar respuesta la gente y la maravillosa prosa.

Oh, sí, cuando Jack anunció que se iba a presentar al Senado —no, presentarse a la presidencia— le estuve leyendo el principio de las memorias de De Gaulle sobre cómo «Siempre había tenido cierta imagen de Francia» y usó parte de eso, parafraseado para sí mismo. Sí, deberías mirar ese discurso: «Tengo una cierta visión de Norteamérica» o algo así[30]. Otra persona de la que me solía hablar mucho era de Randolph Churchill, el padre de Winston Churchill. «Y me olvido de Goschen», recuerdo que solía decir muchas veces cuando alguien dimitía y encontraban a alguien para sustituirlo. ¿Conoces esta historia?

No, no la conozco.

---

[30] Al anunciar su candidatura a la presidencia el 2 enero de 1960 JFK dijo: «He desarrollado una imagen de Norteamérica como cumplidora de un noble e histórico papel como defensora de la libertad en un tiempo de máximo peligro...».

Había un ministro que dimitió cuando Randolph Churchill estaba en el gobierno, porque pensó que estaba... Sí, ¿quién era el que dimitió?, ¿del Exchequer, hace un par de años? En algún pequeño punto de si... ¿algo con el presupuesto?

Había dado información...

Thorneycroft, no; en cualquier caso, un hombre dimitió y lo sustituyeron de inmediato y ese hombre pensaba que no lo podían reemplazar y que ellos tendrían que aceptar lo que él quería e inmediatamente nombraron a alguien llamado Goschen. Y el hombre —quizá fuera el mismo Randolph Churchill— dijo: «Oh, Dios mío, se me olvidó lo de Goschen». *[Schlesinger se ríe].* Lo que, sabes, demuestra que se puede sustituir a cualquiera[31].

¿Qué pensaba el presidente en 1959 de sus contrincantes? Bueno, imagino que tenía a Hubert, a Lyndon y a Stevenson en la recámara.

No lo sé exactamente. Sabes, antes le gustaba Hubert, pero siempre dijo que cuando te metes en una lucha todo se encona tanto que no te queda más remedio que odiar [a los contrincantes] al final. La cosa se enconó y después le volvió a gustar Hubert. Lyndon de alguna forma le divertía. Bueno, Lyndon era tan escurridizo y solía venir a casa a contarme cosas —cuando Lyndon hizo una declaración en el Senado diciendo que estaba listo para presentarse—, que podía, no sé, jugar al squash y tener relaciones sexuales una vez por semana. *[Se ríen los dos].* Lyndon, bien, acababa de venir y sabía lo que tenía entre manos. Quiero decir, ni siquiera nunca admi...

Le gustaba Lyndon. Lyndon era una especie de...

No le gustaba especialmente, pero podía negociar con él sin terminar mal. Era una especie de... cuando los veías juntos en asuntos políticos, era realmente como esgrima. Y siempre pensé que Lyndon discutía con él o era grosero, pero que Jack de alguna forma esquivaba los golpes divirtiéndose bastante y que siempre lo

---

[31] En 1886, cuando lord Randolph Churchill dimitió como canciller del Exchequer [Ministerio de Hacienda], se creyó indispensable y se quedó perplejo al ver cómo lord Salisbury nombraba rápidamente a George Goschen para sucederlo y esto llevó a Churchill a lamentar haber «olvidado a Goschen». El ejemplo más reciente en el que Jacqueline estaba pensando era probablemente el de Peter Thorneycroft, que dimitió en 1958 como canciller del Exchequer, junto con dos oficiales de rango menor, para protestar por el aumento del gasto público. El primer ministro Harold Macmillan quitó importancia a las dimisiones llamándolas «pequeñas dificultades locales» y los sustituyó a todos con rapidez.

Lista demócrata de 1960: el senador Lyndon Johnson
y el senador Kennedy en Hyannis Port.

superaba. Lyndon solía gruñir como un elefante. Pero, sabes, en realidad, él... no era nada personal.

Creo que siempre sintió... que le divertía, que Johnson le fascinaba por ser como una especie de fenómeno norteamericano, y al mismo tiempo bastante molesto por alguna cosa concreta que siempre hacía en un momento determinado.

Sabes, Lyndon... lo que eran las cosas... de Lyndon. Lyndon era el líder de la mayoría y realmente consiguió el puesto que quería en el Senado, pero sé que había tenido que negociar o incluso ponerse muy pesado para eso, para [conseguir las carteras de] Asuntos Exteriores y Trabajo. Eso era lo que él tanto quería. Pero en las primarias era más una cuestión de lo que podías hacer en Wisconsin y a quién podías conseguir ver y después de si Hubert se presentaría por Virginia Occidental o no que una cuestión de la gente. Te conté anoche lo mucho que se molestaba [Kennedy] con Stevenson. Nunca pensó que ninguno de ellos fuera mejor que él, pero nunca fue un engreído. Me refiero a que si podía conseguirlo —superar el obstáculo de ser católico, de ser joven y de ser rico o lo que fuera—, sabes, entonces todo iría bien. Así que era más una cuestión de superar aquellos obstáculos que de sus oponentes.

¿Crees que alguno de los obstáculos le preocupaba más que el resto o eran más o menos similares?

Creo que eran ser católico y joven[32]. Y recuerdo que antes de que fuera a Chicago, a California, fui con él a Nueva York para despedirme de él y dio el discurso —¿fue en Grand Central Station o en el Biltmore?— en el que respondía a los cargos de Truman sobre que era demasiado joven[33]. Pero lo hizo sin ninguna amargura.

Y de forma tremendamente eficaz. A finales de 1959 hay un... —quizá alrededor de Acción de Gracias en Hyannis Port—, hubo una especie de reunión para planear la estrategia.

Oh, me acuerdo de eso. Teníamos una casa allí y todo el mundo estuvo enclaustrado en la casa de Ethel y Bobby, y todos esos hombres aparecieron —Kenny, Larry, Bobby, todos—, y se juntaron y planearon. Pero, sabes, cuando Jack venía a casa tras algo como eso, no solía preguntarle: «¿Qué habéis planeado sobre esto y aquello?». Solía llegar a casa y entonces era sopa de pescado, o lo que le apeteciera cenar, o grabaciones, o quizá alguien allí para reírse.

---

[32] JFK deseaba que su victoria en una Virginia Occidental con un peso muy grande de protestantes eliminara para siempre el problema de su catolicismo, pero siguió con bastante virulencia para que en septiembre de 1960 se sintiera llamado a aparecer ante un grupo de ministros protestantes en Houston y reafirmara su fuerte apoyo para la separación de la Iglesia y el Estado al decir: «No soy el candidato católico a la presidencia. Soy el candidato del partido demócrata, que coincide que también es católico». La juventud de Kennedy también era un obstáculo; a sus 43 años sería el hombre más joven jamás elegido presidente.

[33] En el momento álgido del problema de la juventud de todo el año, el 2 de julio de 1960, en una aparición en la Biblioteca Truman en Independence, Missouri, el ex presidente Truman pidió a JFK, el favorito de los candidatos demócratas, que se echara a un lado en los asuntos para los que era demasiado joven e inexperto y señaló que la convención había sido «amañada» de antemano. Dos días después, en el Hotel Roosevelt de Nueva York, el candidato respondió diciendo que si «catorce años de servicio es una experiencia insuficiente» (refiriéndose a su ejercicio en el Congreso pero no a sus años en la marina durante la guerra, que en otra parte incluyó en lo que llamó dieciocho años de «servicio a Estados Unidos») eso dejaría fuera a todos los presidentes del siglo xx, incluido el propio Truman. Tras hacer esta declaración voló a Los Ángeles para la convención de su partido.

Así que eso es, quiero decir, yo habría sido una esposa horrible si hubiera intentado aprovecharme de su inteligencia respecto a eso.

La última cosa que él habría querido. Quiero decir, quería otras cosas. Creo que en cierta forma la gran diferencia entre Kennedy y Johnson —ocurría lo mismo con Roosevelt y Truman— es que tanto Roosevelt como Kennedy era políticos magistrales, pero la política era parte de sus vidas. Era algo con lo que disfrutaban. Era un instrumento que usaban para hacer otras cosas. Pero además había muchas otras cosas relacionadas con la vida. Creo que para Truman y Johnson la política es todo su mundo.

Lo sé. Y cuando charlas con cualquiera de ellos, es lo único de lo que pueden hablar. Cada pequeña metáfora, «mi papá abajo en el pozo»[34]. O la fascinación de Truman con la historia norteamericana. Puedes preguntarles cualquier cosa. Pero nunca les oirás hablar de otros temas. Pero Jack, bueno, creo que una mujer siempre se adapta, especialmente si eres muy joven cuando te casas y, ya sabes, aún no estás formada, realmente te conviertes en el tipo de esposa que ves que tu marido quiere. Así que si quería...; por ejemplo, al marido de mi hermana le gusta llevarse los problemas a casa y todo son cosas de negocios y Lee[35] no lo comprende. Pero, sabes, si Jack quisiera hacer eso, y hablar de ello en casa, yo le haría preguntas. No quería hablar de las cosas que le preocupaban, sino de otras cosas de su vida. Me refiero a que siempre había que leer los periódicos y demás, porque se irritaría bastante si dijera «¿has visto a Reston hoy?», y si no lo habías visto, te asegurarías de verlo al día siguiente. Porque si dijeras «¿qué ha dicho?», él diría «bueno, ya sabes, deberías averiguarlo tú misma».

Sus empleados lo sufrían también. En esta reunión, según lo recuerdo yo, en Hyannis Port, la cuestión verdadera, que de alguna forma cambió todo el lugar, en el sentido de que a Ted[36], que hasta ese momento había estado manejando las dos cosas, trabajando tanto con los discursos como con el lado político, se le apartó de la vertiente política y Bobby

---

[34] Uno de los dichos favoritos de LBJ. Para Johnson un amigo en el que podías confiar era alguien «con quien irías al pozo» para sacar agua, refiriéndose a los tiempos en los que los indios americanos amenazaban a los colonos de origen europeo.

[35] Caroline Lee Bouvier Canfield Radziwill (1933-) era la hermana menor de Jacqueline.

[36] Se refiere a Ted Sorensen.

y Kenny y el resto entraron y realmente tomaron el mando de toda la parte política...

Oh, sí, y recuerdo que primó un sentimiento bastante amargo durante un tiempo, o al menos en Wisconsin, creo. Ted estaba molesto con Bobby. A Ted no le gustaba la parte que sea que le hubieran dado y se había quedado privado, ya sabes había un poco de fricción ahí. Pero Jack siempre podía confiar en Bobby. Y supongo que... planeó su campaña de esta forma. No siempre podía fiarse de Ted. Ya sabes, Ted había mostrado antes que no era...

¿Te refieres en cuestiones de juicio?

No. En cuestiones de, bien, sí. Me refiero a ese asunto de *Perfiles de coraje*. Jack fue todo un caballero con Ted entonces porque Ted no se había comportado muy bien ese año. Quiero decir: estoy segura de que ésa no es la razón por la que dio a Ted los discursos y eso, pero debo decir que no pude mirar a Ted Sorensen durante unos dos años después de aquello.

¿Porque Ted daba a entender que había escrito el libro?

Escrito el libro. Naturalmente, el pobre chico sólo estaba empezando, era nuevo en Washington, pero solía hacer un esfuerzo consciente por estar por allí y coger las páginas de Jack, y las cosas que había tachado y añadido, ya sabes, salirse de su camino para mostrárselo a la gente. Y entonces, cuando Drew Pearson lo dijo, vino la demanda en la que Clark Clifford llegó y lo defendió y por fortuna Jack había guardado todas aquellas páginas de papel amarillo que él mismo había escrito[37]. Y creo que Jack quería a Clark Clifford por ello porque, cuando pidió a Clark que lo defendiera, creo que Clark podía tener la impresión de que Ted realmente había escrito la mayor parte del libro. Pero nunca lo preguntó y entonces Jack consiguió todas esas páginas de color amarillo y se

---

[37] Drew Pearson (1897-1969) era el más destacado periodista sensacionalista de la época, con una columna que se publicaba en muchos medios y un programa semanal en ABC. Clark Clifford (1906-1998) era un abogado de San Luis que era consejero y asesor cercano del presidente Harry Truman antes de empezar un lucrativo ejercicio de la abogacía y ganarse la reputación de ser uno de los hombres sabios de Washington. Durante la década de 1950 JFK era uno de sus clientes. En 1957 Pearson denunció en ABC que *Perfiles de coraje* lo había escrito realmente Sorensen. Con ayuda de Clifford JFK obligó a Pearson a retractarse. Durante la campaña de 1960 Kennedy pidió a Clifford que empezara a prepararse para una posible transición a la Casa Blanca. A lo largo de la presidencia de JFK Clifford siguió asesorando a los dos Kennedy sobre diversos asuntos tanto privados como públicos.

Ted Sorensen y el senador Kennedy.

las mostró a Clark, y éste estaba simplemente muy sorprendido y dijo: «Esto es lo más valioso de todo lo que tienes. Míralas bien. Todo». Sabes, y he visto a Jack escribiendo ese libro. Así que, sabes, Ted mandaría cincuenta libros sobre Lucius Lamar —y todos los demás— de la Biblioteca del Congreso y Jack haría el boceto con ellos; y Thaddeus Stevens, y todo eso. Era un ir y venir de correspondencia. Realmente vi a Jack escribiendo ese libro. Y nunca me gustó cómo se comportó Ted en esa época. Pero sabes, su vida giraba sólo en torno a sí mismo y creo que sólo en la Casa Blanca tenía oportunidad de sentir afecto por alguien que no fuera él mismo, así que quería a Jack. Así que en la Casa Blanca se portaba bien.

¿Tan tarde como eso? Porque para entonces ciertamente Ted parecía el más devoto y entregado hasta el punto de...

Veamos, *¿Perfiles de coraje* sería de 1955, 1956? Bien, diría, todo 1956 y principios de 1957. Sabes, Jack perdonaba tan rápido, pero yo nunca perdoné a Ted Sorensen. Lo vigilé muy de cerca durante un año o así. Pero después, cuando tenía más cosas que hacer, no necesitaba probar sus pequeños asuntos. Entonces fue cuando Jack le dio —de nuevo, ¿no te parece una buena cosa?— todo el dinero del libro porque sentía que había trabajado muy duro y solía trabajar incluso por la noche. Como he dicho, trabajaba despacio —parecía que siempre tenía que quedarse hasta las dos o las tres de la mañana para terminar algo—. Pero no creas si alguien dice que Ted escribió el libro, porque Jack le dio entonces el dinero de aquello, con el que ha ganado más de 100.000 dólares[38].

¿Consiguió Ted todos los derechos de Perfiles de coraje?

Sí, porque entonces, ves, cuando se publicó, Jack pensó que sólo sería...

¡Es fantástico!

Sabes, un librito que haría —no sé— vendería veinticinco mil ejemplares o así. Pero entonces empezó a venderse y venderse muy bien. Ted consiguió cada céntimo de ese libro hasta que salió la edición in memoriam con el prólogo de Bobby. Y después, en lo sucesivo, irá para la biblioteca. Sabes, así que...

¡Es extraordinario! Yo nunca... Ted tiene que haber ganado centenares de miles de dólares.

Sé que por lo menos ganó un centenar. Pero, sabes, Jack quería darle algo además de su sueldo porque el chico sólo vivía para

---

[38] En ese momento Schlesinger no era contrario a provocar a la señora Kennedy contra Sorensen. En el momento de estas entrevistas de historia oral los dos hombres estaban compitiendo por terminar libros contrarios sobre el presidente Kennedy, cosa que por un tiempo desgastó sus relaciones. En su autobiografía de 2007 (*Counselor: A Life at the Edge of History*) Sorensen anota la acusación de Pearson de que «yo he alardeado de forma privada o indirectamente insinuado que yo había escrito gran parte del libro (una acusación que, lamento decir, puede haber sido —fue todo hace mucho tiempo para acordarse— parcialmente verdad)». Insiste en que «como los discursos de JKF, *Perfiles de coraje* era una colaboración y no una particularmente rara en la medida en que nuestro método de colaboración en el libro era parecido al sistema que utilizábamos en nuestros discursos». Sorensen escribe que en 1953 él y Kennedy acordaron que en cualquier trabajo externo publicado en el que colaboraran Sorensen recibiría al menos la mitad del dinero o el porcentaje de derechos. Añade que cuando el libro se convirtió en un gran bestseller, generando derechos «muy por encima de lo que cualquiera de los dos hubiéramos imaginado nunca», JFK «inesperadamente y generosamente» le dio «una suma para distribuirla en varios años, que a mí me pareció más que justa» y que para 1961 seguía siendo superior a la mitad de las ganancias del libro. Pese a sus comentarios ácidos sobre Sorensen a lo largo de estas entrevistas Jacqueline pronto solucionó sus diferencias con él y después, en los años de Nueva York, retomaron su amistad.

eso —y sabes, y trabajaba duro toda la noche y todo lo demás—, pero Jack era tan caballero. Creo que hizo algo muy bueno.

Bobby estaba en Washington en ese periodo, todo el tiempo, pero realmente no estuvo metido en el día a día hasta 1959.

Siempre que estábamos en Washington veíamos a Bobby. Es raro. Sólo en la Casa Blanca dejamos de verlo por las noches. Cuando salíamos, veíamos a Bobby. Antes de casarnos vivimos siempre en Georgetown, cenábamos con ellos una o dos veces por semana. Y entonces Bobby —solían hablar sobre el comité McClellan, el comité McCarthy—, ya sabes todas las cosas en las que estaba metido Bobby[39]. Pero supongo que entonces Bobby hizo campaña para el Senado, ¿verdad?

Sí.

¿En 1952?

En 1952, y Teddy supuestamente en 1958[40].

Pero, sabes, Bobby era siempre una especie de... bien siempre se preocupaban tanto de lo que estaba haciendo el otro. Pero supongo que en aquella reunión de Acción de Gracias Bobby simplemente abandonó lo demás y se dedicó por completo a Jack a partir de entonces. No recuerdo qué estaba haciendo Bobby en 1958 para no poder hacer la campaña. ¿Estás seguro de que no la hizo?

Mi impresión es que Teddy era nominalmente el jefe de campaña, pero puede que no. Las sesiones sobre trabajo estaban en marcha, supongo, en aquella época.

Bueno, ése es un asunto importante, recuerdo que en vida de Jack, pero no sé en qué año fue. Pero puedo recordar que cada mañana en el desayuno Arthur Goldberg[41] solía aparecer. O Geor-

---

[39] RFK había trabajado como consejero asistente del subcomité de investigación permanente del senador Joseph McCarthy antes de terminar dimitiendo en protesta por los excesos de McCarthy. Entre 1957 y 1959 sirvió como consejero jefe del comité del senador John McClellan sobre trabajos de la mafia, posición privilegiada desde la que luego persiguió sin piedad al presidente del Teamster (poderoso sindicato de transportes), James Hoffa.

[40] Edward Moore Kennedy (1932-2009) fue el noveno hijo de Kennedy. Tras el nacimiento de Teddy, Jack preguntó a sus padres: «¿Puedo ser el padrino del niño?». Estuvieron de acuerdo. Ted Kennedy era jefe de registro de campaña cuando JFK se presentó por segunda vez al Senado, pero como estaba estudiando en la facultad de Derecho de Virginia no estaba implicado a tiempo completo. En 1962 Ted obtuvo el antiguo escaño de su hermano en el Senado y lo ocupó hasta la muerte.

[41] Arthur Goldberg (1908-1990), de Chicago, hijo de emigrantes judíos de Polonia y Ucrania era consejero general de la AFL-CIO [American Federation of Labor

ge Meany[42], y todos. Era el año 1957 cuando nos trasladamos a nuestra casa, porque para el primer desayuno compré aquellas viejas sillas de comedor que crujían y en uno de esos primeros desayunos Jack y George Meany y alguien más se cayeron al suelo. Pero todo aquel año, sabes, estuvimos viendo a gente para la Ley del Trabajo. Él y Seymour Harris[43] aquella primavera...

Mucho más trabajo que política exterior en aquel momento...

Sí, era para aprobar la Ley del Trabajo. ¿Era contra la ley Landrum-Griffin?[44].

La ley Landrum-Griffin terminó siendo... una alternativa, que se aprobó al final porque el propio Eisenhower se volcó en ello.

Bien, como quiera que sea, Jack se pasó una primavera trabajando en ello.

La primavera de 1959, creo. Pero al mismo tiempo hacía cosas como dar el discurso sobre Argelia[45].

Oh, sí. Dios, tenía que estar casada por mi contribución a eso. Porque ese verano (era el verano antes de que nos casáramos) me dio todos esos libros franceses y me pidió que se los tradujera. Y yo estaba trabajando para el *Times-Herald*[46], viviendo sola en la casa de mi madre en Virginia. Y solía quedarme levantada aquellas noches

---

and Congress of Industrial Organizations; la mayor central obrera de Estados Unidos y Canadá] y de United Steelworkers [el mayor sindicato industrial de Norteamérica que incluye numerosas actividades industriales además del acero] antes de que JFK lo nombrara secretario de Trabajo y después, en septiembre de 1962, lo eligiera para el Tribunal Supremo.

[42] George Meany (1894-1980), tosco ex fontanero del Bronx, era jefe del AFL-CIO.

[43] Seymour Harris (1897-1974) fue un economista de Harvard.

[44] El acta de reforma de la Ley del Trabajo Landrum-Griffin de 1959 tenía el objetivo de regular las prácticas de los sindicatos para evitar los excesos que los Kennedy habían descubierto a lo largo de sus vistas. JFK deseaba asegurar que esto no dificultara el ejercicio honesto de funciones por parte de los sindicatos.

[45] En 1957 los franceses estaban iniciando una guerra contra los argelinos que deseaban que su país dejara de ser una parte de la «Francia metropolitana». JFK dio un discurso controvertido denunciando el dominio de Francia sobre Argelia, asumiendo el punto de vista entonces audaz y adelantado a su tiempo de que estaba en el interés americano ponerse de parte de los movimientos anticoloniales tanto porque era justo como porque ayudaría a Estados Unidos a atraer a naciones recientemente independizadas en las que dichos movimientos hubieran triunfado.

[46] Entre 1951 y 1953 ella estuvo en el *Inquiring Photographer* para el *Washington Times-Herald*, cuyo editor, Frank Waldrop, se dio cuenta de que Jackie «tenía buen ojo para los detalles». En ese papel cubrió la coronación de Isabel II.

cálidas, traduciendo esos libros, y como no podía saber lo que era importante y lo que no...

¿Qué tipo de libros?

Bueno... todos esos estaban en francés y eran sobre Argelia. No, no, esto era Indochina. Perdón, Indochina. Así es[47]. Eso es lo que hice antes de casarme.

Sí, eso fue en 1951 y 1952.

Sí, traduje todo lo del almirante D'Argenlieu, y Ho Chi Minh y los ammonitas y los menonitas[48]. Creo que traduje como diez libros.

¿Diez libros enteros?

No, en realidad era más bien extractos, pero...

Resúmenes. ¿No podía leer en francés?

Sí, podía leer en francés, pero no lo suficiente como para confiar en sí mismo respecto a muchos hechos y cosas. Y solía ver a muchos franceses entonces y ellos le daban algún libro. Y lo mismo, bueno, yo hice alguno para Argelia. Pero, sabes, y el canal Lawrence, también me acuerdo de eso. Sabes, todas esas cosas eran tan valientes[49].

El discurso de Argelia lo fue especialmente, porque todo el Consejo de relaciones internacionales en este país estaba indignado con ello. Coincidió que yo estaba en París cuando se dio el discurso y un viejo amigo mío, Jean-Jacques Servan Schreiber, de L'Express, *estaba absolutamente encantado con el discurso y puso todo el texto y fue la primera revista del mundo que puso al presidente en la portada. Y yo recuerdo escribiéndole desde París: «No hagas caso a los editoriales de* The New York Times *que dicen que no deberías levantar la liebre. Tienes toda la razón. Los franceses a los que les importa el asunto acogieron muy bien el discurso».*

---

[47] En 1954 los franceses se retiraron de Vietnam tras una embarazosa derrota en Dien Bien Phu y Estados Unidos estaba bajo una gran presión para reemplazarlos y asumir la lucha para impedir al líder norvietnamita Ho Chi Minh (1890-1969) que tomara el país entero. JFK era escéptico y quería profundizar en el tema. Con su excelente dominio del francés Jacqueline tradujo para él libros de historia y política de colonias francesas en el norte de África, Oriente Medio, el sudeste de Asia y otros temas.

[48] Georges d'Argenlieu fue administrador colonial francés en Indochina desde 1945 hasta 1947. Los ammonitas eran pueblos seminómadas descendientes bíblicos de Lot. Los menonitas suizos emigraron a Argelia en el siglo XIX.

[49] Al votar por la construcción del canal, que ampliaría el comercio de Estados Unidos a costa de empleos en Massachusetts, Kennedy indignó a muchos de sus electores, que se quejaron de que estaba más preocupado por el este del país que por su propio Estado.

Oh, sí, recuerdo cuando fue a Polonia, no quiso llevarme porque pensó que no era serio viajar con la mujer de uno. Pero, sabes, siempre estaba más interesado, bueno, tan interesado en los asuntos internacionales. Y después el salario mínimo, recuerdo, lo que quiera que fuera[50]. Sabes, todas las cosas que le importaban, no sé qué año. Y sólo como ejemplo de que tenía corazón, puedo recordarlo muy disgustado: una vez cenamos con mi madre y mi padrastro y ahí estaba sentado mi padrastro poniéndose un gran pedazo de paté en su tostada y diciendo que era sencillamente atroz que el sueldo mínimo tuviera que ser 1,25 dólares. Y Jack me dijo cuando regresábamos a casa: «¿Te das cuenta de que las mujeres de la lavandería del sur cobran 60 céntimos la hora?». O 60 céntimos al día, o lo que fuera. Y lo horrorizado que estaba cuando vio al presidente Eisenhower, creo que en el encuentro en Camp David antes de la toma de posesión y Eisenhower le había dicho —estaban hablando sobre los refugiados cubanos—: «Naturalmente sería magnífico si pudieras limitarte a mandarlos en camiones desde Miami y usarlos como sirvientes por 20 dólares al mes, pero supongo que alguien montaría un escándalo si lo intentaras»[51]. Ya sabes, de nuevo [estaba] tan horrorizado ante esa gente rica que sólo pensaba en cómo vivir de... no pensando en cómo puede uno vivir con sólo 20 dólares al mes, sino sólo en cómo usar a esas personas como esclavos. Le dolía tanto por ellos, aunque lo solía decir en una frase. Aquello horrible de —una cosa como republicana— Mira, y después cuando estabas intentando recaudar dinero para el centro cultural[52] y un amigo republicano de mi padre dijo: «¿Por qué no haces que lo hagan los trabajadores? Si quitas un dólar a la semana a esos salarios puedes recaudar el dinero en un periquete». Aquello realmente le asqueó y dijo: «¿Te imaginas cuánto significaría para todas esas personas quitarles un dólar de sus sueldos semanales?».

---

[50] Durante su primer debate en septiembre de 1960 JFK rechazó la acusación de Nixon de que él era «demasiado extremo» por quejarse de que los republicanos se opusieran a un aumento del salario mínimo federal por hora a 1,25 dólares: «No creo que eso sea extremo en absoluto».

[51] El encuentro de Kennedy con Eisenhower fue realmente en abril de 1961, tras la invasión fallida de la Bahía Cochinos.

[52] Esto se refiere al esfuerzo para construir un centro cultural nacional en Washington (más tarde rebautizado como el centro John F. Kennedy para las Artes Escénicas) que se abrió finalmente en 1971.

Así que todas esas cosas demuestran que sí que tenía corazón, porque aquellas cosas realmente le impactaban.

Oh, creo que lo que más —por supuesto, tenía corazón y tenía...—; de hecho, sabes, no mostraba sus emociones muy abiertamente y la gente se ha acostumbrado a cierto estilo de expresión sentimental de ese tipo de cosas. Pero le afectaba en profundidad. Pero también era frío. El hecho de que fuera... es la razón por la que alguien como Hubert, a quien quiero, y que es un hombre admirable, pese a todo, no pudiera conectar con mucha gente como lo hacía el presidente, porque Hubert es tranquilo (está en una fase anterior de reacción a este tipo de cosas). ¿Se lo pasó bien el presidente en las primarias de 1960, aparte del hecho de que tuviera que pasar por tantas cosas y tan molestas, haciendo campaña y todo lo demás?

No sabes qué agotamiento las primarias, y él decía a menudo que los cuatro días que cogió libres en Jamaica entre Wisconsin y Virginia Occidental fueron lo que hicieron posible que fuera presidente. Porque simplemente trabajaba hasta la extenuación y después un nuevo aliento y después otro y cuando estás tan cansado no lo disfrutas. Y a veces, cuando estábamos en la Casa Blanca y él tenía un viaje largo, solía cansarse —una especie de viaje de campaña—, y solía llegar a casa y decir: «Oh, Dios mío, no sé cómo he podido aguantarlo todos estos años». «Sabes, no sé cómo he podido hacerlo». Supongo que cuando permaneces tan cansado tanto tiempo —pero entonces solía quedarse sin voz— no creo que nadie disfrute de trabajar hasta la pura extenuación. Y en Wisconsin fuimos a una tienda de baratijas o así con tres personas dentro. Estaban contra el muro trasero. No querían estrecharte la mano. Tenías que ir a cogerles la mano y estrechársela. O pequeños mítines en un pueblo, donde tenías a la banda y todo listo y no se presentaba nadie. Sabes, era realmente duro. Wisconsin fue lo peor.

¿Peor que Virginia Occidental?

Porque en Virginia Occidental me quedé sorprendidísima. Pensé que todo el mundo estaría mirándonos como...

¿Estos «papistas»?

Sí, y toda esa literatura que estaban distribuyendo sobre monjas y curas y todo. Pero la gente fue tan cordial. Podía ser una madre con tres dientes negruzcos, acunando a un bebé en un porche desvencijado, pero sonreiría y diría: «¿Queréis pasar?». En Wisconsin esa gente te miraría como una especie de animales. Jack solía decir: «Todo lo que se dice sobre la vida rural es realmente una sobreestimación». Porque la gente pasa sola todo el invierno, con frío y sólo con animales y son tan suspicaces. Quizá sea porque son nórdicos, no sé. Pero es gente suspicaz la de allí. Vaya por Dios.

¿Crees que era porque él era católico o porque era del este o sospechaban igualmente de cualquiera, Hubert o cualquiera?

Creo que en Wisconsin sospechaban de cualquiera que fuera en grupo. Quiero decir, no creo que les gustara que fuera nadie ni de una banda de música, ni nada. Y creo que sospechaban de él por todas esas razones. Mientras que en Virginia Occidental, sabes, son un poco más alegres aunque sean tan pobres. Nunca me encontré en Virginia Occidental a una persona que no me gustara, salvo ese hombre extraño que corría por ahí con sus folletos donde quiera que habláramos. Y nunca me encontré en Wisconsin con alguien que me gustara realmente, salvo la gente que estaba trabajando para Jack.

Cuando [Kennedy] estaba muy cansado, solía recuperarse bastante rápido, ¿no?

Oh, sí, te dejas caer en alguna habitación de hotel y te levantas a las seis de la mañana. Podía recuperarse rápido. Podía pasar un día en casa y pasarlo entero durmiendo y toda esa ropa se lava a lo largo del día, y se le hace la maleta y se iba o nos íbamos los dos. Y siempre podía dormir. Podía dormir en el avión, casi como un soldado. Creo que eso es... cuántos problemas de la gente derivan de que no pueden dormir.

Clem Norton[53] —no sé si has oído hablar de su cinta— dijo que Teddy era una persona de calle y que el presidente no lo era.

Es verdad, no lo tenía. Quiero decir, al final, sabes, tenía aquella increíble cosa[54]. Pero Teddy era más del siglo XIX. Podía ir allí y contar historias. Él es más como Clem Norton y más como Honey Fitz. Pero Jack nunca dijo «¿Cómo va la cosa, jefe?» ni puso la

---

[53] Clem Norton (1894-1979) era un amigo del abuelo de JFK que toma vida en *The Last Hurrah* de Edwin O'Connor como Charlie Hennessey, «un amarillento, feliz como una cuba de cincuenta años con ojos saltones y nerviosos». Norton había sido superintendente del Commowealth Pier y haciendo campaña desde su propio camión sólido, un perdedor eterno para la candidatura de alcalde de Boston.

[54] En junio de 1963, en un viaje a Europa, JFK vio el Muro de Berlín y dio un discurso enardecido (en lo que ahora es la John F. Kennedy Platz) asegurando a los berlineses de la parte libre occidental que los apoyaría contra las amenazas soviéticas de sacarlos de la ciudad. Cuando dijo «Ich bin ein Berliner!» [soy berlinés] hubo una ovación tal que el líder después bromeaba con que iba a dar tres palabras de consejo para futuros presidentes en un momento de desánimo: «Id a Alemania».

Los Kennedy en campaña en las primarias de Wisconsin, 1960.

palma debajo de tu axila o, sabes, nada de ese tipo de cosas. Era embarazoso para él.

Pero no le disgustaba hacer campaña. Más bien lo disfrutaba, ¿no?

Sí, lo disfrutaba. Quiero decir, si le preguntabas sus tres cosas favoritas para hacer en un día, no creo que dijera estar de campaña[55]. Pero cuando estaba metido en ello, y cuando todo iba bien, enton-

---

[55] En cambio a Robert Kennedy le impactó mucho cuando en 1964 Lyndon B. Johnson le dijo que de todas las cosas de la vida lo que más le gustaba eran las campañas políticas.

En las primarias de New Hampshire.

ces sí le gustaba de veras y respondía. Y las últimas... sabes, según pasaba el tiempo lo iba haciendo cada vez mejor. Y quería a la gente que realmente se alegraba de verlo, las viejecitas, o los niños y así.

Siempre tuve la sensación de que cuando salía de gira como presidente y veía multitudes realmente regresaba muy renovado. ¿No lo sentías lleno de energía y seguridad?

Sí, eso era muy bueno para él. Y solía decir lo bueno que era salir de Washington, donde está este grupito que sólo escribe —siempre lo mismo—, sabes, pequeños corresponsales poniéndose etiquetas unos a otros. Era tan bueno para él salir y ver que le adoraban. Sabes, cada vez que lo hacía era genial. Y entonces fuimos a Europa ese junio.

TERCERA
Conversación

MIÉRCOLES 4 DE MARZO DE

1964

La última vez empezamos hablando sobre la convención, los meses antes de la convención en 1960 y el punto de vista del presidente sobre sus contrincantes y los problemas, y una de las cosas que siempre me ha sorprendido es la forma en la que los liberales... los argumentos que yo solía tener que usar con algunos de los más viejos liberales y académicos y demás sobre el presidente. Suena muy raro ahora, porque nadie obviamente ha hecho más por los intelectuales en la Casa Blanca desde Jefferson. Supongo que una de las razones importantes para ello fue todo el asunto McCarthy. ¿Cómo fue...? ¿Conociste a McCarthy[1]?

No, no lo conocí. Fui a ver una de las sesiones una vez. Pero Jack estaba asqueado en la época del tema McCarthy, ¿verdad?

Lo estaba.

Y después cuando supo que su padre había sido amigo, ¿o que había estado una vez en Cape Cod? No sé.

Aparentemente había estado en Cape Cod una vez o dos y...

Nunca estando nosotros allí.

---

[1] Cuando JFK entró en el Senado en 1953, su colega republicano Joseph McCarthy estaba usando el Subcomité de investigaciones permanentes del Senado para perseguir a comunistas ocultos en el gobierno de Estados Unidos, dañando vidas inocentes en el proceso. En presencia de una gran mayoría de votantes de Massachusetts (en especial norteamericanos de origen irlandés) que adoraban a McCarthy y los demócratas liberales que lo aborrecían, Kennedy fue criticado por algunos por denunciar públicamente al demagogo de Wisconsin. En diciembre de 1954, cuando el Senado votó para censurar a McCarthy, JFK se estaba recuperando de su operación de espalda que estuvo a punto de ser fatídica y fue el único miembro demócrata que no participó.

Pero no era en ningún sentido un colega o compinche o nada parecido...

Oh, no, ¡nunca lo fue! Fui una vez por pura curiosidad para ver cómo eran aquellas vistas, y vi a ese hombre, que daba como miedo. Pero supongo que todos lo pensarían, a causa del señor... De nuevo, supongo que los liberales lo atribuían todo a que Jack era hijo de su padre o algo parecido, ¿no?

Creo que en parte era por eso y también por el hecho de que no atacaba a McCarthy aunque, de hecho, pocos miembros del Senado, incluida gente como Hubert Humphrey y Paul Douglas[2], atacaron a McCarthy. ¿Qué supones que pensó de él?

Creo que pensó que era horrible; ya sabes, la forma en que estaba haciendo aspavientos por allí, y cómo lo llevaba todo. Y entonces hizo una declaración quizá desde el hospital o si no justo antes de la operación o que habría votado para censurarlo pero que no estaba allí. ¿Era eso?

Sí. Se preparó un discurso para darlo antes de ir al hospital. El discurso no se llegó a dar e indicaba que él era partidario de la censura. Creo que cuando llegó el voto de verdad él estaba muy enfermo y no creo que en ese momento se hiciera ninguna declaración.

Él pensaba de McCarthy, bueno, ya sabes, pobre McC —quiero decir si veías a McCarthy veías a un hombre en sus últimas—, recuerdo, creo que andaba entrando y saliendo del ascensor cuando yo estaba allí de pie. Bien, el hombre se acababa de ir. Olía a alcohol y los ojos tenían un aspecto horrible. Sabes, creo que Jack pensaba exactamente lo que todos pensábamos de McCarthy. Pero no era alguien contra quien uno se pudiera presentar en bloque. Y supongo que tenía parte del problema político en casa, ¿no?

Sí.

Todos sus votantes de Boston... todos los que tuvieran un apellido que empezara por Mc pensaban que era maravilloso. Pero creo que lo hizo bastante bien.

La mayor parte de ellos o muchos de ellos pensaban que McCarthy era probablemente demócrata. No, recuerdo a veces cuando yo... ¿Recuerdas al viejo John Fox?, no al buen John Fox, no al juez John Fox, sino...

Oh, ¿el que era dueño de un periódico?

---

[2] Paul Douglas (1892-1976) fue senador demócrata liberal por Illinois.

El dueño del Boston Post[3]. *Una vez empezó a atacar a los comunistas en Harvard, particularmente a mí.* [Jacqueline se ríe]. *Y Jack estaba en la ciudad y le explicó que yo probablemente no era una comunista y que no se me debería atacar. Y después me lo contó y dijo que como consecuencia de ello decidió que John Fox probablemente pensó que ¡el comunista era él!*

Sí, entonces Bobby estaba contra McCarthy, ¿no? ¿O fue más tarde? ¿Cuándo fue lo de Bobby con Roy Cohn[4]?

Bobby, bien, era por esa época más o menos.

¿Estaba trabajando Bobby por entonces para McCarthy?

Originalmente, Bobby fue consejero de la minoría. Era consejero para los demócratas en el comité pero inicialmente él y Roy Cohn habían trabajado con McCarthy y no podía aguantar los métodos de Cohn, así que se asoció con Symington, Jackson y los opositores[5]. Aparentemente fue amigo del embajador en un momento determinado.

Sí, no un gran amigo. Sabes, de nuevo, el señor Kennedy[6] era tan leal. Parece que estaban todos esos irlandeses... siempre parecen como perseguirse entre ellos, ¿no? Me doy cuenta de la forma en que la señora Kennedy habla, incluso ahora, acerca de —ahora ya no, sabes que nosotros— «¿alguno es católico?» o «¿son irlandeses?». Supongo que como los han perseguido tanto...

La señora Kennedy recuerda aún cómo fue crecer en Boston.

Sí, pero incluso hoy te preguntará, cuando le comentes que conoces a alguien o que alguien viene a cenar, ¿es católico?, ¿es católica?, como si eso los fuera a hacer más agradables. En realidad

---

[3] John Fox (1906-1985) compró el *Boston Post* en 1952 por 6 millones de dólares (incluido un préstamo de medio millón de dólares de Joseph Kennedy, por el cual Fox expresó su agradecimiento cambiando su respaldo por Henry Cabot Lodge a favor de JFK para el Senado). Fox dio al periódico un enfoque estridente y macartista y desplegó un gran apoyo a Onion Burke en la primavera de 1956. Más tarde, ese mismo año, cayó en bancarrota. Fox finalmente murió sin un centavo.

[4] En enero de 1953 Robert Kennedy empezó a trabajar para el comité de McCarthy como asistente del consejero de McCarthy, Roy Cohn, un tipo abrasivo y sin escrúpulos. La animosidad entre los dos hombres sobre asuntos grandes y pequeños en un momento casi los lleva a las manos. Para cuando llegó el verano Robert se había trasladado a la zona demócrata del personal del comité y después lo abandonó.

[5] Henry *Scoop* Jackson (1912-1983) fue un senador demócrata por Washington al que JFK consideró seriamente para vicepresidente en 1960.

[6] *[N. de la T.]* Jackie llamaba «señor Kennedy» a su suegro.

es timidez. Estoy segura de que el señor Kennedy era bastante conservador —sabes, puede que simplemente Joe McCarthy le gustara por eso—. Esto era antes de que todo lo malo ocurriese, porque era irlandés, porque era católico y porque todos estaban contra él. Pero, sabes, nunca yendo demasiado hasta el fondo del asunto. Pero nunca hablaban de él en casa. Y seguro que nunca le dijo a Jack, ya sabes, si estaba a favor o en contra de él. La situación en la que estaba Jack era complicada, promoviendo una censura y demás, y en Boston odiaron aquello.

Sí. Fue una situación muy difícil a nivel local. ¿Qué tal con los Nixon? ¿Viste alguna vez a los Nixon en los tiempos del Senado?

No. Bueno, solía verla a ella en la puesta de vendas. Sabes, las mujeres de los senadores tienen que poner vendas todos los martes y la mujer del vicepresidente es siempre la que preside el acto. Se vestía con un uniforme blanco de enfermera. Es la única vez que la vi.

Creo que sería buenísima con las vendas, con la puesta de vendajes. Bien, estamos aproximadamente en 1960, las primarias, y recuerdas que las más duras fueron las de Wisconsin. ¿En alguna ocasión el presidente pareció preocupado respecto al resultado o estaba demasiado absorto en el día a día para tener sensaciones? ¿Era una persona con altibajos o era más bien...?

Bueno, uno tiene que trabajar tan duro. Sabes, cuando estás en una campaña, casi no tienes tiempo de pensar en el resultado aunque veía sondeos de este y aquel distrito. Pero recuerdo la elección: noche de primarias en el Hotel Pfister en Milwaukee. Sabes, aquello fue horrible. Fue tan raro. Estábamos todos como clavados. Y salió una especie de empate. Bien, era tan horrible porque allí todo el mundo se había dejado la piel en la lucha y terminabas completamente exhausto. Y veías que no había servido para nada y que tenías que volver a empezar. Y recuerdo a aquel hombre horrible, Milles McMillin, que escribió para el periódico en Madison, que está casado con, la chica con la que está casado, Rockefeller, estaba casado con Proxmire[7]. Bien, solía escribir todas aquellas cartas anónimas al periódico difamando a Jack. Era un hombre

---

[7] Miles McMillin (1923-1982) fue reportero y más tarde editor del *Capital Times* de Madison, Wisconsin. Su mujer Elsie Rockefeller McMillin (1924-1982) había estado casada con el nuevo senador del estado William Proxmire. JFK pensaba que McMillin era anticatólico.

terrible. De nuevo la temerosa criatura liberal[8]. Daba vueltas por la habitación aquella noche mientras todos estábamos allí con el recuento de resultados y —oh, eso estuvo muy mal por mi parte— yo caminé a su lado sin decirle hola y le hice el gesto de que estaba muerto *[risas]* y Jack, es que yo estaba muy furiosa con él, Jack fue educado.

Virginia Occidental, como dijiste, era más agradable.

Bien, la gente era simplemente más agradable allí. Y sabes, seguías dándote de tortas pero... y entonces por primera vez nos separamos y yo me fui con alguien en mi propio pequeño tour. Había que entrar y salir de tiendecitas y bares pequeños o todos esos pueblos mineros. Y la gente era tan amable conmigo. Sabes, [era todo] minúsculo, pequeño, nunca más de diez o veinte personas.

¿Solías hablar o sólo...?

Saludaba a todos y hablaba con ellos. Y les decía quién era, y había alguien conmigo. ¿Quién era? ¿Iba con Franklin[9]? Porque normalmente iba con Jack. Así que cada noche íbamos a algún gran mitin, en el que Franklin solía hablar. Pero ¿ves?, en medio de aquella campaña yo estaba a punto de tener a John. Así que entonces yo estaba un poco, vamos, que me mandaron a casa. Sólo estuve allí la primera mitad.

¿Era Franklin un viejo amigo o se convirtió en un amigo especial en Virginia Occidental?

No, había sido amigo de Jack en el Congreso. Sabes, estaban siempre de aquí para allá y ocupados y todo eso pero siempre se

---

[8] En 1964 la señora Kennedy seguía considerando a los liberales como gente que había dado problemas a Jack, como lo pensara en una ocasión su marido. Los miembros del grupo a los que JFK llamaba «liberales profesionales» habían desconfiado de él desde que se presentó para la Casa en 1946 porque su padre era conservador. Una vez que fue presidente lo acusaron de ser un militante de la Guerra Fría y de estar demasiado intimidado por los miembros destacados del comité de demócratas conservadores del sur para perseguir con vigor los objetivos liberales en cuanto a derechos humanos, educación, trabajo, salud, pobreza y otros asuntos nacionales.

[9] Franklin Roosevelt, Jr. (1914-1988) sirvió en el Congreso con JFK entre 1949 y 1955. Kennedy valoraba especialmente su apoyo en 1960 porque contrarrestó la oposición de su madre, Eleanor, en la preconvención; Eleanor prefería con diferencia a su buen amigo Stevenson. Tras no poder conseguirle un cargo apropiado en su gobierno (pidió a McNamara que lo nombrara secretario o asistente del secretario de la Armada, como lo había sido su padre con Wilson; pero el nuevo jefe del Pentágono lo rechazó), el presidente lo nombró subsecretario de Comercio en 1963.

El senador Kennedy habla con
mineros del carbón en las elecciones
primarias de Virginia Occidental.

gustaron. Y entonces creo que los vimos unas pocas veces cuando nos casamos. Sí, solíamos ver a Franklin. Así que siempre fue un amigo. No de forma constante. Pero siempre te podías reír con él y, sabes, me divertía y él y Jack se divertían mutuamente. Así que... y recuerdo que me fui de campaña con Franklin en Wisconsin. Fuimos juntos por todos esos distritos de color y por todos esos supermercados donde nadie levantaba la vista para mirarnos. Ahí fue cuando se convirtió... en Wisconsin, también ayudó, pero en Virginia Occidental fue donde más lo vimos y a partir de ahí fue un buen amigo.

En Virginia Occidental la cosa empezó a enconarse. Supongo que había bastante resentimiento en Wisconsin con Hubert.

Sí. Supongo que lo hizo porque ¿qué estábamos diciendo? Oh, como dijo Jack, en las peleas el resentimiento siempre va a más. La gente de Humphrey decía que los Kennedy estaban comprando las elecciones y la gente de Kennedy... Humphrey no había hecho, no había estado en el servicio militar y se me olvida qué más pasaba[10]. Pero, sabes, Jack no dijo nada de eso. Estaba sobre todo tratando de probar por qué no era peligroso por ser católico.

Cosa que hizo, completamente, por supuesto. Ganó en Virginia Occidental tres contra uno, según recuerdo. Algo así. Y después de eso hizo...

¿Quieres saber algo interesante sobre la noche que ganamos allí? Supongo que aquella noche era demasiado atemorizadora. Sabes, no quería otra noche como la del Hotel Pfister. Así que regresó a Washington y fuimos, cenamos en casa con los Bradlee y fuimos a ver una película.

¿Qué película era, te acuerdas?

Habíamos ido a alguna película del Trans-Lux, pero estaba ya empezada así que fuimos a ver una película extraña en la avenida Nueva York. La única película que estaban poniendo y en la que pudimos entrar. Era una cosa horrible y sórdida sobre un asesinato en California, realmente, quiero decir, verdaderamente morbosa[11].

---

[10] Haciendo campaña para JFK en Virginia Occidental, Roosevelt dijo a los reporteros que Humphrey era «un buen demócrata, pero no sé dónde estaba en la Segunda Guerra Mundial». De hecho, el político de Minnesota había intentado entrar en el ejército en la época de la guerra, pero lo habían rechazado por una hernia.

[11] Ese melodrama era *Private Property*, del director Leslie Stevens, de tan bajo presupuesto que se rodó en la casa de Stevens en Hollywood Hills, con la mujer

Y entonces regresamos a casa, muy deprimidos por esa película, y esperamos a que sonara el teléfono. Y yo estaba en la despensa cogiendo hielo y de repente oí ese grito de victoria. Habían llamado a Jack y era, bueno, sabes, simplemente fantástico en Virginia Occidental, así que todos nos metimos en un avión y volamos hasta allí y llegamos en mitad de la noche. Pero, sabes, estaba tan nervioso que no quería estar allí. Así que tuvimos esa extraña noche de no querer estar junto a la radio, el teléfono, ni nada.

Fue aquélla la única elección en la que hicisteis eso, ¿no? La mayoría de las otras veces siempre estábais allí.

Sí, las otras veces siempre estábamos allí, sí.

Aquello tuvo realmente mucho de triunfar o fracasar estrepitosamente. Tras eso ¿parecía que todo iba sobre ruedas?

Bueno, supongo que a Jack se lo parecería. Porque entonces la cosa consistió en ir por ahí y charlar con la gente, ¿no?, seguir hablando. Bien, ¿qué mes sería?

Veamos, era mayo y en junio fue el ataque del presidente Truman. ¿Lo recuerdas?

Oh, sí.

Sobre la experiencia. ¿Le enfadó mucho o...?

Bueno, ya sabes, le irri... quiero decir, era simplemente algo más que hacer, sabes, matar de un manotazo como a una mosca que zumba. Pero recuerdo cuando respondió a eso, porque estaba de camino a la convención. Así que en junio y julio ¿qué hicimos? Bueno, fue la larga sesión del Senado.

Eso fue tras la convención.

¿Fue tras la convención? Fue en junio y julio, creo que estaba sobre todo en Washington, ¿no? ¿No estaba el Senado todavía de sesiones?

Sí, la convención fue en julio. Fue más pronto porque los demócratas estaban de vacaciones y después él regresó y la sesión especial empezó en agosto.

Entonces cada vez que venía a Cape Cod el fin de semana —o por un día— tendrías que haber visto nuestra casita. Habían

---

del director (Kate Manx) en el papel estelar. Retrata a un ama de casa que se lía con matones, con escenas de violación y asesinato. Según la versión de Bradlee, JFK suponía (correctamente) que *Private Property* estaría en el índice de películas prohibidas por la Iglesia católica y bromeaba con que lo ayudaría con algunos de los votantes de Virginia Occidental anticatólicos.

venido cincuenta lituanos con muñecas tradicionales para Caroline o algo así a las once de la mañana y después se fueron. Además, no sé, solía venir Tom Mboya[12], y el gobernador Stevenson, luego Norman Mailer y después, entrando y saliendo de casa. Y todo el mundo en la calle frente a nuestra casa —yo había empezado a construir una empalizada en la convención pero sólo estaba por la mitad, aquella valla rota—. Así que Lee y Stas[13] se quedaban con nosotros y todo el mundo podía verles entrando y saliendo del baño porque tenían una habitación en la calle. Aquel verano vivimos todos bastante juntos...

Respecto a la convención, ¿estabais tú o el presidente alarmados por la forma en que estaban yendo las cosas en la convención? Por ejemplo, todos los esfuerzos de Johnson o los piquetes de Stevenson, o algo por el estilo.

Estaba en casa en Cape Cod con mi madre y mi padrastro y Janet. Era la única persona en todo el complejo porque iba a tener a John[14]. Y estaba aterrorizada, leyendo los periódicos. Bueno, Jack solía llamarme siempre, normalmente por la noche, muy tarde, para decir que algo iría bien o que me no preocupase o esto o aquello. Supongo que le inquietaría que yo me preocupara a punto de tener un hijo. Pero yo estaba muerta de miedo viéndolo. Supongo que ellos ahí fuera no estarían tan preocupados, porque Bobby me dijo que una vez que llegó a la convención supo que conseguiría... sabes, que conseguiría la nominación.

El presidente solía llamarte cada día, y Bobby, ¿solía llamarte?

No, no, Bobby me lo contó después. No, Bobby no me llamó.

---

[12] Tom Mboya (1930-1969) era un joven nacionalista keniata que durante el encuentro del 26 de julio de 1960 en Hyannis Port convenció a JFK, director del subcomité del Senado para África, para conseguir que la Fundación de la familia Kennedy apoyara el intento del Airlift Africa de Mboya de llevar estudiantes keniatas a universidades norteamericanas. Un keniata joven de los que estudió en Estados Unidos fue Barack Obama, Sr., amigo de Mboya y persona que lo apoyaba y que había llegado en 1959.

[13] Stanislas Albert Radziwill (1914-1976), conocido como Stas, de un príncipe polaco exiliado e inversor inmobiliario en Londres. Era el segundo marido de la hermana de Jacqueline, Lee. Hizo campaña entre los polacos por JFK en 1960 y era el padrino de John.

[14] Aunque no se le dio difusión en el momento, la señora Kennedy estaba pasando por un embarazo difícil. Los médicos le habían pedido que guardara reposo hasta el nacimiento del bebé, que se esperaba para diciembre. «Janet» se refiere a su hermanastra, Janet Auchincloss.

Jacqueline en una entrevista en Hyannis Port en 1960.

Así que, naturalmente, te perdiste lo de la gran ley de Stevenson...[15].
Sí, lo vi sólo por televisión.
Y Lyndon diciendo, viste cosas como el debate entre el presidente Lyndon. Te perdiste a la gente de Lyndon dando vueltas y hablando de la enfermedad de Addison y...[16].
Oh, recuerdo aquello porque cuando Lyndon vino tras la convención a nuestra casa en Cape Cod nos fuimos del dormitorio (era una casa muy pequeña) para que él y Lady Bird pudieran quedarse en esa habitación. Estábamos durmiendo en una especie de cama individual en aquella pequeña habitación de invitados. Y después teníamos que ir a casa del señor Kennedy, que era donde toda la prensa se iba a reunir al día siguiente y Lyndon se precipitó sobre el sillón del señor Kennedy. Y yo estaba pensando: «¿Sabes en qué silla te estás sentando después de las cosas que dijiste de ese

---

[15] Se refiere al fomento por parte del político de Illinois de un movimiento en Los Ángeles en pro de su nominación a la presidencia como candidato demócrata.

[16] Antes de la convención de Los Ángeles algunos colaboradores de Lyndon Johnson habían realizado sombrías predicciones sobre la salud del senador Kennedy.

hombre?»[17]. Y cada vez que Lyndon hablaba aquella noche, Lady Bird sacaba un cuadernito de notas —nunca he visto que un marido y su mujer hagan eso—, ella era una especie de perro de caza entrenado. Él solía decir algo tan inocente como —no sé— «¿tu hermana vive en Londres?» y Lady Bird escribía el nombre de Lee y «Londres». Todo. Quiero decir, tenía cada nombre, cada número de teléfono, era, huy, una forma de proceder extraña[18].

Eran como un equipo de hockey.

Sí, bueno, sabes, simplemente... ella siempre tenía aquellos cuadernos de notas verdes llenos, con todo anotado.

Hablamos de eso el otro día pero no estaba en la cinta, así que respecto al problema de que Lyndon fuera en la lista...

Oh, bueno, creo que todos estaban decepcionados porque de todos el que menos les gustaba era Lyndon Johnson, y debo decir, Symington se comportó fantásticamente bien ahí, ¿verdad[19]?

Sí.

Uno nunca pensaba que fuera un gran hombre de Estado ni nada, pero fue tan caballero al hacer eso de aquella forma. Y, sabes, eso puso triste a Jack. Incluso escribí una carta a Symington, que le pedí que quemara *[risas]*. Y me escribió diciendo que la había quemado, que deseaba que él hubiera sido el vicepresidente. Pero sé que Jack tenía que hacerlo —tener a Lyndon como compañero de candidatura— para anularlo como líder de la mayoría porque

---

[17] En Los Ángeles LBJ había censurado a Joseph Kennedy (del que antes había sido bastante amigo y que le había urgido a que se presentara para presidente en 1956 con Jack como compañero de candidatura) por su pesimismo ante la Segunda Guerra Mundial respecto a las oportunidades de Gran Bretaña frente a la Alemania nazi. Johnson dijo: «Yo nunca pensé que Hitler tuviera razón».

[18] Fuera de la grabadora, Jacqueline dijo a Schlesinger que durante la visita había preguntado a Lady Bird qué había estado haciendo desde la convención, esperando que dijera algo del tipo «descansando tras aquella casa de locos». En lugar de ello la señora Johnson contestó que había estado mandando notas a todos los que habían sido tan amables con su marido en Los Ángeles.

[19] El día de su nominación Kennedy había dicho al buen amigo de Symington de Missouri, Clark Clifford, que quería que Symington —que había hecho su propia campaña presidencial de forma poco metódica, esperando ser elegido tras un punto muerto en la convención— se presentara con él. Desde ese momento Symington empezó a escribir su discurso de aceptación. Pero al día siguiente JFK le dijo a Clifford que, habiendo sido convencido durante la noche de que no podía ganar sin Lyndon, tendría que «incumplir una promesa hecha de buena fe». Jacqueline escribió a Eve Symington que habría sido «tan divertido si hubierais sido tú y Stu».

ese hombre con ese enorme ego habría estado rabioso y bloqueando a Jack de todas las formas posibles y, sí, sabes, y guardándoselo todo. Sé que estuvo en esa sesión antes de la convención[20].

Pensaba que la había convocado antes de la convención.

Sí, fue así para que Jack no pudiera salir de campaña ni hacer más cosas. Quiero decir, había hecho algo para ponerle las cosas realmente difíciles.

Recuerdo que se convocó antes de la convención pero tuvo lugar después.

Bien, ciertamente no hizo —si le hubieras tenido aquí con aquel enorme ego, frustrado y resentido— así que nadie estaba contento con eso. Todo el mundo incluso se sorprendió mucho de que aceptara. Bien, otras personas te lo pueden contar, que se presentó en esta habitación y todo *[susurros]* y supongo que estaba borracho, ¿verdad?

Phil Graham era un gran cotilla y me lo dijo (tengo las notas en algún sitio); el viernes que salí y cené con Phil me hizo un relato pormenorizado de su papel como intermediario creador de reyes. Creo que Joe Alsop también piensa que él era responsable de incluir a Lyndon en la lista de candidatos[21].

---

[20] LBJ había convocado una sesión extraordinaria del Senado después de la convención. A Jacqueline siempre le había gustado Johnson y él tenía la impresión de que ella era más agradable con él que con cualquiera del entorno de Kennedy, pero este párrafo sugiere cierto desencanto con el nuevo presidente. Dos días después de Navidad de 1963 LBJ mostró su tendencia a extralimitarse. Telefoneó a la señora Kennedy para desearle feliz Navidad («¿Cómo está mi niña?») sin decirle que tenía reporteros escuchando para poder presumir de su proximidad a la reverenciada viuda. Y Robert Kennedy, que detestaba a Johnson, le había obsequiado con historias como la petición apremiante a la secretaria personal en la mañana siguiente al atentado para que vaciara su oficina en el ala oeste «para que pueda meter a mis chicas» y la anulación de varios nombramientos, políticas e intenciones de Kennedy. Pero, pese a la molestia por las periódicas torpezas de Johnson y su rechazo a algunas políticas de JFK, a la señora Kennedy le gustaba LBJ y tenía un gran cariño y admiración por Lady Bird, que a menudo le había dado información útil para ser primera dama. Jacqueline estaba también agradecida a su sucesor por comprometerse a continuar sus diseños de restauración de la Casa Blanca y mantener la Asociación Histórica de la Casa Blanca y sus otras mejoras destinadas a asegurarse de que la mansión siguiera siendo una muestra digna de museo de la historia y la cultura americanas.

[21] Phil Graham (1915-1963) era editor del *Washington Post* y un aliado cercano de Johnson al que, según la costumbre de muchos propietarios de periódico de la época, le gustaba estar metido en política entre bambalinas. Pero en su memorando publicado de forma póstuma sobre su papel en la elección de LBJ no sugiere en modo alguno que fuera nada parecido a un «creador de reyes». Tampoco lo hace Alsop en sus memorias. Según la versión de Graham, su propio papel se li-

Vaya por Dios, no lo sé. Supongo que Bobby podría contarte todo sobre eso.

Bobby estaba en contra.

Pero me refiero a que él lo sabe. Todo lo que yo sé es que se hizo una llamada sobre algo a las ocho o las nueve de la mañana y Lady Bird contestó. Y Lyndon estaba todavía dormido. Y entonces fue Jack. Lyndon había dicho que él vendría, pero Jack dijo que no, que iría él a su apartamento y Lyndon aceptó de inmediato. Pero no sé qué había pasado entretanto, y todos parecían bastante sorprendidos. Así que no sé si todos aquellos eran «creadores de reyes» o no.

Joe y Phil esperaban al senador Kennedy el martes y le dijeron que tenía que incluir a Johnson en la lista. El presidente no dijo nada. Pero después, según Phil, el presidente lo llamó y he olvidado dónde, y le preguntó si debía llamar, qué debería hacer respecto a la llamada; dijo «quiero seguir adelante con Lyndon». Y creo que entonces el presidente llamó directamente a Lyndon. Éste estaba dormido y después empezó todo este asunto. Después la cosa pareció desmadrarse y se llamó a Phil para que más o menos lo arreglara.

Entiendo. ¿En qué estaba pensando yo ahora mismo? No me acuerdo.

Antes de que el presidente fuera a Los Ángeles habló mucho sobre..., ¿especuló sobre la vicepresidencia?

No, realmente no. Estaba en Cape Cod y fui en avión con él a Nueva York y nos quedamos allí. ¿Nos quedamos en el Hotel Idlewild[22]? ¿O en otra parte? Solo le despedí y regresé a Cape, ya sabes, y le dije adiós. Supongo que pasaríamos la noche allí porque el asunto Truman fue en algún momento. Él en realidad no... ¿sabes?, era más bien cosa de conseguirlo él mismo. Así que eso obviamente ocurrió en aquellos cuatro o cinco días allí.

---

mitó a urgir a ambos hombres a que se presentaran juntos y entonces —después de que JFK fuera a la suite de Johnson en el Hotel Biltmore e hiciera el trato con él— animar a LBJ a no cerrar a cal y canto la lista cuando los liberales enfadados amenazasen con una lucha territorial. RFK, al que ya en 1960 le disgustaba el texano, insistió en que la oferta de su hermano de la presidencia había sido meramente formal y que Johnson la había «agarrado». Graham, Alsop y otros insistieron en que JFK había planeado por anticipado su nominación con el fin de hacer una oferta seria a Johnson para los estados importantes del sur y así conseguir la presidencia. Es improbable que se vaya a tener un veredicto definitivo sobre hasta qué punto quería Kennedy tener a Johnson en su lista.

[22] Ahora es el aeropuerto internacional John F. Kennedy en Nueva York.

¿Alguna vez se enfadó para siempre con alguien?

¡Nunca! Y yo solía decirle a veces, sabes, la política es tan extraña, todo el mundo hablaba sólo de eso, todas las noches. Y si le oía hablar bien de alguien solía decirle: «¿Cómo? ¿Estás diciendo cosas buenas sobre X? Pero si llevo odiándolo tres semanas». Sabes, si viera a esa persona por la calle me encargaría de echarle una miradita y después cambiaría de acera para evitarla y Jack diría: «No, no, eso fue hace tres semanas. Ahora ha hecho x e y». Sabes, en la política las cosas realmente cambian muy rápido y Jack nunca llegaría a —solía decirlo a menudo—, nunca se metía tanto como para perder toda opción de reconciliación. Quiero decir, nunca lo trataba... ¿Qué decía? «En la política no tienes amigos o enemigos, tienes colegas». No era exactamente así...

Intereses. Palmerston solía decir que no hay amistades permanentes o alianzas, sólo hay intereses permanentes. Algo así.

Sí, pero él nunca se ponía... quiero decir, yo solía reaccionar de forma muy emocional con la gente, fuera un político o alguien de un periódico que fuese injusto, pero él siempre lo trataba tan objetivamente, como si fuera gente en un tablero de ajedrez, cosa que está bien. Quiero decir, cómo podrías si te pusieras..., si se enfureciera con toda aquella gente, después le tocaría trabajar con ellos. Es la única forma de ser eficaz [tratarlo objetivamente] y ésa es la razón por la que creo que las mujeres no deberían meterse nunca en política. Simplemente no somos apropiadas para ello.

Sí. Era un gran realista en ese sentido, porque recuerdo que en Los Ángeles en cuanto Lyndon atacó al embajador todo el mundo pensó que eso supondría su final[23]. Eso venía de una teoría sobre odios familiares a lo irlandés. Demasiada gente había visto películas de John Ford, cosa que yo no...[24].

John Connally era el que iba por ahí diciendo que el señor Ken... y hablando también sobre la enfermedad de Addison. Y entonces, sabes, el día antes de que Jack muriera en Texas le dije: «Es que no puedo soportar al gobernador Connally. No puedo aguantar su boca blanda»[25]. Estaba tan contento de sí mismo y solía pasarse todo el tiempo que estaba con nosotros en el coche diciéndo-

---

[23] Refiriéndose al padre de JFK, antiguo representante en la Corte británica.

[24] En referencia al director que hizo películas como *The Informer* (1935), sobre un irlandés rebelde que traiciona a un camarada.

[25] *[N. de la T.]* La expresión inglesa «soft mouth» se emplea para las razas de perros que no muerden lo que cogen con la boca y, por tanto, dejan la boca blanda.

le a Jack, supongo, la mucha ventaja que le iba a sacar en Texas. Así que dije: «¿Qué intenta decirte? Parece tan grosero lo que te dice todo el tiempo». Y Jack dijo: «Oh, bueno, ha estado haciendo las paces con un montón de hombres de negocios por ahí y ha conseguido muchos apoyos que no tenía antes. Eso es lo que me estaba contando»[26]. Pero Jack se lo tomaría más bien en plan, sabes, «bueeeenoooo», y después cuando dije eso, que odiaba a Connally, Jack fue tan dulce. Hizo como que me acariciaba la espalda —era cuando nos íbamos a ir a la cama— y dijo: «No deberías decir eso, no deberías decir eso. Si empiezas a decir o pensar que odias a alguien, al día siguiente actuarás como si lo odiaras», y añadió: «hemos venido aquí a Texas para sanar todas las heridas y tú vas a hacer que resulte imposible». Nellie Connally se había negado a ir en el coche con Yarborough —nadie quería ir con él—, todos se negaban a ir con él[27]. Y había dos personas llamadas Yarborough y, no sé[28]. Todo el mundo odiaba a todo el mundo. Y Jack dijo simplemente: «Sabes, no debes pensar eso de la gente». Lo dijo con mucha amabilidad.

---

[26] John Connally (1917-1993) era abogado y amigo texano de Lyndon Johnson. En una conferencia de prensa antes de las elecciones de Los Ángeles de 1960 Connally había pedido una evaluación médica de si Kennedy estaba lo bastante sano para ser presidente. Pese a ello JFK lo nombró secretario de Marina. Elegido gobernador de su estado en 1962, Connally y su mujer Nellie viajaron con los Kennedy por ciudades de Texas el 21 y 22 de noviembre de 1963. Durante el desfile en coche en Dallas, en las últimas palabras que intercambiaron, Connally, demócrata conservador, habló al presidente de una encuesta que se iba a publicar que mostraba que él iba por delante de JFK en Texas en 1964. Kennedy replicó: «Eso no me sorprende».

[27] [N. de la T.] Nellie Connally era la mujer de John Connally, gobernador de Texas. Las relaciones de Ralph Yarborough con John Connally y Lyndon B. Johnson eran tensas pese a que todos pertenecían al Partido Demócrata. El senador progresista Ralph Yarborough consideraba a Connally y a Johnson demasiado conservadores (de hecho, Connally terminaría haciéndose republicano) y además éstos lo habían ninguneado en varias ocasiones (por ejemplo, Connally no lo invitó a la recepción privada que organizó para JFK).

[28] Uno de los objetivos del viaje de noviembre de 1963 a Texas era resolver una disputa enquistada en el interior del partido en ese estado que enfrentaba a Johnson y Connally con el senador de Texas Ralph Yarborough. Connally rehusó ir en el desfile en coche presidencial con Yarborough y éste rehusó ir con Johnson. En Fort Worth aquella última mañana JFK se había visto obligado a decir a Yarborough: «Por lo que más quieras, Ralph, ¡déjalo ya!». El otro político con el mismo nombre era el liberal Don Yarborough (sin relación con el otro), que estuvo a punto de derrotar a Connally en las nominaciones demócratas para gobernador de Texas en 1962.

Y lo mismo con la gente de Stevenson. Cuando piensas que los miembros destacados del grupo de Stevenson en Los Ángeles eran George Ball, Bill Wirtz y Tom Finletter. A todos ellos inmediatamente les...[29].

Oh, sí, lo sé. Creo que es muy bueno ser capaz de perdonar con rapidez. Es una cualidad que a Jack le gustaba de mí, cuando estábamos casados, que si había incluso una ligera nubecita, yo siempre era la que corría y decía: «Oh, cariño, ¿te he molestado? ¿He dicho algo equivocado?». O «lo siento mucho». Y a él le encantaba porque creo que para los hombres es duro dar el primer paso para hacer las paces en una familia, en la intimidad. Pero de hecho hacía lo mismo. Yo no soy capaz de hacerlo en mi vida fuera del matrimonio, pero él hacía lo mismo fuera.

¿Alguna vez se deprimía o simplemente tenía un estado de ánimo bastante estable?

Oh, su estado anímico era muy constante, salvo cuando tenía rachas de dolor largas —por ejemplo, la espalda— y cuando había hecho las tres o cuatro cosas habituales —que es ir con muletas cuatro días—. Si eso no funcionaba, estar en cama dos días o ponerse una bolsa de agua caliente o así. Y si el dolor seguía y seguía, si no se lo podía quitar de encima, se quedaba bajo de ánimo, pero sólo por esta razón. Si tenía algo que hacer, se levantaba y se iba a hacerlo. Y finalmente se terminaba poniendo mejor. Pero al principio de nuestro matrimonio tuvo muy mala salud, sólo de ver a Jack con dolor solía ponerme muy triste todo el tiempo, pero realmente después de ¿cuándo?, creo que después del asunto del Senado, parecía que ya no era un problema.

En 1960 la espalda no le molestó mucho, ¿verdad?, durante la campaña...

No, quiero decir, tenía la mejor salud del mundo. Creo que un motivo es que estaba haciendo mucho, demasiado. Cuando llegó a la Casa Blanca dormía siesta todos los días, de sólo cuarenta y cinco minutos. Solía ir —¿quién podía molestarse en ponerse un pijama para cuarenta y cinco minutos?— y agarraba esa almohada y se dormía y se volvía a despertar. Quiero decir, yo no podía dormir —me llevaría cuarenta y cinco minutos dormirme, pero era tan

---

[29] Willard Wirtz (1912-2010) era el subsecretario de Trabajo de Kennedy antes de ascender a secretario en 1962. George Ball (1909-1994) fue su subsecretario de Estado para asuntos económicos. Thomas Finletter (1893-1980) fue su embajador en la OTAN. Los tres hombres habían sido fervientes seguidores de Stevenson.

bueno para él—. Entonces la espalda y el estómago y todo no le daban problemas. Era sólo que a veces se cargaba con demasiadas cosas. Y nunca tuvo mejor salud ni mejores ánimos que en todos sus años de la Casa Blanca.

¿Tuvo alguna vez problemas de sueño?

No.

¿Nunca tomó pastillas para dormir? ¿Nunca, siempre solo...?

Alguna vez, en una campaña, solía tomar una pastillita minúscula para dormir. Te acostabas tarde y tenías que levantarte pronto y estabas en una habitación de hotel horrible y maloliente. Recuerdo que una vez había una botella de whisky debajo del colchón porque la legión americana había tenido una convención en el hotel y había botellas de whisky debajo de todos nuestros colchones. Bueno, sabes, sólo para asegurarse de que se dormiría para estar espabilado al día siguiente. Pero una cosa mínima, y el resto del tiempo no lo tomaba. Porque uno necesita dormir, Dios mío, si sólo tenías unas cuatro horas. Recuerdo que yo intentaba no tomar ninguna y no paraba de dar vueltas en la cama, así que a veces le cogía alguna de sus pastillas.

Estuviste en Hyannis Port todo el verano de 1960 durante la sesión especial.

Así es.

Y después, por supuesto, estuviste allí todo el otoño.

Veamos, hice un montón de cosas en primavera en Georgetown y después fui a Nueva York para un desfile con serpentinas. El primer debate lo vi en mi casa en Hyannis y tuve invitados de Boston. La segunda —la que fuera en Nueva York—, ahí estaba yo. Y la tercera estuve en Washington, la tercera o la cuarta.

¿Recuerdas cómo se sintió cuando surgió todo el asunto de los debates?

Bien, recuerdo el de Nueva York, que era aquel en el que estuve con él. Él simplemente tenía pilas de libros de resúmenes y había tenido un día ocupado, pero entonces se sentó en una habitación durante dos o tres horas y tenía como a unas cinco personas haciéndole todas las preguntas horribles que te puedas imaginar. Quiero decir, realmente se había preparado para ello, como para una especie de examen. Y sabes, estaba tan seguro de sí mismo —no, no tan seguro— pero, sabes, no musitaba, ni gruñía ni estaba preocupado ni nada. Y después cuando me llamó en el [debate] de Washington en cuanto terminó, eso fue, supongo que quizá fuera el segundo en Washington, porque por teléfono me dijo que habían

El senador Kennedy en el primer debate contra
el vicepresidente Nixon el 26 de septiembre de 1960.

tenido una temperatura por allí de 30 grados bajo cero, o algo así, porque supongo que Nixon sudó en el primero, [y me llamó] como riéndose. Pero realmente estaba bastante seguro de sí mismo.

¿Qué pensaste durante el primer debate?

Oh, bien, pensé lo mismo que todo el mundo. No podía creérmelo. Sabes, era tan obvio. Estaba tan claro. Aquello realmente lo cambió todo. Jack siempre me había dicho que lo que cambió su campaña de 1952 —eso fue antes de que nos casáramos— fue su aparición en *Reúnete con la prensa* con Lodge[30]. Dijo que eso fue un bache y que después todo empezó a irle como quería. Bien, aquel primer debate fue —siempre lo he pensado—... pero estaba tan

---

[30] Henry Cabot Lodge, Jr. (1902-1985) fue senador republicano de Massachusetts y nieto con el mismo nombre de un senador de la clase superior que acabó con el sueño de Woodrow Wilson de ser miembro en la Liga de las Naciones tras la Primera Guerra Mundial. Aparecer con el muy respetado Lodge dio a JFK un empujón similar al de hacerlo con el vicepresidente de Estados Unidos en un debate. Tras perder frente a Kennedy, Lodge sirvió como embajador de Estados Unidos en las Naciones Unidas en el gobierno de Eisenhower antes de sumarse a la lista de candidatos de Nixon en 1960, lista que perdería.

contenta de que fuera tan obvio. Pero se podía ver claramente que él había ganado y oírlo por la calle y por todas partes.

¿Hubo alguna charla antes de ello respecto a...? Quiero decir, el presidente obviamente pensó que el debate sería una gran oportunidad, si podía conseguirlo, pero no pensaría que Nixon fuera a aceptar. ¿Recuerdas algo de eso?

Realmente no. Recuerdo que más o menos hablábamos de forma intermitente durante toda la primavera sobre los debates. No, no sé qué hizo que Nixon decidiera finalmente que...

Aquello fue un enorme error de cálculo. Y creo que lo hizo porque había sido campeón en los debates de Whittier College y pensó que podía ganar. Estoy seguro de que no hubo... creo que pensó que eso se lo daría la experiencia poder ponerse ahí delante de ese chaval.

Pero recuerdo la charla por las noches sobre qué debate sería —¿era de política exterior o nacional?—, recuerdo todas aquellas noches cuando estaban hablando de ello, mucha gente solía ir y decidían cómo se harían los debates. Pero realmente no recuerdo la parte preparatoria de aquello.

Sé que... a causa de John no estabas por allí todo el tiempo en la campaña. ¿Tienes alguna impresión sobre en quién se apoyaba especialmente para la estrategia de campaña y esas cosas?

Bien, en él mismo realmente. Porque siempre que estaba en casa podías oírle llamando, y quiero decir, solía decir a la gente qué hacer. Supongo que solía fiarse de Bobby —¿verdad?— del que más. De Bobby.

Y siempre comparaba su criterio con el de Bobby. No siempre lo aplicaba, como en el caso de Lyndon Johnson, pero creo que siempre quería conocer la reacción de Bobby, cómo reaccionaría Bobby.

Su padre siempre había... Sabes, estaba tan contenta de que el señor Kennedy hubiera tenido la oportunidad de hacer algo. Pero hubiera llevado a Billy Green al Pavillon o algo —o quizá todo eso fuera antes[31]—. Pero solía hablar con su padre, también pero más para oír lo que le reportaba... Sabes, todos esos hombres viejos...

¿John Bailey le importaba...?[32]

---

[31] William Green (1910-1963) fue un congresista de Filadelfia y representante demócrata de la ciudad. La descripción que se hace aquí de los esfuerzos de Joseph Kennedy por la campaña de su hijo es muy reducida.

[32] John Bailey (1904-1975) era el presidente de los demócratas de Connecticut y seguidor temprano de Kennedy al que el presidente nombró presidente nacional de los demócratas.

Oh, sí, bien, John Bailey. Realmente no lo sé.

Era el presidente del comité.

Sí. Siempre le gustó John Bailey. Es el primer sitio al que fuimos cuando nos casamos y Jack dio un discurso en Connecticut. Pero, no, no creo que estuviera recurriendo a John Bailey para que lo aconsejara.

Por lo que yo vi, parecía que estuviera llevando todo el espectáculo él solo.

Sí, y entonces solía decir, y Bobby solía decirlo y todo el mundo: «Nadie debe enfurecerse nunca con el candidato». Así que es ahí donde Bobby era una especie de amortiguador. Y todo el que tuviera una pelea o cuando alguien odiaba a Ted Sorensen en un estado y problemas de ese tipo. Todas esas cosas las tendría que hacer Bobby para que la gente no se enfureciera con Jack; cosas que Bobby hizo con mucho gusto. Ésa es otra razón. Tenía la clase de imagen de ser alguien que disgustaba a algunos, pero tenía que ser tan duro por Jack. Y Bobby me lo dijo el otro día: «Sabes, es tan agradable tener alguien contigo que pueda pelearse por ti», quiero decir, ser la persona con la que la gente se enfada en lugar de contigo. Igual que Frank Morrisey solía contarme que el candidato nunca debía ser quien abandonara la habitación, así que Frank Morrisey tenía que arrastrarlo fuera. Y siempre solía protestar: «No, Frank, no quiero irme todavía». *[Schlesinger se ríe].* Pero siempre tenías gente para protegerte y hacer eso por ti.

Háblame, háblanos, sobre el último día antes de la elección.

Bueno, todos estaban en Cape Cod. Oh, no...

Fuisteis a Boston.

Sí, nos despertamos en Boston así que debimos dormir allí la noche anterior.

Hubo un gran mitin en el Boston Garden la noche anterior. Creo que estabas allí, ¿no es cierto?

No, no estaba. Estaba en Cape, así que debí de levantarme muy pronto e ir en coche hasta el 122 de Bowdoin Street[33] y desde allí fuimos al colegio electoral. Después volamos hasta Cape en el *Caroline*[34] y después comenzó aquel largo día. Recuerdo que había-

---

[33] El modesto apartamento, a cierta distancia del edificio de cúpula dorada del Boston State House, que JFK había comprado en 1946 para su primera campaña en el Congreso, y que en 1960 figuró como la dirección para su censo y el de Jackie.

[34] El avión Convair comprado por la familia Kennedy para que lo usara JFK en la campaña de 1960.

mos comido sopa de pescado. Todavía podías sentarte fuera. Y es tan gracioso, hablando del día más largo, quién podía salir corriendo del garaje en una especie de papel de sirviente sino Cornelius Ryan, que había escrito *El día más largo*, con una foto[35]. Ambos dijimos: «¿Qué estás haciendo aquí?». En realidad no lo conocíamos, se presentó él mismo. Así que entonces Jack empezó a preguntarle sobre *El día más largo* y esta parte y esta otra. Deberías preguntar a Ryan sobre eso y supongo que habría entrado gracias a Pierre[36]. Después dábamos paseos y llegábamos hasta la casa de su padre, a la casa de Bobby.

¿Qué tipo de día fue?

Era un día frío, de otoño en Cape Cod, muy despejado. Pero sé que nos tendimos en el porche con mantas, una especie de tarde al sol. Después nos fuimos a la casa de Bobby, que se había convertido en, ya sabes, un puesto de mando, quiero decir radios, teléfonos, pizarras, empleados. Pero Jack en cierto modo se mantenía apartado de eso. Y después la cena...

¿Cómo parecían...?

Un poco inquietos, pero callados. Fue hasta allí y luego intentó echar un sueñecito.

No quería seguir especulando sobre las cosas...

Oh, no quería hablar de ello. Quiero decir, era... tenía lo que a él le encanta, su sopa de pescado, y estaba exprimiendo los conocimientos de Cornelius Ryan sobre *El día más largo*. El pobre hombre estaba tan sorprendido. Después dimos un pequeño paseo porque se sabía que la parte verdaderamente mala sería por la noche. Y después he olvidado en qué casa cenamos, pero después lo estábamos viendo todos en nuestra casa. Recuerdo que Connecticut entró fuerte. Y le dije a Jack: «¿Sabes?, ahora eres presidente», y él dijo «no, no», muy tranquilo. Así que lo estuve viendo, supongo, hasta las once y media o las doce y entonces todo el mundo supo que aquello duraría toda la noche. Así que me mandaron a la cama. Y todo fue tan tierno: Jack subió y me dio una especie de beso de buenas noches y entonces todas las chicas Kennedy subieron y una por una nos abrazamos y todas iban a esperar despiertas toda la

---

[35] Cornelius Ryan (1920-1974) fue el autor de origen irlandés de *El día más largo: 6 de junio de 1944*, un bestseller de 1959 que se convirtió en una película de Darryl F. Zanuck de la Twentieth Century Fox.

[36] El secretario de Prensa de JFK, Pierre Salinger.

noche. Y Jack durmió en la habitación de al lado esa noche. Así que cuando me desperté por la mañana fui corriendo a su habitación para ver —sólo para oír las buenas noticias—, para que me contara si había oído algo mientras estaba despierto, y no, no había nada.

Se había ido a dormir finalmente.

Sí, se fue a la cama creo que como a las cuatro o así, y esto era como a las nueve menos cuarto o a las ocho y media.

¿Estaba durmiendo cuando entraste en el cuarto?

Sí. *[Risas].*

¿Lo despertaste?

Salté sobre él y no había nada, así que había despertado al pobre. Después te levantabas y todo el mundo andaba por allí —has visto las fotos— en gabardina. Arriba y abajo. Después la gente de la prensa se estaba como reuniendo y supongo que sería mediodía o la una cuando se pronunciaron.

Nixon finalmente se rindió.

Y entonces, oh, entonces tuve que ver a la prensa en la casa de Ethel, todas aquellas mujeres diciendo: «¿Qué clase de primera dama serás?». Aquellas mujeres horribles. Y entonces nos hicieron fotos a todos juntos en la gran casa. Y fuimos al Arsenal y el señor Kennedy no quería ir. Tan mono, siempre intentaba quedarse en segundo plano. Recuerdo simplemente agarrarlo y decirle: «Tienes que venir ahora». Era tan dulce. Y nos fuimos todos al Arsenal.

[John Kennedy, Jr., entra en la habitación].

John, ¿puedes hablar? Sepárate un poco de ahí, así. John, has ido al aeropuerto hoy.

John: Sí.

¿Te ha gustado?

Sí.

John, ¿qué le ha pasado a tu padre?

Bueno, se ha ido al cielo.

¿Se ha ido al cielo?

Sí.

¿Te acuerdas de él?

Sí.

¿Qué recuerdas?

[Con picardía]. No recuerdo nada de nada.

¿No recuerdas nada? ¿Te acuerdas de cuando solías entrar a toda prisa en su despacho?

El presidente electo John F. Kennedy (con Caroline en brazos) y la futura
primera dama en Hyannis Port la mañana tras las elecciones de 1960.

Sí.

¿Y que solía jugar contigo?

Sí. ¿Puedes poner a John?[37]

De acuerdo, pondremos a John.

[John sale de la habitación].

¿Recuerdas el momento en que el presidente supo que iba a serlo? ¿Hizo algo o dijo algo o simplemente lo encajó bien?

Bueno, creo que estábamos fuera en algún sitio y alguien gritó: «¡Nixon ha admitido la derrota!». Creo que para entonces uno más o menos sabía por los votos que estaba a punto de... era simplemente cuestión de esperar a que Nixon reconociera que había perdido, ¿verdad?

Sí.

Así que, bueno, cuando llegó, ¿qué podías hacer? Quiero decir, sabes, nos abrazamos.

¿Dirías que era un hombre religioso?

Oh, sí. Bueno, quiero decir que nunca faltaba a misa los domingos mientras estuvimos casados y todo eso, pero podías ver que en parte... yo me preguntaba a menudo si era superstición o no, quiero decir que él no estaba muy seguro, pero si era cierto, quería tenerlo [a Dios] de su parte.

La apuesta de Pascal[38].

Pero recuerdo que una vez me dijo algo que había dicho Somerset Maugham: «Sufrir no ennoblece, sino que amarga». Así que no sé si él alguna vez, debe de haber tenido algunas charlas con Dios —no sé si él lo hizo— sólo pensando: «¿Por qué me tiene que ocurrir todo esto a mí?». Pero nunca lo dijo. Creo que a uno no pueden criarlo como a él sin pensar que...

Bueno, obviamente él aceptó la estructura de existencia de tipo religioso y la creencia en Dios y lo creía; le gustaba que sus hijos se criaran como buenos católicos y creía en la misa de los domingos y todo lo demás.

Quiero decir, sé que no era ateo, agnóstico ni nada así. No, creía en Dios pero, no, sabes, como todos nosotros uno no empieza a pensar en esas cosas hasta que algo terrible te ocurre. Y, sabes,

---

[37] Se refiere a poner la voz de su padre en la grabadora.

[38] El filósofo del siglo XVII Blaise Pascal sostuvo que aunque la existencia de Dios no se podía demostrar mediante la razón uno debía comportarse como si en realidad existiera porque no había nada que perder viviendo en una forma temerosa de Dios y potencialmente todo que ganar.

El presidente Kennedy con John en la columnata del ala oeste.

ahora creo que Dios es injusto y creo que tendría que haber pensado esto —él solía rezar— realmente...

¿Solía rezar todas las noches?

Sí, pero lo hacía tan rápido que en realidad era como un pequeño rito. Solía entrar y arrodillarse en el borde de la cama, arrodillarse sobre la cama y decía sus oraciones, sabes. Le llevaba como tres segundos y se santiguaba. Eso era todo. No lo recuerdo haciéndolo en la Casa Blanca. Pero, sabes, obviamente, era como una costumbre infantil, supongo que como cepillarte los dientes o así. Sólo un hábito. Pero a mí me parecía muy tierno. Solía divertirme tanto ahí puesto.

¿Tenía buenos amigos entre el clero?

No eran realmente sus amigos. Conozco al obispo Hannan, al que veía, pero supongo que eso era más bien por política y cosas así. Era el que más le gustaba. Oh, y el padre Cavanaugh era un gran amigo de su padre y, sabes, era un cura bastante liberal[39]. Le gustaba.

¿El obispo Wright en Worcester?

Oh, sí, le gustaba mucho. Y naturalmente quería a Francis Spellman[40] después...

¿De veras le gustaba —a mí, no— realmente?

Al principio, cuando nos casamos, sé que tuvieron una gran pelea, pero cuando fue presidente le gustaba.

¿Sí?

Lo que dijo el cardenal Spellman. Sabes, estaba tan de parte de Jack y entonces hizo todos esos discursos sobre..., realmente cambió.

---

[39] Philip Hannan (1913-) era obispo auxiliar de Washington, capellán del ejército en la Segunda Guerra Mundial, que se tiró en paracaídas sobre las Árdenas y ayudó a liberar un campo de concentración, con el que JFK mantuvo un diálogo constante, no publicitado y tranquilo sobre religión y política durante su presidencia, y que ofició su funeral. John Cavanaugh (1899-1979) era un cura que fue rector de la Universidad de Notre Dame desde 1946 hasta 1952.

[40] Francis Cardinal Spellman (1889-1967) fue arzobispo de Nueva York desde 1939 hasta su muerte. Aunque ofició las bodas de Robert y Edward Kennedy, apoyó decididamente a Richard Nixon en 1960, desdeñando la oposición de JFK —en su afán por mostrarse fiel a la separación entre Iglesia y Estado— respecto a que el dinero federal fuera a las iglesias parroquiales y al nombramiento de un embajador estadounidense en el Vaticano. En 1945 Spellman organizó la cena de gala conmemorativa de la Fundación Alfred E. Smith para conseguir fondos para organismos benéficos católicos que en años de elecciones presidenciales normalmente cuenta con discursos humorísticos de los dos candidatos, como ocurrió en 1960.

Porque había sido un hombre de iglesia tan conservador. Kenny O'Donnell me dijo que el cardenal Cushing[41] solía ir dando discursos —«cualquier chico que no va a un colegio católico...»— y señalaba con el dedo a Kenny, que estaba en su parroquia, porque Kenny fue a Harvard. Entonces el cardenal Cushing cambió y cuando todos aquellos...

Oh, te refieres a Cush, pensé que estabas hablando de Spellman.

Oh, ¿he dicho Spellman?

Sí.

Oh, ¡Dios mío!

Por eso estaba tan sorprendido.

[Risas]. Oh, no, me refería a Cushing, no podía haber dicho Spellman. Oh, no.

Bien, por supuesto que cambió. Completamente.

Sí, y dijo todas las cosas —las cosas correctas— que un católico debería decir. Y no le gustaba el cardenal Spellman.

No, ésa era mi impresión porque me acuerdo significativamente de oírle hablar sobre el cardenal Spellman. No, Cushing era muy leal. Cushing tenía una especie de temperamento exuberante, ¿verdad?

Sí, y es muy divertido, quiero decir la forma que tiene de hablar como en *The Last Hurrah*. Así que yo diría que [Kennedy] se dedicaba a Cushing y Cushing a él.

Pero eso surgió después, ¿verdad?, porque como dijiste al principio Cushing no era así. ¿Recuerdas a monseñor Lally del Pilot de Boston? ¿Alguna vez él...?

No lo recuerdo, ni siquiera su nombre.

¿Y respecto a Spellman?

Ah, el señor Kennedy. ¿Por qué no le gustaba Spellman? ¿No llevó a Nixon a la cena de Al Smith? Sabes, estaba tan obviamente contra Jack. ¿Cómo podía gustarte? Y sus pequeños gestos remilgados. Sabes, en realidad estaba deseando cortarle el cuello a Jack todo el tiempo y no iba a ser una ayuda. ¿No eran los obispos puertorriqueños o algo así?[42].

---

[41] Richard Cardinal Cushing (1895-1970) fue arzobispo de Boston desde 1944 hasta el año de su muerte. Hijo de un herrero irlandés emigrante, Cushing, con voz ronca y que originalmente había querido ser político, era un íntimo de la familia Kennedy que presidió la boda de JFK con Jackie, rezó en la toma de posesión y en el funeral de JFK y apoyó decididamente a la viuda cuando se volvió a casar con Aristóteles Onassis.

[42] En octubre de 1960 tres obispos católicos de Puerto Rico declararon pecaminoso que los católicos votaran a cualquier partido al que se opusiera la Iglesia,

Sí.

Cushing haría la declaración correcta y contestaría aquello, pero Spellman nunca lo haría. Muchos de los católicos estaban tan a la derecha —a la derecha de Goldwater—. Spellman era uno de ellos. Y ahora, en la nueva ola de la Iglesia, va contracorriente[43]. ¡Estoy encantada!

Qué lastima que el presidente y el papa Juan [XXIII] nunca se conocieran.

Cierto.

¿Qué pasó en las confesiones?

Bien, cuando Jack iba a confesar, había largas colas en Navidad y Semana Santa y solía tener un hombre del servicio secreto haciendo cola para él. Tenía que estar de pie como una hora, después solía ir y deslizarse en la cola, así que nadie sabía realmente quién era. El cura nunca lo supo. Esto fue en Florida, en Navidad y Semana Santa. Era una pequeña iglesia en West Palm Beach, no la iglesia a la que íbamos los domingos. Así que fue a confesarse, ya sabes, como cualquiera lo haría.

Es impresionante cómo se hizo sin...

Una vez me dijo, de broma, que algunas veces los curas te harían ir a confesar justo antes de una comunión en el desayuno y él solía siempre citar: «He olvidado mis oraciones del mediodía» y «No fui a misa el miércoles» como sus pecados porque no querrías a algunos hombres enfrente de toda la habitación. Pero, quiero decir, era tan gracioso en lo que se refiere a aquellas cosas. Pero de verdad le importaba. Siempre le importó. De nuevo, ¿era superstición, costumbre o qué? Quiero decir, muchas veces yo no iba.

Siempre me pareció que Bobby era más religioso que el presidente.

Oh, sí. Mucho. Quiero decir, iba a cosas como el primer viernes o iba Ethel[44].

---

lo que dio fuerza a los que sostenían que ningún católico debería ser elegido presidente. Encantado de perjudicar a JFK justo antes de las elecciones, el cardenal Spellman apoyó en público el edicto de los obispos. El cardenal Cushing se opuso.

[43] Spellman se encontró en el lado perdedor en el debate sobre las reformas progresistas iniciadas por el papa Juan XXIII en el Concilio Vaticano II de 1962.

[44] Se refiere a la costumbre católica de rezar e ir a comulgar el primer viernes de mes durante nueve meses seguidos.

CUARTA
Conversación

LUNES 23 DE MARZO DE

1964

Creo que la última vez lo dejamos en Hyannis Port el día de las elecciones. Estuviste fuera un par de días, según recuerdo. Sé que Marian y yo fuimos a almorzar el viernes tras las elecciones.

Oh, sí. No me había dado cuenta de que era después de las elecciones.

Y creo que esa tarde te fuiste a Palm Beach.

Supongo que Jack iría a Palm Beach y yo volvería a Washington porque iba a tener a John en cualquier momento.

Es cierto.

Así que debimos ir a Florida para descansar un par de días y después volvimos a Washington. Sí, y entonces regresamos para Acción de Gracias. Él estaba de acá para allá todo el tiempo y en Acción de Gracias volvió. Fuimos en coche al campo por Middleburg[1] para buscar una casa para alquilar y después volvimos aquella tarde y tuve a John aquella noche.

¿Cuál era la fecha de John?

Era el 25 de noviembre, era el día de Acción de Gracias. Así que cuando regresamos aquella noche se quedó en nuestra casa en Georgetown todo el tiempo, formando más o menos su gabinete y todo y yendo al hospital como tres veces al día[2].

---

[1] Middleburg, Virginia, era la capital de facto del País de la caza del estado. Estaban buscando una casa de fin de semana que permitiera a su familia escaparse de la ciudad y para que Jacqueline montara a caballo y practicara la caza del zorro.

[2] Los Kennedy habían planeado que Jacqueline diera a luz en el Hospital de Nueva York, como con Caroline, a mediados de diciembre. Pero el 24 de noviembre

¿Qué recuerdas sobre la formación del gabinete?
Bueno, es bastante difícil porque estaba en el hospital todo el tiempo, así que sólo solía ver a aquella gente —fotos suyas, de pie en la nieve en el exterior de nuestra casa—, y entonces volvió y me habló de algunos de ellos —McNamara[3] y todos—. Recuerdo cuando fuimos a Florida el 20 de diciembre. Dean Rusk[4] vino aquella primera noche. Cenamos, estábamos sólo Jack y yo allí entonces. Cenamos a solas con él. Y después, creo, Jack estaba o bien tratando de hacer que él... ¿o había aceptado Dean Rusk y estaban hablando?
El presidente dudó durante mucho tiempo entre Rusk y Bill Fulbright.
Es cierto. Lo recuerdo. Entonces aquella conferencia en Florida, en la que Caroline entró con los zapatos puestos. Fue cuando el senador Fulbright[5] estaba allí, supongo, para contarle que no podía ser o así.

---

de 1960, cuando el presidente electo estaba volando a Palm Beach, recibió un mensaje por radio que le decía que se había puesto de parto prematuro y la habían llevado en ambulancia al Hospital Universitario de Georgetown. Cuando llegó, preguntó: «¿Voy a perder a mi bebé?». Después de medianoche nació John F., Kennedy, Jr., mediante cesárea.

[3] Robert McNamara (1916-2009), nacido en San Francisco, hijo de un gerente de zapatería, era profesor de la Harvard School of Economics con una fe entregada en el valor del análisis. Tras la Segunda Guerra Mundial, durante la cual analizó la efectividad de las incursiones de bombas estadounidenses en Asia, ascendió dentro de la empresa Ford y se convirtió en presidente en 1960, dos días después de la elección de JFK. Deseoso de tener al menos un gran republicano de negocios en su gabinete, Kennedy lo conoció en su casa de Georgetown y le ofreció Tesoro o Defensa. McNamara aceptó Defensa con la condición de que pudiera nombrar a su propia gente. Kennedy aceptó, impresionado por su dureza. Más tarde McNamara sería el artífice de la escalada del presidente Johnson en Vietnam, hasta su dimisión en 1968.

[4] Dean Rusk (1909-1994), de Cherokee County, Georgia, ganador de una beca Rodas (en la Universidad de Oxford, Inglaterra), había sido asistente de secretario de Estado de Truman para el Lejano Oriente y después presidente de la Fundación Rockefeller. Cuando otras posibilidades para el Departamento de Estado no salieron, Kennedy recurrió al afable pero tenaz Rusk, al que no había conocido, consolándose con la idea de que éste se había propuesto ser su secretario de Estado de todas formas.

[5] J. William Fulbright (1905-1995) fue ganador de una beca Rodas y senador demócrata por Arkansas entre 1945 y 1975. Como miembro del Comité de Relaciones Exteriores del Senado, que tenía a Fulbright como presidente, JFK había admirado su rechazo al conocimiento convencional, pero supo que como secretario de Estado el de Arkansas habría estado condenado al fracaso por su oposición a los derechos civiles y su apoyo público a los estados árabes, que habrían dificul-

El gabinete jura su cargo ante el presidente del Tribunal Supremo
Earl Warren el 21 de enero de 1961.

*Creo que Bobby se oponía a Fulbright en el sentido de que éste, dada
su posición de segregación, no tendría mucha aceptación por parte de África.*
Oh, ¿qué piensas? ¿Crees que fue una lástima que no se eli-
giera a Fulbright?
Personalmente creo que sí.
Yo también.
*¿Qué impresión te causó Rusk? El presidente no conocía de antes
a Rusk.*
No, bueno, era bastante tranquilo; sabes, estaban hablando.
Yo me limité a quedarme a cenar y después volví a la cama. Era una
época en la que yo no era muy buena porque estaba bastante débil
y teníamos una pequeña habitación en la parte de atrás de la casa,

---

tado su capacidad para tratar con los países africanos e Israel, por no mencionar
que eso supondría la antipatía de los afroamericanos y de los votantes judíos dentro del país. «Caroline entró» se refiere a la ocasión en que el presidente electo
y Fulbright recibieron a los reporteros detrás de la casa de Kennedy en Palm
Beach y Caroline, que tenía 3 años, entró en escena tambaleándose, con los zapatos de tacón alto de su madre puestos.

y entonces todos los Kennedy regresaron y aquello se convirtió en una casa de locos. Así que yo solía ver a Jack en nuestra habitación y estaba en la cama la mayor parte del tiempo. Dean Rusk, sabes, pensé que era... parecía un hombre bastante compasivo. Siempre pensé eso de él. Cuando lo ves por primera vez, tienes mucho mejor concepto de él que cuando sabes las cosas que podría haber hecho y no está haciendo.

Eso es completamente cierto, porque da la impresión de una gran inteligencia y es buenísimo a la hora de definir una situación. Es mucho menos bueno a la hora de decir qué se debería hacer respecto a ello.

Tiene muchísimo miedo de tomar una decisión. Creo que lo que realmente se necesita es un secretario de Estado fuerte. No me acuerdo, hablamos de ello en la grabadora antes... solía volver loco a Jack en la Casa Blanca. Cómo solía cuestionar alguna respuesta rutinaria a algo que los rusos habían hecho. Creo que fue después de Viena[6]. Sacarlo adelante estaba llevando seis semanas u once bocetos y él solía decir: «Bundy[7] y yo hacemos más trabajo en la

---

[6] A finales de mayo de 1961 los Kennedy fueron a Viena, donde el presidente se reunió durante dos días con el dirigente soviético Nikita Sergéievich Kruschev (1894-1971). Los dos hombres sólo se habían visto otra vez, brevemente en el Capitolio en septiembre de 1959, cuando JFK era senador y Kruschev fue a Estados Unidos a reunirse con el presidente Eisenhower en Camp David. Ahora que Kennedy estaba en el poder se querían tomar la medida el uno al otro. Kennedy esperaba que a puerta cerrada, sin la necesidad de figurar ante el público, él y Kruschev pudieran alcanzar algún tipo de *modus vivendi* realista sobre Berlín, Cuba, Sudeste de Asia y otros polvorines de la Guerra Fría. Kruschev, que había llegado al poder bajo Stalin, interpretaba el deseo privado de Kennedy de negociar como debilidad política. Sabiendo que los soviéticos tenían muchos menos misiles nucleares que Estados Unidos, Kruschev se proponía superar esa debilidad militar aplicando su ferocidad al nuevo presidente norteamericano y diciéndole: «Si quieres guerra, es tu problema». Kennedy abandonó Viena sintiéndose conmocionado y diciendo: «La cosa más dura de mi vida». Kruschev dijo a sus ayudantes que Kennedy era «demasiado inteligente y demasiado débil». El hecho de que subestimara al presidente en Viena fue uno de los factores que lo llevó a retar a Kennedy en 1962 con el lanzamiento de misiles ofensivos de Cuba.

[7] McGeorge Bundy (1919-1996), republicano con Eisenhower, hijo de una madre de la clase alta de Boston y de un diplomático de Grand Rapids, Michigan, y al que se conocía como el «chico más brillante de Yale». Hablaba francés con fluidez, con 26 años colaboró en las memorias del amigo de su padre Henry Stimson, fue secretario de Guerra durante la época de la contienda de FDR y se convirtió en el decano más joven nombrado nunca por Harvard. JFK lo nombró asesor de Seguridad Nacional, que hasta entonces había sido un cargo más bien administrativo. Tras la Bahía Cochinos, con su instinto perspicaz de poder y su caballe-

Casa Blanca en un día del que hacen por allí en seis meses». Y Dean Rusk parecía superado por esa apatía y ese miedo a tomar la decisión equivocada que tenían tantos en el Departamento de Estado. Así que resultó no ser tan satisfactorio. Pero Jack —era leal y, sabes, se sentía terriblemente culpable—, quiero decir, se preguntaba —sé que te lo he contado ya— cómo podría quitarlo del puesto la próxima vez sin ofenderlo.

No, me lo dijiste, pero no en la grabación, así que adelante.

Bien, siempre andaba cavilando a quién podría tener como secretario de Estado la próxima vez. Barajaba tanta gente en la cabeza. McNamara era uno, pero no era realmente definitivo —¿Bundy?—, sino sólo alguien fuerte ahí. Y entonces se solía sentir muy mal respecto a Dean Rusk y yo solía decirle: «¿No podría volver a la Fundación Rockefeller?», y Jack decía: «No, no, quemó sus naves allí». Era tan amable. No quería ofender al hombre, pero simplemente sabía que había que hacer algo. Y ahora sigo leyendo en los periódicos —no sé si es verdad o no— que a Lyndon le gusta mucho Dean Rusk.

Creo que Johnson pensará igual y que... el problema es el contraste ente Rusk y McNamara, porque McNamara siempre tiene la capacidad, primero, de controlar su propio departamento y después de hacer recomendaciones y hablar de las cosas con claridad, proponer ideas y conseguir que las cosas se hagan. Creo que el presidente solía decirse: «Ojalá tuviera el instinto de McNamara».

Sí, iba a hacer tantas cosas. Estaba pensándolas. Se iba a deshacer de J. Edgar Hoover —que acababa de renovar[8]—. En la si-

---

rosidad, Bundy convenció a Kennedy de que había que dar mucho más realce a este cargo para que el presidente tuviera un consejo interno a tiempo completo para protegerlo contra malos consejos de gabinete en el futuro, una redefinición del trabajo que ha prevalecido desde entonces. También sintió una afinidad tal con el presidente que se hizo demócrata.

[8] J. Edgar Hoover (1895-1972) fue el primer director del FBI, que él ayudó a crear, y su agencia predecesora desde 1924 hasta su muerte. Los admiradores de Hoover citaban su éxito persiguiendo criminales y comunistas. Sus detractores señalaban los odios de rápida difusión (por ejemplo, Martin Luther King y los pocos periodistas y políticos que osaban criticarlo) de Hoover, sus excentricidades (tras un percance en coche al tomar una curva a la izquierda ordenó a su chófer que renunciara a todo giro a la izquierda en el futuro), el abuso de las libertades civiles y sus tendencias napoleónicas. Todos estaban de acuerdo en que Hoover pasó sus años del FBI acumulando un poder enorme sin precedentes, con sus archivos de información potencialmente dañina de aquellos que podían pararlo. En 1960 el recientemente elegido JFK sintió que sobre todo con su estrecho margen no le

guiente cinta que hagamos tendré una lista, porque las he escrito la otra noche, unas cinco o seis cosas que iba a hacer esta temporada.

Oh, ¿lo iba a hacer?

Y sabes, todos lo hicieron de forma equivocada.

Hummm. McNamara era completamente nuevo. No creo que el presidente lo conociera en persona, ¿lo había visto antes?

No, y me dijo que McNamara le preguntó una cosa. Vinieron a casa para su pequeña conferencia en nuestra diminuta casa en Georgetown y la primera cosa que le preguntó McNamara fue: «¿Realmente escribiste tú *Perfiles de coraje?*», y Jack dijo que sí. Lo que de nuevo muestra —por eso que te dije que estaba tan enfadada con Ted Sorensen— aquella semilla de duda. Y entonces McNamara adoró a Jack y dijo: «Perfecto, me encantaría serlo».

Le ofrecieron el Tesoro, creo, inicialmente.

¿Sí? Sé que a Lovett le ofrecieron elegir entre Estado, Defensa y Tesoro y él no pudo elegir ninguno, y Jack le dijo: «Sabes, es un verdadero homenaje para un hombre que pueda tener cualquiera de esos tres, pero estaba demasiado enfermo»[9]. Y después la gran historia con el gobernador Stevenson que quería Estado pero le decía que tendría que quedarse con la ONU. Eso fue bastante... recuerdo a Jack hablándome de eso.

Y ¿eso le dio muchos problemas al presidente o más bien le resultó divertido?

Sabes, era desagradable. Quiero decir, no le gustaba tener que hacer todo o nada, pero no le iba a dar el Departamento de Estado. Recuerdo las primeras veces que hablamos de ello, sabía que el gobernador Stevenson se llevaría la ONU y no Estado, que era lo que quería. Pero es como desagradable tener que decir a alguien eso. Y recuerdo que su reunión delante de la puerta fue bastante

---

quedaba más remedio que volver a nombrar de inmediato a Hoover. Pero al contrario que sus predecesores Kennedy requirió del anciano que despachara con el presidente a través del jefe de Justicia —en este caso Robert Kennedy, a quien Hoover, como era de esperar, detestaba— y esperaba que una reelección rotunda para un segundo mandato le permitiera echar al director del FBI y sustituirlo por alguien más consciente de los derechos civiles. Por contraste, el presidente Lyndon Johnson nombró a Hoover virtualmente director vitalicio.

[9] Robert Lovett (1895-1986) fue banquero de inversión en Wall Street y el último secretario de Defensa de Truman. JFK estaba deseoso de mostrar continuidad con el gobierno demócrata anterior nombrando a una figura muy respetada, pero Lovett rechazó cualquier nombramiento por cuestiones de salud.

vaga o Stevenson dijo que no tenía nada que decir o algo extraño. Puedes retroceder y descubrir qué fue[10].

¿Por qué crees que optó por no darle Estado a Stevenson?

Bueno, por qué tenía que dárselo. Stevenson nunca levantó un dedo para ayudarlo. Pero ni siquiera era por resentimiento, porque mira a toda esa gente que cogió Jack que había estado contra él o a favor de otro. Pensó que ese hombre tenía una verdadera enfermedad para no ser capaz de aclararse y Stevenson le irritaba. No creo que hubiera podido soportar tenerle alrededor todos los días quejándose como secretario de Estado sobre algo. Quiero decir, habría sido una relación terriblemente difícil, y creo que hubiera vuelto loco a Jack y no creo realmente que Stevenson hubiera sido tan bueno como Fulbright. No creo que hubiera sido muy distinto de Dean Rusk aunque quizá lo habría sido.

Creo también que una cosa que tenía en mente era el propósito de tener gente que tuviera fuerza en la colina del Capitolio para tomar medidas. Y creo que ésta es una razón por la que le atraía Fulbright, porque pensó que el hecho de que el Senado conociera a Fulbright significaría que tendrían seguridad.

Oh, sí. Oh, pobre Fulbright. Si lo hubieran elegido, sí, entonces Lyndon lo habría querido y todo lo demás. Y Fulbright estaba, sí, estaba en lo cierto. Recuerdo que era el único, prácticamente el único que estuvo de acuerdo con Jack, o ¿quién estaba en contra de la Bahía Cochinos?[11].

Es verdad. Humm. El único que se declaró contrario.

---

[10] Cuando fue a la casa de los Kennedy en Georgetown para saber sobre su futuro, Stevenson se quedó perplejo cuando el presidente electo le ofreció no ser secretario de Estado sino embajador ante la ONU. Tras su reunión, en la puerta de la calle, en medio del frío, Kennedy dijo a los reporteros que había pedido a Stevenson que fuera a la ONU y que el de Illinois declaró que lo tendría que pensar. La inseguridad de Stevenson era comprensible, pero en un momento en que otros estaban aceptando con alegría los nombramientos presidenciales Kennedy estaba molesto de ser rechazado en público. Los amigos de Stevenson lo convencieron de que si rechazaba el puesto ante la ONU, los norteamericanos se olvidarían de él. Así pues Stevenson aceptó a regañadientes el puesto.

[11] En abril de 1961 JFK aprobó una versión revisada de un plan secreto dejado por Eisenhower para lanzar exiliados cubanos respaldados por la CIA en una invasión de Cuba para derrocar al gobierno de Castro. Cuando el desembarco en la Bahía Cochinos de Cuba fracasó, lo que causó al presidente un bochorno colosal cuando llevaba menos de tres meses de mandato, Kennedy asumió públicamente su responsabilidad.

Aunque en apariencia en la segunda reunión pensó que podía ser correcto, pero, sabes, como que aceptó al final. Pero, aun así, pienso mucho en Fulbright.

¿Cuándo apareció en escena Dillon[12]?

Bueno, más o menos por entonces, pero yo estaba en el hospital.

Pero habías conocido a los Dillon en Washington.

Oh, sí.

Pero no demasiado bien, deduzco.

No muy bien, pero tan bien como conocíamos a todos. Quiero decir que habíamos ido a cenar a su casa unas cuantas veces y conocía a Phyllis Dillon. Así que era una de las pocas personas a cuya casa íbamos a cenar ocasionalmente, como una especie de amigos, pero nunca demasiado cercanos. Y ahora diría que de todo el gabinete una vez que estábamos en la Casa Blanca ellos eran nuestros mejores amigos. Los únicos a los que realmente veíamos por la noche o en nuestras fiestas privadas eran ellos y los McNamara, el matrimonio. Pero los Dillon eran los únicos a los que invitamos a cenar, sólo nosotros cuatro. Los McNamara y los Dillon solían ir a fiestas privadas, aquellos bailes y demás.

¿Poner a Bobby en el gabinete causó mucho...?

Oh, eso fue horrible porque supongo que eso fue totalmente cosa del señor Kennedy. Bobby me lo dijo una vez, después de noviembre, las semanas antes de que dejáramos la Casa Blanca. Dijo que fue el señor Kennedy el que lo hizo realmente y dijo que no pensaba que fuera bueno para Jack y Jack veía los problemas que presentaba aunque nunca se lo diría a Bobby. Y Bobby cayó en esa especie de depresión que la gente dice que tiene desde la muerte de Jack. No sabía qué quería hacer y quería marcharse y enseñar. Él simplemente no quería y al final, sabes, siguió diciendo que no o que no se había decidido, o esto o aquello y finalmente un día Jack lo llamó y le dijo: «Bueno, tienes que hacerlo», o algo así, y se decidió. Eso te dice cómo es Bobby y que en realidad estaba haciendo todo lo posible mientras que Eunice estaba persiguiendo hasta la muerte a Jack para asegurarse de que hacía a Sargent responsable de HEW[13] porque quería ser

---

[12] C. Douglas Dillon (1909-2003) era heredero de un banquero de inversión republicano que sirvió como embajador de Eisenhower en Francia y subsecretario de Estado antes de que JFK lo nombrara secretario del Tesoro.

[13] *[N. de la T.]* HEW significa Health, Education & Welfare, es decir, sería el equivalente a un Ministerio de Salud, Educación y Bienestar.

El fiscal general Robert Kennedy y el presidente Kennedy
en el Despacho Oval en abril de 1962.

una esposa del gabinete[14]. Sabes, eso te muestra que algunas personas son ambiciosas para sí mismas y Bobby no lo era.

¿Qué crees que habría tenido el presidente en mente para Bobby, si no Justicia, ¿traerlo a la Casa Blanca de alguna forma?

No lo sé. Pero también estaba tan acostumbrado a trabajar con Bobby y a tenerlo para evaluar las decisiones con él, así que supongo que pudo ser ese doméstico... tipo Bundy, sólo que no... No sé. Creo que siempre quiso a Bundy para el puesto de Bundy, ¿verdad? ¿O lo decidió después?

Creo que tuvo que haberlo tenido en mente siempre. Lo decidió más o menos en diciembre. Estaba completamente seguro de que quería a Mac con él y creo que a lo largo de diciembre allí en Palm Beach decidió que sería el hombre para esa tarea.

Y, oh, pero ese trabajo cambió completamente, la forma en que... Jack y Bundy lo hicieron muy distinto a como era él, ¿no?

Sí, [ese trabajo] *era mucho mayor. Había sido un trabajo bastante rutinario con gente como London Gray[15] y así sucesivamente y se convirtió, en parte como consecuencia de la habilidad de Mac y en parte por la debilidad de Rusk, se convirtió en...*

¿Jack vio que lo necesitaba?

Se convirtió en mucho más que un trabajo.

Y cómo se dio cuenta de que necesitaba tener allí al general Taylor tras Bahía Cochinos. De alguna manera creó este trabajo. Oh, y otra cosa que iba a decirte, el gabinete... ¿qué era? Dios, se me ha quedado la mente en blanco.

¿Mac? ¿O?

^ Una cosa en Florida que recuerdo acerca del periodo entre presidencias es que fue un día bastante doloroso. Fue cuando Franklin Roosevelt, Jr., vino y Franklin me dijo que el señor Kennedy se había encontrado con él en el aeropuerto y le dijo: «Si no

---

[14] Robert Sargent Shriver (1915-2011) trabajaba para Joseph Kennedy en Merchandise Mart de Chicago, propiedad de la familia cuando conoció a la hija del jefe Eunice y se casó con ella en 1953. Durante el interregno sirvió como buscador de talentos para el presidente electo con mucha efectividad. Kennedy lo nombró jefe primero de su nuevo Cuerpo de Paz. Más tarde Shriver dirigió la guerra contra la pobreza del presidente Johnson, sirvió como embajador de Estados Unidos en Francia y se presentó como candidato demócrata para la vicepresidencia en 1972.

[15] Gordon Gray (1909-1992) mantuvo el puesto hasta el final de los años de Eisenhower.

fuera por un italiano en Nueva York, estaríamos todos trabajando para ti», refiriéndose a Carmine[16]. Sabes, de nuevo el encanto del señor Kennedy; oh, no, no, eso fue antes de Virginia Occidental, perdón. Eso es lo que le dijo a Franklin para que viniera a ayudar en Virginia Occidental. Pero Franklin quería ser secretario de Marina y McNamara dijo que no podía aceptarlo. Franklin piensa que Henry Ford le dijo a McNamara que no podía aceptarlo, un razonamiento un poco enrevesado. No recuerdo qué era. Así que fue muy duro para Franklin, sabes, decirle eso. Pero se lo tomó tan bien[17].

Me pregunto por qué Bob tuvo ese sentimiento.

En realidad creo que pudo haber sido Henry Ford o McNamara; tuvieron una reunión con Franklin. Se había decidido en contra de él más o menos un poco antes. Creo que Franklin habría estado bien.

Creo que Franklin habría sido un muy buen secretario de Marina.

Sí.

Franklin es brillante y es capaz de trabajar duro y creo que ha sido... todo lo que oigo de él es su buen trabajo en Comercio.

Así que Jack se sintió fatal con Franklin. Le ofreció ser embajador en Canadá, embajador en Italia, todo el tiempo, cualquier cosa; esto fue en los meses después de la presidencia y antes, cada vez que se le ocurría algo, porque sabía que realmente le debía mucho a Franklin y éste dijo no, simplemente usaría estos años para hacer dinero y conservar su Fiat[18], y entonces, supongo que fue el pasado invierno, estábamos en casa de los Roosevelt cenando y supongo que ese empleo de subsecretario de Comercio había aparecido porque después de la cena Franklin y Jack desaparecieron en una habitación del piso de arriba durante una hora y media o así, y Franklin habría estado, supongo, contándole a Jack cuánto lo quería. Así, que de regreso a casa en coche, Jack estaba tan feliz de ver, ya sabes, que por fin había algo que Franklin quería. Y así lo consiguió.

---

[16] Carmine de Sapio (1908-2004) era el jefe de Tammany Hall que había bloqueado el sueño de convertirse en gobernador de Nueva York de FDR, Jr.

[17] JFK dio a FDR, Jr., mucho reconocimiento por ayudarlo con las primarias de Virginia Occidental que eran fundamentales al tranquilizar a muchos votantes a los que les preocupaba su catolicismo pero que veneraban al presidente Roosevelt por salvar sus casas durante la Gran Depresión.

[18] *[N. de la T.]* Fiat es una expresión latina que se emplea en la votación de leyes y que quiere decir hágase o aprobado.

¿Y qué tal Udall[19]? ¿Lo conociste?

Realmente no. Sabes, sólo igual que conocía a todos los senadores. Creo que siempre fue el que Jack quería para ese puesto, ¿verdad?

Sí.

Jack le debía mucho por Arizona, [estado] que le quitó a Lyndon y se lo dio a Jack. Y era brillante y realmente era, quiero decir, Jack dijo que es uno de los mejores secretarios de Interior. Sabes, de veras le importa la conservación y todo eso. Así que supe que siempre había planeado y¿quién había para Agricultura? Había tres personas. Herschel, ¿puede ser?

¿Herschel Newson?

Herschel u otro, y Docking, ¿verdad?

Docking era el gobernador de Kansas.

Sí, lo conocíamos, hemos estado con él. Y algún Her, bueno, Herschel Loveless, ¿no?

Herschel Loveless, sí, el antiguo gobernador de Iowa.

Sí, pero a Jack no le gustaba mucho, ¿no? De todas formas puso las cosas bastante difíciles. Cuando Jack lo entrevistó, supongo que no tenía ideas o estaba solo, sé que Jack estaba realmente deprimido después de eso. Y adoraba a Orville Freeman[20]. No sé si siempre quiso a Orville Freeman o cómo surgió éste.

Orville dio el discurso de nominación en Los Ángeles.

Sí, pero me refiero, me pregunto por qué Jack no lo nombró desde el principio.

Orville no quería; quería ser fiscal general.

Ya veo.

O ser secretario de la Armada, por alguna razón, y tenía la sensación de que el problema de la agricultura era irresoluble y creo que eso era, así lo recuerdo al menos, que fue el último puesto del gabinete que se cubrió.

Sé que en la convención Jack prometió a todo el mundo Agricultura, ¿verdad? Quiero decir un par de personas como Loveless y...

Creo que sí, especialmente la gente del Medio Oeste.

Sí.

---

[19] Stewart Udall (1920-2010) era congresista demócrata por Arizona cuando JFK lo nombró secretario de Interior.

[20] Orville Freeman (1918-2003) fue gobernador de Minnesota antes de convertirse en el secretario de Agricultura de Kennedy. Era un antiguo marine que, como el presidente, había obtenido un corazón púrpura al valor en el Pacífico Sur durante la Segunda Guerra Mundial. Freeman dio el discurso de nominación de JFK en Los Ángeles en 1960.

Para blandirlo delante de ellos o así. ¿Hodges?

Bueno, no recuerdo ningún problema o a ningún otro que estuviera considerando aparte de a Hodges[21]. ¿Quién encontró a Hodges? Creo que fue Sargent. Y no sé, no era para entusiasmarse. Creo que quizá Jack pensó que necesitaba a alguien mayor.

Un viejo simpático, el sureño.

Alguien del sur daría confianza, o algo así. No puedo recordar ningún comentario que hiciera nunca, ni qué tipo de secretario de Comercio era Hodges.

Y después Ed Day[22] como jefe del Departamento de Correos[23].

Oh, sí, tampoco sé por qué lo eligieron, ¿y tú?

Querían a alguien de California.

Oh, sí. Bueno, era el único miembro del gabinete que realmente pensé que era de tercera categoría. Quiero decir, no me refiero a lo de ser jefe de Correos, sino que era simplemente cursi y simplemente... No sé. Nunca tuve una buena opinión de él.

Así que de todos los miembros del gabinete realmente los únicos a los que el presidente conocía un poco, de antes, más allá de Bobby, eran Douglas y, supongo, Stewart Udall.

Y Freeman.

Y Freeman. Pero Rusk y McNamara y Hodges y Day... Naturalmente, Arthur Goldberg, se nos olvidaba.

Oh, sí.

Goldberg era un viejo amigo.

Sí, y conoció a Goldberg, quiero decir, nunca hubo una duda en su mente sobre que quería a Arthur para ese trabajo. Y recuerdo qué triste estaba cuando el nombramiento llegó al Tribunal Supremo, pese a la idea de que Wirtz era maravilloso, un hombre maravilloso. Sabes, era un poco como McNamara y Gilpatric[24], trabaja-

---

[21] Luther Hodges (1898-1974), gobernador de Carolina del Norte por un mandato que había dado el apoyo de su estado a JFK en la nominación para vicepresidente en 1956. El presidente electo que necesitaba al menos a un sureño en su gabinete lo hizo secretario de Comercio.

[22] J. Edward Day (1914-1996) había sido comisionista de seguros de Illinois durante el mandato del gobernador Adlai Stevenson antes de servir como ejecutivo de seguros en California.

[23] En Estados Unidos el máximo responsable del servicio de Correos a nivel nacional forma parte del gabinete del presidente.

[24] Roswell Gilpatric (1906-1996) fue un abogado de Wall Street que sirvió con McNamara como subsecretario de Defensa.

ban juntos en Defensa. Sabes, odiaba perder a Arthur en Trabajo pero realmente le importaban sus nombramientos del Tribunal Supremo. Dijo: «Oh, Dios, odiaría perderlo». Y ahora que Arthur sólo piensa que es —no sé— simplemente lo que los del Tribunal Supremo piensan de ellos mismos. Me sorprendió tanto que Arthur hubiera procedido así... y que aquella cosa se aprobara, [una sentencia] que te permite escribir cualquier cosa sobre la gente con un empleo público. Y Arthur solía decir incluso que puedes hacerlo con malicia deliberada[25]. Fue uno de los tres que estuvieron ahí para eso. Cuando lo piensas, anuncios como ése en el periódico fueron lo que en parte mató a Jack[26]. Están tan apartados de la vida allí en el Tribunal Supremo, con esa atmósfera reverencial. Pero, aun así, Arthur Goldberg es brillante. Sin embargo, habla más de él mismo que cualquier hombre que haya conocido en mi vida.

¿Ha sido siempre así o no?

Bien, en los primeros días cuando solía venir a desayunar todo el tiempo para la Ley del Trabajo estaban obviamente hablando de la Ley del Trabajo. Pero yo empecé a ver mucho a Arthur Goldberg después de la presidencia. Y me horrorizó de veras. Pero sé que es muy inteligente. Sólo creo que es una lástima ser tan egocéntrico.

Además de Rusk y de Day, el presidente estaba bastante satisfecho con el gabinete, ¿lo crees así?

Sí, no creo que le preocupara Day de una forma ni otra porque no sé, quiero decir, ¿es el Departamento de Correos un gran problema?

No, creo que Day lo llevó con perfecta competencia.

Sí, Day era una especie de... —no sé— siempre estaba en las pequeñas sátiras en el baile de la esclerosis múltiple. Yo sólo pensaba que era tonto. Pero ésa era mi opinión y realmente nunca lo discutí con Jack. Pero no creo que tuviera un buen concepto de él.

---

[25] *The New York Times* contra Sullivan, 9 de marzo de 1964, que decretó que un demandante en un caso de difamación o libelo debía probar que la declaración del acusado se había hecho con malicia real, con conocimiento pleno o con ignorancia temeraria de su falsedad. Esta disposición otorgó nuevas licencias para la publicación de comentarios maliciosos sobre presidentes y otras figuras públicas. Goldberg sintió que nunca sería posible establecer con firmeza el motivo del acusado, así que prefirió un mayor margen de maniobra para la prensa.

[26] Se refiere a un anuncio de extrema derecha a toda página en el *Dallas Morning News* en la última mañana de JFK, que acusaba al presidente de traición, y que llevó a Jack a advertir a Jacqueline sobre que Dallas, bastión de la derecha radical, era «un país chiflado».

Una cosa interesante es el instinto del presidente para elegir a gente a la que conocía ligeramente, incluso Lovett y McCloy[27], por ejemplo. No los conocía mucho de antes, ¿verdad?

No lo creo. Creo... obviamente los conocía, pero no muy bien. Podía saber tanto hablando con ellos, aunque supongo que con Dean Rusk se equivocó, pero como tú dices Dean Rusk cae tan maravillosamente cuando hablas con él. Uno piensa que puede salvar al mundo.

Eso podría ser su... ¿Cómo se formaba una opinión sobre ellos? Solía hablar con ellos, eso sería lo principal, naturalmente, y después conseguía un montón de informes de Sarge[28].

Sí. Tenía todos esos informes y cosas que otras personas solían decir sobre ellos y entonces llegaban. Es como una entrevista para entrar en un colegio o algo. Quiero decir, él solía estar en aquella salita con ellos un par de horas y simplemente hablaban.

¿Alguna vez describió de lo que hablaban?

Bien, fue una época tan dura para él, aquellos días ocupados. Y cuando vino a verme al hospital... Te conté lo que dijo después sobre McNamara y sé lo desilusionado que estaba con Loveless, seguro que no tenía soluciones para el problema agrícola y tampoco ideas originales. Debería haberle preguntado sobre todo aquello, pero cuando vives con un hombre tan ocupado y todo eso no quieres preguntarle a todas horas. Así que escoges lo que le está contando a alguien o lo que quiere contarte, por más que hayas estado muriéndote por saber. Recordaré más cosas después. Ahora se me ha quedado la mente en blanco respecto a tantas cosas que sé que antes recordaba.

Ya volverán [esas cosas]. ¿Qué fue lo que le dio más problemas, más allá de Franklin y Stevenson en aquella época? ¿Recuerdas algo más en lo que parece que [haya tenido] problemas?

No. Recuerdo... ¿te lo he contado ya, cuando hizo que Clark Clifford se ocupara de ese asunto de la reorganización? No fue un problema. Fue algo con lo que estaba muy complacido. ¿He dicho eso en la cinta antes?

---

[27] John McCloy (1895-1989) fue ayudante del secretario de Guerra de FDR, Henry Stimson, durante la guerra, así como un abogado republicano de Wall Street al que se conocía como «Chairman of the Establishment» [presidente de la clase dirigente]. Asesoró a JFK sobre desarme.

[28] Sargent Shriver estaba explorando nombramientos potenciales.

No, no lo has hecho.

Bueno, justo después de ser elegido consiguió a Clark Clifford. Creo que había pedido a Clark mucho antes de las elecciones, diciendo: «Si me eligen, tienes que estar preparado de inmediato para esto de la transición». Así que Clark lo había estado esperando, sabes, preparando cosas grandes, para que cada uno que fuera nombrado para algo pasara aquellos meses entre noviembre y enero literalmente en el despacho del hombre al que iban a suceder. Y dijo que nunca había habido, sabes, una transición tan bien hecha. Pero estuvo pensando en ello mucho tiempo antes de que lo eligieran.

¿Cuáles eran tus propios pensamientos respecto a llegar a la Casa Blanca?

Es raro. Solía preocuparme la idea de ir a la Casa Blanca[29]. Eso fue antes de que la campaña empezara o que estuviera tan cerca, sabes, pensando todo lo que cualquiera piensa. Sería como una pecera, el servicio secreto, nunca veré a mi marido. Entonces, una vez que nominaron a Jack y todo lo demás, estaba tan contenta por él. Y una vez que te metes en ello, quiero decir, estaba tan contenta por él y descubrí que realmente era la época más feliz de mi vida. Fue cuando estuvimos más cerca. No me di cuenta de la cercanía física que suponía tener su oficina en el mismo edificio y verlo tantas veces al día. Viviendo ahí había siempre una gran tensión, pero me acostumbré; recuerdo pensar en la Casa Blanca: «¿Qué me ocurría a mí para pasarme tanto tiempo preocupándome por si llegar a la Casa Blanca arruinaría mi matrimonio?». Y aquí estaba tan feliz. Y después pensé que nunca puedes saber qué es mejor para ti[30]. Entonces, ya en la Casa Blanca, solía preocuparme todo el tiempo por irme de allí. Y solía pensar, «¿qué harás con Jack, que tendrá 51 años o algo así cuando se vaya? Ese tigre enjaulado a una edad tan joven, capaz aún de hacer tanto». Y a veces solía preguntarle sobre eso y estar preocupada. Y él siempre me tranquilizaba y decía: «Sabes, no será un problema cuando ocurra».

¿Te habló alguna vez sobre qué haría después de la presidencia?

---

[29] Tras las elecciones JFK supo que la perspectiva deprimía tanto a su esposa que pidió a FDR, Jr., que la tranquilizara.

[30] En junio de 1962 Jacqueline escribió a su amigo William Walton: «Mi vida aquí, que me daba terror y que al principio me sobrepasaba, ahora está bajo control y es la época más feliz que nunca he tenido, no por el cargo, sino por la cercanía de la familia. La última cosa que esperaba encontrar en la Casa Blanca».

Sí. Al principio solía tratarlo un poco como una broma y no le gustaba hablar de ello y decía: «Oh, seré embajador en Italia», o algo así. Eso te diría, estaba sólo bromeando. Y entonces yo diría: «Oh, te tienes que presentar al Senado». Y de nuevo esto muestra algo maravilloso de Bobby. Una vez le dije a Bobby que estaba tan preocupada y que si Jack pudiera presentarse al Senado, sabes, tener el escaño de Teddy, porque Jack dijo que allí no cabrían dos hermanos. Así Bobby fue y habló con Teddy y regresó y me dijo que Teddy había dicho que no se presentaría cuando Johnny —así es como lo llamaban siempre los hermanos— saliera [de la Casa Blanca], que era tan conmovedor porque era lo máximo que Teddy podía haber deseado. De todas formas le dije a Jack eso porque siempre lo recuerdo diciendo cómo John Quince Adams...

Sí.

... regresó y fue congresista toda su vida, y pensé que podía ser senador y tener una base y hacer todas sus otras cosas desde allí. Y a Jack realmente le dolió que le dijera eso. Estaba conmovido de que me importara tanto como para estar preocupada, pero dijo: «No, yo nunca, nunca, haría eso. ¿Y quitar eso a Teddy? ¿Cómo puedes pensar que yo haría semejante cosa? Así que habla con Bobby y se lo dices». Pero creo que eso muestra lo unidos que estaban esos tres hermanos.

Sí.

Que cada uno haría, ahí estaba Bobby haciendo que Teddy soltara su premio, cosa que Teddy hace con gusto, y después Jack renuncia. Todos trabajaban tan amorosamente unos por otros. Y justo hacia el final Jack estaba pensando en ser director de un gran periódico o no sé. Bundy me dijo la otra noche que pensó que podía haber terminado en la televisión o algo así. Creo que habría hecho algo. Se estaba emocionando bastante con la idea. Alguna vez habló con Ben Bradlee sobre ello —«¿crees que podríamos comprar el *Washington Post?*»— o algo, con bastante alegría, pero uno siempre podía saber cuándo estaba jugueteando mentalmente con una idea que le gustaba. Creo que habría viajado por el mundo, escrito un libro, hecho algo con su biblioteca y entonces realmente se habría metido en ello.

¿Dónde supones que habríais vivido?

Bueno, yo simplemente supuse que viviríamos en Cambridge, pero quizá no hubiera sido así. O, si no, pensé que deberíamos vivir todavía en Washington pero ahora sé que habría sido un verdade-

Jack, Bobby y Teddy en Hyannis Port en 1960.

ro error. Jack me dijo que no deberíamos vivir en Washington. Tenía razón. Sería demasiado duro para un ex presidente vivir en esta ciudad, que está tan orientada hacia el nuevo presidente. Así que quizá hubiéramos vivido en...

Él me habló de vivir en Cambridge parte del tiempo. Tuve la impresión de que pasaría tres o cuatro meses al año allí y si...

Un sitio como Cambridge, Nueva York. Creo que habría sido algo de ese tipo.

El periódico también que él...

Sabes, eso habría sido...

Considerado como una posibilidad.

Sí, eso habría sido realmente un trabajo a tiempo completo con él. Y Bundy me dijo la otra noche, me puso tan triste, porque Jack pudo haber tenido sus años más felices después. Dijo que habría sido el «presidente de Occidente». Y sabes, donde quiera que fuese habría sido... y todo lo que hubiera dicho la gente lo habría escuchado. Y entonces Bundy dijo —no sé si es verdad o no— que tras un tiempo habrían pedido tanto que volviera que tendrían que haber hecho algo para ver cómo podían tenerlo para un tercer mandato, ya sabes, no seguidos, sino después. Yo solía decir: «Si pudieran hacer una ley para dejarte ahí para siempre», porque lo único, cuando dejas la Casa Blanca, y Jack siempre solía decirlo, es que te entran sudores fríos cuando coges los periódicos de la mañana porque sabes lo cerca que está —que un hombre a muchos kilómetros puede cometer un error garrafal, como Skybolt[31] o algo y saltar todo por los aires—. Y el presidente tiene que estar vigilándolos a todos, por todas partes, cosa que sólo alguien joven y brillante como Jack puede hacer. Así que solías estar atermorizado todo el tiempo y sabiendo que no estaba en tu mano hacer nada. Pero Jack siempre decía: «Oh, Dios mío, no; yo nunca lo haría. Ocho años en este sitio son suficientes». Y entonces podías ver que realmente es así, la carga, la forma en que ves las imágenes de Lincoln, a lo largo de los años, y cuán cansado y viejo se puso. Puedes verlo en las fotos de Jack. Aunque nunca habló de ello, solía a veces hablar de las preocupaciones, pero nunca se quejaba o se lamentaba. Pero

---

[31] En 1962, Estados Unidos canceló de forma repentina su programa para construir misiles Skybolt, algunos de cuales se habían prometido al primer ministro británico Harold Macmillan como incentivo para abandonar su propio programa de misiles tierra-aire. El trato aparentemente arrogante de Washington con su aliado británico dañó el prestigio de Macmillan en su país.

solía decir, como, sabes, como un prisionero que pensara en salir: «Oh, no, ocho años en este lugar es suficiente».

¿Cuándo empezaste a pensar en restaurar la Casa Blanca? ¿Fue antes?

Sí, creo que una vez que eligieron a Jack, o quizá en cuanto pensé que podía ser la mujer del presidente. Simplemente sabía que había que hacerlo. Así que en Florida, entre Navidad y la toma de posesión, hice que me mandaran un montón de libros y cosas desde la Biblioteca del Congreso. Y entonces, una vez que estaba allí, estuve en cama como una semana en la Habitación de la Reina tras la toma de posesión pero recuerdo haber visto a David Finley en cama y quizá a John Walker[32], así que empezó de inmediato. ¡Porque mira este sitio! Quizá porque había estado en la Casa Blanca para algunas recepciones del Congreso, es obvio, y por mi pequeño tour por aquí con la señora Eisenhower.

¿Cómo fue aquello?

Bien, esto puede que sea bastante interesante... Leí en el periódico que era costumbre que la primera dama mostrara la casa a la nueva. Y era la última cosa que yo quería porque, como digo, estaba a punto de tener este niño. Así que pedí a Tish[33] contactar con Mary Jane McCaffrey, la secretaria de la señora Eisenhower. La señora Eisenhower le dijo a la señora McCaffrey que no ayudara a nuestra gente.

---

[32] David Finley (1890-1977) fue el primer director de la National Gallery of Art; primer director de la Asociación Histórica de la Casa Blanca, fundada por la señora Kennedy; miembro del Comité de Bellas Artes de la Casa Blanca (rechazó donaciones no queridas en nombre del comité) y desde 1950 hasta 1963 director de la Comisión de Estados Unidos de Bellas Artes, que supervisó el diseño de los edificios federales y monumentos en la capital. Como Jacqueline escribió a otro oficial, Bernard Boutin, pensó que Finley era «un hombre de lo más culto, y además conservacionista, pero si hubiera podido actuar con más fuerza se habría podido salvar mucho más». John Walker III (1906-1995) fue director de la National Gallery entre 1956 y 1969. Tras la toma de posesión ella se estaba recuperando aún del nacimiento traumático de John.

[33] Letitia Baldrige (1925-), alta, enérgica e intensa, había precedido a Jacqueline en Farmington y Vassar y era una amiga de la familia de los Auchincloss. Sirvió en dos embajadas norteamericanas en Europa y había dimitido como ejecutiva de Tiffany's para empezar su propio negocio de relaciones públicas en Milán, cuando en 1960 Jackie la llamó y le pidió que fuera la secretaria social de la Casa Blanca, «si Jack lo logra» [ganar las elecciones]. Cuando Baldrige dejó su trabajo la primavera de 1963, JFK le dijo que era la mujer más «emotiva» que nunca había conocido.

¿Qué?

Pero Tish la conocía de alguna forma..., así que solía reunirse con Mary Jane, se escapaba para almorzar en algún sitio. Y a Tish le gustaba mucho Mary Jane y solía contarle, sabes, cosas que debes saber. Y así cuando pregunté si yo tenía que, sabes, «si es algo que la señora Eisenhower va a hacer, ¿puedo hacerlo pronto porque no sé cuándo voy a tener este niño?». Y aparentemente, cuando la señora McCaffrey dio a la señora Eisenhower este mensaje, puso el grito en el cielo y dijo: «Ésta es mi casa y nadie la va a ver» y todo eso. Así que me devolvieron el mensaje y yo simplemente sentí un gran alivio porque de todas formas ¿cómo podía yo ver... darle sentido a caminar por aquella enorme casa, sabes, en media hora y [tomar] una taza de té? Estaba tan contenta de no tener que hacerlo. Así que después estuve en el hospital y tuve a John y todo fue bastante dramático. Y entonces, creo, la prensa empezó a insistir sobre la señora Eisenhower. Así que siguió dando la lata a Tish y a todo el mundo: ¿puedo ir a verlo antes de que nos vayamos a Florida aquel día? Y salí del hospital hacia el mediodía y nos íbamos, creo, a las dos y media a Florida. Y yo no quería ir. No hice otra cosa más que caminar por la habitación, como era previsible, tras una cesárea es muy difícil estar un rato caminando y todo eso. Idiota de mí dije que iría. Ojalá no lo hubiera hecho. Y después dijeron que habrían tenido una silla de ruedas y todo lo demás. Y nunca hubo una silla de ruedas y simplemente te arrastraban por cada piso y ni siquiera te pedían que te sentaras y te metían y sacaban de... pasando por toda la prensa. Y cuando regresé, tuve realmente un ataque de llanto y no pude parar de llorar durante dos días. Este asunto se llevó mis últimas fuerzas cuando ya no quedaba ninguna. Así que no fue muy agradable por parte de la señora Eisenhower[34].

Una cosa terrible, pero ¿por qué crees que fue?

Era muy muy rara. Siempre se refería a aquello como «mi casa» y «mis alfombras» y, supongo, ¿no lo dijo el presidente Eisenhower durante la campaña?: «Cada vez que Mamie piensa que esa chica estará en la Casa Blanca dice "quita" o hace algún sonido de desaprobación o algún sonido encantador». Sabes, había esa especie de veneno o algo ahí. Y supongo que la gente solía decir que se

---

[34] Más tarde le informaron de que Mamie Eisenhower había pedido a su personal que pusieran una silla de ruedas detrás de un biombo pero que sólo la sacaran si la señora Kennedy lo pedía específicamente. Tras volar a Palm Beach Jacqueline pasó las siguientes dos semanas en cama.

El presidente Eisenhower se encuentra con el presidente
electo Kennedy en el Despacho Oval.

volvería loca cuando oyera todas las cosas que estábamos haciendo.
Supongo que nunca es muy agradable oír que una nueva primera
dama está haciendo cosas que tú deberías haber hecho o así. «Pero
he oído que la Habitación Roja es morada», diría ella. No la culpo
por ello, pero uno pensaría que podía haber sido un poco compren-
siva antes.

Sí, ¿como el presidente y el presidente Eisenhower...?

Supongo que el presidente Eisenhower se portó bien cuando
tuvieron la primera reunión. No sé de qué hablaron pero Eisenhower
dijo: «Y ahora te quiero enseñar con qué rapidez los helicópteros
pueden venir para sacarte de aquí». Y apretó un botón y estuvieron
allí en tres minutos y nos fuimos volando. Así que Eisenhower estuvo muy bien con él.

¿Qué pensaba el presidente de Eisenhower?

Bueno, no muy bien. ¿Sabes lo que me dijo Joe Alsop a mí,
a nosotros dos, una vez?: «Eisenhower habría sido el peor presidente
de Estados Unidos con la posible excepción de James Buchanan».

Sabes, Jack vio que todo lo que se podía haber hecho, quiero decir, cómo nos tuvo allí de pie quietos y nos traicionó; no creo que tuviera muy buena opinión de él. Pero solía decir: «Mira la salud de ese hombre. Los carrillos tan sonrosados y está sonriendo y riéndose». Y otra cosa de la que nos dimos cuenta es de que era muy raro. En la Casa Blanca, en la puerta de Jack —en el umbral de la oficina de Jack en su habitación— pensamos que había termitas. Estaba todo lleno de agujeritos, así que pregunté al ujier, señor West[35], porque pensé ¿se va a caer la Casa Blanca de nuevo, como ocurrió con Truman? Eran los tacos de sus zapatos de golf. No podías creértelo. Supongo que tuvo que haber estado caminando por toda la Casa Blanca con ellos.

Lo mismo en la oficina del presidente.

Sí. Ahora se han borrado. No se notan tanto.

¿Recuerdas algo de la visita de Nixon a Palm Beach? ¿No fue en el interregno?

Oh. ¿Jack fue a verlo?

No. Es cierto. Estaba cerca, en Florida.

En algún hotel[36].

Es cierto. El presidente fue a verlo.

Creo que tuvo que ser cuando yo estaba o bien en el hospital o tiene que haber sido antes, justo tras las elecciones.

Es cierto. Supongo que antes de que viniera tu hijo.

Sí, estando yo en Washington. No recuerdo nada de... ¿fue Smathers[37] con Jack? ¿O Smathers fue otra vez y vio lo exhausta que estaba la señora Nixon y que estaba tendida como un cadáver in..., sabes, en esa silla, sin moverse, con su cara de amargada y desesperada y lo muy resentida que estaba? Alguien se lo contó a Jack. Que, sabes, ella solía decir las cosas más terribles y «¡hagamos un recuento!» y todo eso. Y yo realmente no me acuerdo de esa conversación con Nixon. Quiero decir, lo recuerdo a él hablándome de ella, pero no me acuerdo de lo que contó. La señora Kennedy me dijo que escribiera todo del primer año de casada y lo hice, lo

[35] J. Bernard West (1912-1983) que sirvió como ujier jefe entre 1957 y 1969, dirigiendo al personal doméstico de la Casa Blanca, tuvo una relación cercana y productiva con la señora Kennedy. Acogió con los brazos abiertos sus esfuerzos de restaurar la Casa Blanca y le ofreció una ayuda crucial.

[36] Los dos hombres se reunieron en un chalé cerca de la costa, próximo al Hotel Key Biscayne.

[37] George Smathers, senador demócrata por Florida.

Habitación 223, 1960
(Nota manuscrita: Dormitorio de Lincoln; la única habitación de toda la casa que me gusta. No podemos cambiarla. No quisiera hacerlo).

Hall este, 1960
(Nota manuscrita: Extremo opuesto del hall desde nosotros. Las habitaciones de invitados arrancan desde él. No me importa).

Notas de Jacqueline Kennedy previas a la toma de posesión acerca del dormitorio de Lincoln (arriba) y del hall este (abajo).

Presentación de la primera guía de la Casa Blanca:
The White House: A Historic Guide.

Vista desde la mesa del presidente Kennedy en el Despacho Oval.

que [escribí] es nada (lo que Arthur Krock le dijo a Dean Acheson, o así). Y todos los años en los que debería haber estado anotando las cosas y no lo hice.

¿Cómo se sentía el presidente respecto a la restauración?

¿La restauración?

De la Casa Blanca.

Le interesaba. Solía interesarse mucho en cualquier cosa que a mí me importara, pero después se ponía nervioso con ello. Quiero decir, quería asegurarse de que se hacía correctamente, así que mandó a Clark Clifford a verme. Y Clark Clifford estaba realmente nervioso porque intentaba convencerme de no lo hiciera, cosa que Jack nunca...

¿Por qué? ¿Por una cuestión política?

Dijo: «No puedes tocar la Casa Blanca». Dijo: «Es tan raro. Todo el mundo, a Norteamérica le parece tan raro, y miró al balcón de Truman. Y si intentas hacer cambios, será sólo así». Y yo dije: «No será como el balcón de Truman[38]», y entonces le hablé de Harry du Pont[39] y toda la gente que esperábamos conseguir. Y cuan-

---

[38] El presidente Truman había sido censurado por la «herejía» de haber añadido un balcón en la segunda planta en la fachada sur de la mansión en 1947. En marzo de 1963 Jacqueline escribió a David Finley, cuyo trabajo era rebatir las quejas sobre alguna de sus innovaciones: «¡El presidente me dijo que fuiste la única persona que se mantuvo de parte del presidente Truman en el problema del balcón! —no lo sabía pero debería haberlo sabido— porque es muy propio de ti». El de Carolina del Sur contestó: «Tengo que ser sincero... estaba de acuerdo con los otros miembros de la comisión en que una casa georgiana del siglo XVIII, como la Casa Blanca, no debería ver rota la línea de columnas por un balcón como se hacía en las casas del siglo XIX de las plantaciones». Pero el presidente había encajado bien su objeción y «el señor Truman y yo éramos amigos». Contestando a la noticia de Finley de que dejaría la comisión de Bellas Artes ese año, la señora Kennedy le escribió a mano una emotiva carta que ganó la lealtad y el afecto de muchos con los que ella trabajó: «Nunca me imaginé que una cosa tan terrible pudiera ocurrir —mientras yo estuviera viva—, es inconcebible pensar en existir sin ti. ¿Qué voy a hacer? Nunca podría encontrar palabras para expresar toda la gratitud y el afecto y la deuda que siento contigo hasta el día de mi muerte».

[39] Henry du Pont (1880-1969), heredero republicano de una célebre fortuna, era un respetado experto en arte norteamericano, decoración y horticultura que había hecho mucho por remodelar Winterhur, la vieja casa de su familia de 900 acres en Delaware, abierta al público en 1951, con habitaciones históricas y jardines. Du Pont encabezó el Comité de dos partidos de Bellas Artes de americanos prominentes y la asesoró sobre la restauración de la Casa Blanca. Como americanista, a veces le inquietaban las improvisaciones de inspiración francesa de Stéphane Boudin. En algunas de sus visitas Du Pont solía reorganizar la decoración de la

do tuve que hacer mi peregrinaje hasta Harry du Pont. Así que la cosa avanzó poco a poco y como habías creado este comité y algunas cosas legales y entonces Clark fue muy bueno organizando la guía[40]. Así que una vez que Jack vio que la cosa avanzaba con buena orientación, quiero decir, estaba muy emocionado con ello.

Estaba muy orgulloso de ello. Le gustaba llevar gente allí y enseñárselo.

Sí, ¿y cuando le encontré el escritorio tan antiguo[41]? Bien, eso fue más o menos la primera cosa y entonces —pero estaba fascinado—, oh, el tour televisado por la Casa Blanca[42]; solía verlo todo el tiempo. Era tan tierno que estuviera orgulloso de mí de aquella forma. Y luego la guía fue otra cosa. Se veía que nunca podrías tener dinero suficiente para hacerlo. Sabes, la gente no iba a dar buenos muebles o te tomarías noventa y nueve tazas de té con alguna vieja dama y ella te daría 50 dólares. Así que yo siempre estaba tratando de escribir esta guía. Pero la *conservadora* nunca quería sentarse y trabajar en ello, la señora Pearce. A ella le gustaba tomar el té con otros *curator*. Fue muy duro, pero conseguimos que se escribiera.

Pero entonces, Jack McNally —que era una especie de hombrecillo feliz irlandés que se ocupaba de llevar a la gente por la Casa Blanca y de las visitas guiadas— dijo que sería un verdadero ultra-

---

Casa Blanca, después de lo cual Jacqueline solía volver a recolocarla discretamente. Cuando Du Pont estaba intentando bloquear uno de los diseños de Boudin para la Habitación Verde, ella escribió a J. B. West: «Por favor, adjunta esta humilde carta solicitando su aprobación. Si no la conseguimos, ¡recibirá el shock de que yo la haga de todas formas!».

[40] Clifford también ayudó a la señora Kennedy a crear la Asociación Histórica de la Casa Blanca, que hasta hoy asume el mantenimiento de las habitaciones públicas de la mansión, ayuda a las primeras familias a comprar cuadros y muebles y publica versiones contemporáneas de la guía de la Casa Blanca. Una guía histórica y libros sobre los presidentes, las primeras damas y los jardines de la Casa Blanca, todo impulsado por Jacqueline Kennedy. La guía fue comprada por medio millón de lectores durante seis meses, lo que supuso llenar las arcas de la nueva asociación.

[41] Entre los tesoros olvidados de la Casa Blanca Jacqueline descubrió el escritorio victoriano hecho con el barco de Su Majestad *Resolute*, que se hizo famoso en el Despacho Oval de JFK y que ha sido utilizado por todos los presidentes desde Gerald Ford menos uno.

[42] En febrero de 1962 el tour de una hora de Jacqueline por la restauración de la Casa Blanca fue visto por 56 millones de espectadores y le hizo ganar un Emmy honorario.

La señora Kennedy durante la visita televisada a la Casa Blanca.

je y una profanación de nuestra nación. Sabes, la Casa Blanca, tener dinero cambiando de manos allí y todo eso. Y mucha gente dijo que no se podían vender guías allí. Y yo dije que se podía porque serían de gran calidad. Y así, cuando se lo dije a Jack, había tenido muchas opiniones en contra, pero me escuchó y dijo: «De acuerdo, adelante». Fue bonito por su parte y después resultó que era correcto.

¿Hubo alguna crítica sobre las cosas que hiciste en la Casa Blanca en aquellos años?

Nunca, no, el interés más increíble. Y entonces empezaron a hacerse los tour. Y cada noche él solía venir diciendo «hoy tuvimos más gente» —eso sería después de que descubrieras la tabla del embarcadero de Monroe o algo, «que los Eisenhower tuvieron en sus primeros dos años»—. Y a menudo él —entonces la guía se

El presidente y la señora Kennedy en la Casa Blanca.

Cabeza de un niño (a la izquierda) y figura de Heracles (a la derecha), esculturas romanas compradas por John F. Kennedy durante su visita a Roma en 1963 como regalos para su mujer.

estaba vendiendo mucho— solía picar a McNally sobre ello. Así que estaba tan orgulloso. Yo estaba tan contenta de haber podido hacer algo que le hiciera sentirse orgulloso de mí. Porque te diré una cosa maravillosa sobre él. Nunca fui diferente a pesar de estar en la Casa Blanca de lo que era antes, pero la prensa te hace diferente. De repente todo lo que había sido un lastre antes, tu pelo, que hables francés, que no te encantara hacer campaña y que no hicieras pan con la harina por todo el brazo, sabes, todo el mundo pensaba que yo era una esnob y odiaba la política. Bueno, Jack nunca me hizo sentir que fuera un obstáculo para él, pero lo era. Y entonces iba a tener un niño y no podía hacer campaña. Y cuando llegamos a la Casa Blanca todas las cosas que siempre había hecho de repente se convirtieron en maravillosas porque cualquier cosa que hace la primera dama es diferente, todo el mundo lo aprecia y yo estaba tan contenta por Jack, especialmente entonces, que sólo habíamos pasado tres años juntos, que pudiera estar orgulloso de mí[43]. Porque eso lo hacía tan feliz a él y me hacía tan feliz a mí. Así que aquéllos fueron nuestros años más felices.

Estaba muy orgulloso. Y estaba también orgulloso del conocimiento que tú le proporcionabas. Le gustaba hablar de muebles y pintura, que son cosas que él no... de las que él no había sabido mucho hasta cierto momento de su vida.

Lo sé, y realmente empezó a saber sobre ellas. Empezó a interesarse por la escultura. No recuerdo cómo. Oh, Stas le dio a Lee una cabeza romana en Navidad. Y ésa fue la primera cosa que vio que realmente empezó a importarle por sí mismo. Y solía ir a Klejman, enfrente a Parke-Benet en Nueva York enfrente del Carlyle cada vez que estaba allí y, mira, empezó a comprar todas las esculturas griegas que ves en esta habitación y todas las esculturas egipcias. Y después conocía su terreno. Naturalmente, le gustaba porque todo era tan antiguo, solía decir: «Piensa que esto es del año 500 a.C.», pero tenía un ojo... Una cosa sobre su gusto, mucho más que un decorador Boudin es un estudioso, desde Jansen solía estar por ahí, solía decir muchas cosas sobre cómo arreglar una habitación o colgar pinturas[44]. Y yo

---

[43] La señora Kennedy está siendo modesta aquí. Desde la época de su gran viaje a París en mayo de 1961 y en especial por su popular tour por la Casa Blanca, no sólo había dejado de ser un obstáculo político sino que fue un activo muy importante para el presidente cuando se presentó a la reelección en 1964. Siendo consciente de esto, JFK utilizó todas sus armas de persuasión para que ella aceptara acompañarle en los viajes planificados a Texas y California que iban a ser el arranque de esa campaña. Delante de ella en el Hotel Rice en Houston, en su última noche juntos, el presidente pidió a Dave Powers que comparara la multitud que le había saludado aquel día con la de Houston cuando vino solo el año anterior. Kennedy sonrió cuando Powers dijo que era más o menos la misma, «pero había unos cien mil más para Jackie».

[44] La señora Kennedy consiguió que Stéphane Boudin (1888-1967), presidente de la firma parisina Maison Cansen y que había asesorado en la restauración de Versailles, Malmaison, el castillo de Leeds y otros monumentos históricos, la guiase discretamente en su proyecto de la restauración de la Casa Blanca. Ella dijo a uno de sus ayudantes: «He aprendido más de arquitectura de Boudin que de todos los libros que hubiera podido leer». Para evitar controversias públicas por elegir a un no americano los empleados de Jackie, con el consentimiento de Boudin, se esforzaron en mantenerlo en un segundo plano. Pero en privado Jacqueline pensaba que era totalmente apropiado consultar a un francés dadas las aportaciones francesas a la revolución americana, el talento francés para usar la arquitectura y el arte para expresar la gloria nacional y porque cuando consideraba el aspecto que debía tener la Casa Blanca estaba cautivada por las sensibilidades de los presidentes Jefferson y Monroe, ambos antiguos embajadores en París, que adornaron la mansión con objetos, cuadros y muebles franceses o de estilo francés.

solía tener dudas sobre ello. Y entonces le preguntaba a Jack qué pensaba sin decirle la opinión de Boudin. Y Jack en cinco o seis ocasiones diferentes, que escribí, dijo lo mismo que Boudin. Me decepcionó tanto la Habitación Azul la primera vez que la vi. Pensé que era demasiado[45]. Sabes, a Jack le gustó. Tenía buen ojo y elegía lo mejor. Simplemente tenía gusto en todas las facetas de su vida, para la gente, los libros, la escultura, los muebles, las habitaciones, las casas. Compró nuestra casa de Georgetown porque el pomo de la puerta era viejo, cosa que le gustaba, y le gustaba el aire antiguo que tenía. Por nuestro décimo aniversario fue tan tierno. Sabes, después de cenar era el momento de dar los regalos. Y de repente entra en la habitación Provi, nuestra pequeña doncella, con unas treinta cajas distintas. Eran todas de Klejman, salvo una —sabía que coleccionaba dibujos así que había conseguido un par de dibujos en Wildenstein[46]—. Y cuando pienso que al principio de casarnos siempre solía darme las cosas que le gustaban, como una carta de Byron o una carta de John Quincy Adams o así, lo que estaba muy bien. Y podía ver que el regalo que él prefería que eligiera era esa pulsera alejandrina. Es muy sencilla, oro, una especie de serpiente. Y era la cosa más sencilla de todas y veía que le encantaba. Solía sujetarla en la mano. Así que era un regalo especial y no quería decir cuál quería darme, pero yo lo sabía, así que la elegí.

¿Cómo los habría elegido? ¿Por catálogo? No habría...

Oh, bien, supongo que hizo que Klejman se lo mandara. Solía hablar por teléfono con él y hacer que le mandara un montón de cosas. Y entonces tenía en su habitación unas cincuenta cosas pero había estado mirándolas —había estado encerrado en su cuarto durante toda la noche —. Y eligió las quince que pensó que me gustarían. Y una de ellas era un trozo de cabeza de caballo asirio porque le fascinaba tanto que hubiera sido usado en, no sé, las guerras contra los persas o algo, un trozo de caballo persa, quizá. Sylvia Whitehouse[47] estaba allí aquella noche y se rio. Era tan tierno ver cuánto le gustaba a Jack y dijo: «Realmente creo que ten-

---

[45] Temía una protesta generalizada contra el nuevo diseño de la habitación, que ya no estaba dominado por el azul. Pero en 1980 consideró la habitación «la obra maestra de Boudin», con su «sentido de Estado, ceremonia, llegada y grandeza».

[46] Wildenstein & Company era una galería de arte de Manhattan.

[47] Sylvia Whitehouse Blake (1930-) había sido compañera de clase de Jacqueline en Vassar y una de sus damas de honor. Su marido, Robert, era un diplomático norteamericano.

Pulsera egipcia en forma de serpiente que John F. Kennedy regaló
a Jacqueline en su décimo aniversario de boda.

dríamos que tener algo más sentimental por vuestro décimo aniversario». Pero quería llevarlo abajo y probar en el pony de Caroline al día siguiente para ver si funcionaba. *[Schlesinger ríe].*

¿Recuerdas algo sobre vuestro primer día en la Casa Blanca?

Sí. ¿No te lo he contado?

No con la grabadora puesta.

Oh, con la doctora [Travell], bien la mañana siguiente simplemente yo estaba tendida en la cama de la Reina. Estábamos viviendo en ese extremo de la casa porque nuestra parte la estaban pintando.

¿Eso fue el día de la toma de posesión o el día después?

El día después. Y [la doctora] me levantó la pierna por el aire tratando de conseguir de ella alguna reacción. Simplemente no podía caminar. Y quién se precipitó sobre la puerta sino Jack y el presidente Truman, y el pobre presidente Truman simplemente se puso de todos los colores. Y no creo que nunca hubiera visto a una mujer salvo a su esposa en la cama en camisón. Así que salieron corriendo y después Jack metió la cabeza y dijo: «¿Le puedo decir que entre?». Y entonces, sabes, tuvimos una charla muy alegre allí. Aquel día, más tarde, también trajo a Robert Frost. Y por la noche solíamos siempre cenar en la salita Lincoln en bandejas. Sabes, me gustaban aquellos días.

Borrador manuscrito del discurso de investidura.

¿Qué tal el día de la toma de posesión? ¿Recuerdas algo sobre los pocos días antes de la toma de posesión, sobre el discurso y demás? ¿Le preocupaba al presidente aquello?

Oh, bueno, lo recuerdo escribiendo el borrador del discurso en Florida[48]. Sabes, todo en páginas amarillas sueltas y después tra-

---

[48] En la esquina de la habitación en la planta baja de la casa de los padres de JFK en Palm Beach.

yéndolas y leyéndote algunas partes y tachando otras. Nunca se lo oí leer entero hasta el día de la toma de posesión, pero recuerdo haber oído partes sabiendo que las había oído antes. Teníamos ese pequeño cuarto en Florida y había tanta gente en la otra parte de la casa —yo estaba en cama la mayor parte del tiempo—. Y Jack solía entrar con su puro, chupándolo, con un gran cuaderno de páginas amarillas y se sentaba en el borde de mi cama y me leía algunas cosas que había escrito y pasaba las hojas, anotaba algo y después las apilaba en su mesa, que estaba desbordada de papeles y los papeles estaban por toda la habitación. Después solía salir y tener una reunión o a veces jugaba al golf. Era tan feliz entonces, tenía tan buen aspecto, sabes, eran días muy felices para él.

¿Le preocupaba en algún sentido el periodo entre mandatos, que tú supieras?

No, lo que estaba haciendo entonces era resolver todo lo que se presentaba, estaba lidiando con eso. Y eso era siempre cuando estaba más feliz. Nunca estaba preocupado porque siempre decía: «Alguien tiene que hacer este trabajo y siempre lo han hecho humanos». Hay una buena cita suya por alguna parte[49]. Pero él sabía que lo podía hacer tan bien como cualquier otro. Así que simplemente estaba encantado de poder hacerlo por fin. Pero por la noche solíamos levantarnos a cenar y leer en alguna parte de la biblioteca o pedir al resto de su familia o a quien quiera que estuviera allí.

¿Quién estaba por allí entonces?

Bien, el señor y la señora Kennedy[50]. Y supongo que Bobby tuvo que haber entrado y salido un par de veces. Había siempre alguien, también Sam Rayburn[51] y Lyndon y Lady Bird vinieron una vez. Fíjate, ibas al cuarto de baño y te olvidabas tu bata y no podías salir porque Pierre Salinger[52] estaría haciendo un resumen de prensa en tu dormitorio. Te volvías loco. Así que entonces Jack

---

[49] En lo que vino en llamar su «discurso de la paz» en la Universidad Americana en junio de 1963 Kennedy dijo: «Estos problemas han sido creados por el hombre. Por tanto, los puede solucionar un hombre. Y el hombre puede ser tan grande como quiera».

[50] Se refiere a sus suegros, los padres de JFK.

[51] Samuel Rayburn (1882-1961) fue portavoz de la casa hasta 1961 y mentor del joven congresista Lyndon Johnson.

[52] Pierre Salinger (1925-2004), de San Francisco, vividor, ex periodista y ayudante de Robert Kennedy, fue secretario de Prensa durante la campaña de 1960 y los años de la Casa Blanca.

cogería aquellas grandes páginas y las metería en su maletín, supongo, cuando regresó a Washington. No sé cuándo lo escribió.

Él regresó a comienzos de esa semana, según recuerdo, y tú viniste el miércoles, probablemente.

Fui el día de la gala, el día que fuera.

El jueves.

Cierto.

¿Te gustó la gala[53]?

Oh, no estuvo mal. Sabes, era una noche tan festiva y pensé que la nieve era tan bonita. La gala, yo realmente no..., y me tuve que ir a la mitad. Recuerdo que me gustaron algunas partes. Recuerdo una cosa que pensé que era tan horrible, era un hombre llamado ¿Alan King? Estaba contando aquellos horribles chistes sobre el matrimonio, quiero decir, la mujer es una arpía y él..., me parece tan triste que los humoristas hagan eso. Pero por lo demás, sabes, todo el mundo estaba emocionado. Y entonces.

¿Dónde dormisteis el miércoles por la noche?

En nuestra casa en el 3307 de la calle N. Y, después, la mañana siguiente...

¿Fue duro? ¿Estabais muy nerviosos?

Oh, sí.

¿Dormiste bien aquella noche?

Aquella noche fue como de niños esperando a los Reyes o algo así. Porque estaba despierta cuando Jack llegó a casa. Y creo que había habido una cena que su padre había organizado en Paul Young[54] o así, más tarde. Pero, sabes, no podía dormirme, estaba despierta cuando llegó a casa. Era una noche para pasarla juntos porque aquella noche estábamos, sabes, en la misma cama. Luego a la mañana siguiente levantarte, vestirte y la tormenta de nieve, toda la emoción, dejar nuestra casa. En ese momento no pensé que la dejara por última vez. Quiero decir que nunca pensé en decirle adiós. Y luego ir a la Casa Blanca, y antes todos tomamos café en la Habitación Roja. Recuerdo estar sentada en aquel sofá junto a la señora Nixon que estaba muy guapa ese día. Se veía que podía tener el chic neoyorquino cuando quería, con una especie de abrigo de borrego persa negro y un som-

---

[53] Frank Sinatra (1915-1998), cantante y amigo de JFK, había organizado una gala previa a la investidura con intérpretes de Hollywood como Nat King Cole y el humorista Alan King.

[54] Un restaurante de Washington.

brero. Y el señor Eisenhower. Era muy agradable, todo el mundo estaba allí tomando café. Y cuando nos fuimos yo iba en coche con Styles Bridges[55] y Mamie Eisenhower al Capitolio. Y cuando estaba sentada en el coche el presidente Eisenhower y Jack llegaron más tarde o algo y ella dijo: «Mira a Ike con un sombrero alto. ¡Parece Paddy el Irlandés![56]». Y entonces creo que se dio cuenta y después de camino al Capitolio dijo que sería la primera vez en su vida, esa noche, en que marcaría su propio número de teléfono porque había tenido una centralita durante treinta años. Seguí pensando en cómo aquellas personas habían cuidado de sus vidas, pero en cualquier caso... Sabes, ya era bastante difícil trabar conversación allí. Después, toda la ceremonia de investidura, el cardenal Cushing, el atril en llamas y luego el pobre Robert Frost[57].

Hay una foto maravillosa en la que pareces tener una expresión de solicitud cuando atendías a Robert Frost. ¿Qué pasó allí?

Oh, sí. Bien, había tal resplandor de la nieve que no podía ver lo que estaba escrito en el papel. Y entonces Lyndon se levantó y sostuvo el sombrero sobre él pero el pobre hombre seguía sin poder ver. Y daba la impresión de estar a punto de llorar, parecía tan triste, pero gracias al cielo que se sabía «El regalo indiscutible». Y oh, y viendo a Jack cuando dijo eso y todo. Y luego nunca tuve oportunidad porque estaba sentada como tres [asientos] más allá y todo el mundo decía: «¿Por qué no besaste a Jack después?», cosa que naturalmente él nunca haría allí. Pero tenías que caminar en un determinado orden así que yo estaba unos ocho puestos detrás de él, con las mujeres, creo. Así que yo me moría de ganas de verlo antes del almuerzo, de verlo a solas. Fui a una habitación con todas las damas, donde tomaron jerez y café y él estaba con los hombres. Y lo alcancé en el Capitolio y, oh, estaba tan orgullosa de él. Y hay una foto en la que tengo la mano en su mejilla y me está mirando y hay lágrimas en sus ojos. De repente se vio un flash y yo no pensaba que hubiera nadie por allí.

---

[55] Styles Bridges (1898-1961) fue gobernador republicano de New Hampshire y uno de los responsables de la organización de la toma de posesión.

[56] No fue el comentario más diplomático que podía haber hecho la señora Eisenhower sentada junto a la esposa del hombre que era ahora el más prominente americano de origen irlandés.

[57] Durante la muy larga intervención del cardenal Cushing hubo un problema eléctrico cerca del atril y empezó a formarse una columna de humo y además, cuando el anciano poeta se subió a él para leer un poema escrito para la ocasión, le cegó la luz del sol y en lugar de ello recitó su clásico «El regalo indiscutible».

El presidente Kennedy dando su discurso inaugural.

La señora Kennedy saluda a su marido por primera vez como presidente.

En los periódicos dijeron: «Esposa le da una palmadita en la barbilla». Quiero decir, fue mucho más emotivo que cualquier beso porque tenía los ojos llenos de lágrimas. *[Susurra]*. Sólo decir: «Oh, Jack, ¡menudo día!». Y después el almuerzo en la estancia del antiguo Tribunal Supremo en el Capitolio. Recuerdo que todo el mundo le pasaba la tarjeta del menú para que les firmara un autógrafo, fue muy alegre. Con Truman yo me senté cerca de Warren[58]. Después nos metimos en el coche para aquel desfile, no sabiendo muy bien cómo saludar. Y después fuimos a la Casa Blanca, supongo que

---

[58] Earl Warren (1891-1974) fue el gobernador de California al que Eisenhower había nombrado como jefe de Justicia en 1953. Aunque era republicano, juró de buen grado con Kennedy más que con Nixon, que era un enemigo político.

entraríamos un minuto y salimos hacia el puesto. Jack estaba tan contento. Tomaron sopa caliente o algo en aquel puesto y él quería ver cada esquina de aquel desfile. Estaba tan orgulloso y seguían diciéndonos que la cosa se alargaría y tras dos horas me fui porque aquel día también estaba muy cansada. Pero él se quedó hasta la caída de la noche, creo que fue la última persona allí, sabes, y entró y había una gran recepción en la planta baja. De nuevo yo estaba en la cama. Y esa noche él iba a ir a una cena para todo el gabinete en Jane Wheeler[59] y yo me iba a quedar y cenar en la cama y demás, y él iba a volver a recogerme para ir al primer baile. Y hacia las nueve o así, cuando era momento de empezar a vestirse, no podía salir de la cama, ni siquiera podía moverme. Así que llamé a la doctora Travell desesperada y vino corriendo. Y tenía dos pastillas, una verde y una naranja, y me dijo que me tomara la naranja. Eso hice y pregunté: «¿Qué es?», y me dijo que era Dexadrina, que no había tomado en mi vida —y que no he vuelto a tomar—. Pero gracias a Dios obró su magia porque me pude vestir. Y entonces vino Jack y subió al dormitorio y me llevó abajo a la Habitación Roja. Había unas cuantas personas, los Foley[60], recuerdo. Todos brindamos con champán y le gustó el aspecto que tenía yo y dijo algo muy bonito y nos fuimos a aquel baile. Fue muy divertido con los asistentes, porque el viejo edecán, el jefe de los asistentes de la Casa Blanca, siguió intentando estar con Jack toda la noche y los otros tres entraban y salían. Y luego ir a ese baile fue muy emocionante. Y está esa maravillosa foto suya como señalando algo. Después nos fuimos a otro baile en el Mayflower donde Lyndon estaba justo a nuestro lado. Y luego fuimos a un tercero en el parque Wardman y por el camino era como Cenicienta y el reloj marcando la medianoche, supongo que aquella pastilla perdió su efecto porque yo no podía ni salir del coche. Así que Jack dijo: «Ahora vete a casa», y me mandó a casa con aquel asistente. Y supongo que él se iría a todos los demás bailes y después a la casa de Joe Alsop.

Yo estaba viviendo con Joe Alsop en esa época.

Y yo estaba tan feliz. Algunas veces, después, deseo haber podido compartir aquella noche con él. Pero se lo pasó tan maravillosa-

---

[59] Jane Wheeler (1921-2008) era una anfitriona de Washington y una temprana partidaria de Kennedy.

[60] Edward Foley (1906-1982) era un abogado de Washington muy conocido, antiguo subsecretario del Tesoro con Truman y presidente del comité de investidura de JFK.

El presidente y la señora Kennedy en el baile inaugural en el Arsenal de la Guardia Nacional, en Washington DC.

mente bien y debió de venir a casa como a las tres o cuatro de la mañana, pero llegó y me despertó. Dormí en la Habitación de la Reina. Él durmió en la Habitación Lincoln, así que fue su primera noche en la cama de Lincoln. Y bien, estaba tan contento. La mañana siguiente cuando se despertó, muy temprano, yo también estaba despierta y me fui a esa habitación, que es la más soleada. Sabes, los dos nos sentamos en esa cama. Quiero decir, de nuevo nos sentíamos como dos niños. ¡Pensar que estábamos sentados sobre la cama de Lincoln! Y se fue con ese paso tan enérgico suyo a su despacho y de nuevo, te lo dije, volvió corriendo con Truman y Robert Frost. Fueron unos días tan felices para él. Y él no podía esperar a tener de vuelta a los niños. Y todo aquel extremo olía a pintura, pero él seguía diciendo: «Tienes que traerlos pronto». Realmente los echaba de menos. Supongo que volverían unas dos semanas después.

¿Cuál era tu teoría sobre una especie de relajación y entretenimiento al principio en la Casa Blanca?

Bueno, en realidad siempre había sido así. Jack se parecía mucho a su padre en que odiaba salir de su casa, fuera Georgetown, Cape Cod, la casa de mi madre que teníamos en Newport e incluso en la Casa Blanca; odiaba salir.

¿Siempre odió salir?

Sí, a su padre le encantaba quedarse en casa y pensaba que en su casa tenía la mejor comida y todo lo mejor en general. Así que Jack fue educado, sabes, en la idea de que todo era agradable en casa. Le gustaba mucho ir a la casa de Joe[61] porque la comida siempre era muy buena. Así que era exactamente como había sido en el pasado. Solían estar los Bartlett o David Gore, que estaba por allí después de la toma de posesión. No era todavía embajador. O Max Freedman una vez, o cenas en bandejas. O si alguno de su familia estaba bajo o...

Salisteis más ese primer invierno que después.

Sólo salimos unas dos veces aquel primer invierno, tres veces quizá. Una, a la casa de Lorraine Cooper porque Jack... era la primera vez que salíamos y Jack quería a Cooper. En realidad no quería ir a esa cena porque las cenas de Lorraine eran siempre tan grandes. No era muy divertido para él. Y después fuimos una vez a la casa de Joe cuando Jack... y una vez a casa de Rowlie. Jock Whitney estaba en casa de Rowlie y todo el mundo —lo supieron

---

[61] Se refiere a la casa de Joe Alsop.

porque llegaron los quitanieves y limpiaron completamente la calle de Rowlie antes o algo así[62]—. Así que como esas tres cosas causaron una gran conmoción se podía pensar que salíamos todas las noches, pero aquéllas fueron las únicas tres veces que salimos. Y he olvidado a qué fuimos a casa de Joe. Entonces realmente paramos, oh, quizá una vez en primavera de nuevo fuimos donde Joe. Pero apenas salíamos después, demostró ser muy complicado y demás. Era realmente más divertido invitar a cenar a gente. Solía trabajar hasta muy tarde y tenías que poner a los niños a dormir siesta para que estuvieran allí cuando él llegaba a casa. Le gustaba verlos durante media hora antes de cenar. Y, bien, si ibas a salir y querías darte un baño y cambiarte, era simplemente una molestia. Así que ésa era una cosa que no te perdías, estar en la Casa Blanca.

¿Qué tal... con qué frecuencia veíais películas, por ejemplo?

No muy a menudo. Dios, no... no lo sé, quizá cuatro veces al año o así, creo...

Más que eso, seguro.

Bueno, el primer invierno puede que viéramos algunas. Realmente no muchas porque sólo recuerdo cuatro o cinco que vimos en todo el tiempo allí. Creo que en verano pudimos ver algunas.

A mí me parece que, estoy seguro de que he visto esa cantidad de películas contigo o con él.

¿Eso crees?

En ninguna de las cuales se quedó nunca más de media hora, sin embargo.

Recuerdo la francesa —*El año pasado en Marienbad*— oh, la odió. Sí, o a veces era algo de USIA[63] que quería que yo viera o algo parecido, sabes, algo que había hecho él. Pero realmente no fueron tantas.

¿Cómo solía él empezar el día? ¿A qué hora se levantaba?

Solía levantarse a las ocho menos cuarto y George[64] solía tocar en la puerta de nuestro dormitorio y entonces él se levantaba e iba

---

[62] Rowland Evans (1921-2001) fue un reportero de Washington para el *New York Herald Tribune*. John Hay *Jock* Whitney (1904-1982) era dueño y director del periódico.

[63] *[N. de la T.]* USIA: United States Information Agency (Agencia de Información de Estados Unidos).

[64] George Thomas (1908-1980) era un afroamericano de Berryville, Virginia, que fue mayordomo de JFK durante mucho tiempo y vivía en la tercera planta de la Casa Blanca.

a su cuarto y desayunaba allí. Yo solía llamar para el desayuno al mismo tiempo o dormir un poco más. Y entonces los niños solían entrar y era tan increíble porque iban corriendo a encender la televisión y solías oír el rugido de la tele a todo meter con los dibujos o ese hombre de los ejercicios. Y Jack solía sentarse ahí, desayunaba en un sillón con una bandeja frente a él, leyendo los cincuenta periódicos matinales o los fajos de todos esos libros de resúmenes para verlos con Bundy en medio de aquel barullo. Y solía tomar un baño. Y yo siempre pensaba que era tan gracioso para la gente que utilizaba su cuarto de baño, pues era el cuarto de baño que los hombres podían usar después de cenar. Porque a lo largo de la bañera estaban todos los animales flotantes, patos, cerditos rosa y demás. Porque dijo: «Dame algo para que entretenga a John cuando estoy en mi baño». Así que John solía echar a flotar aquellas cosas por allí. Y sólo podía tener a aquellos niños revoloteando alrededor de él. Y siempre solía entrar antes de irse a la oficina —«Venid a mi habitación»—, quiero decir, yo solía estar medio dormida o si no habría ido a desayunar. Y solía llevarse a Caroline a la oficina con él todos los días.

Eso sería sobre las nueve y media.

Sí. A las ocho menos cuarto, sí quizá un poco más pronto, supongo. Él solía estar, calculo, como una hora tomando el desayuno, leyendo los periódicos y dándose un baño. Y más tarde solía ser el privilegio de John caminar hasta la oficina con él todos los días.

¿Ha estado siempre George en la Casa Blanca, ha estado siempre con el presidente?

George ha estado con Jack desde que fue por primera vez al Congreso.

Oh, se presentó.

Lo encontró él. Estaba con Arthur Krock[65] antes y Arthur habló a Jack de él. Después se marchó un par de años y trabajó para la madre de Ethel. Más tarde volvió con nosotros —no estaba con nosotros en Hickory Hill—; regresó en 1957 y ha estado con nosotros desde entonces.

---

[65] Arthur Krock (1886-1974) era un columnista conservador de *The New York Times*. Krock había sido un amigo cercano de Joseph Kennedy y asesor de Jack mientras escribía *Why England Slept*, pero había roto con ellos en 1960 a raíz del liberalismo creciente de JFK mientras buscaba la presidencia. Viejo amigo del abuelo de Jacqueline, John V. Bouvier, Jr., y su padrastro, Hugh Auchincloss, Krock la había ayudado a conseguir trabajo en el *Washington Times-Herald*.

El presidente Kennedy jugando con Caroline y John de camino al Despacho Oval.

¿Dónde está ahora?

Está en alguna parte. Quiero decir, vive donde él..., en Washington. Viene a vernos muy a menudo. Quiero decir, siempre cuidaremos de él. Pero, pobre George, tiene temblores; quiero decir, no pudo, le pregunté si quería trabajar aquí, pero es demasiado viejo, dijo que no y en la Casa Blanca todo lo que hacía solía divertir tanto a Jack. Solía abrir la puerta para que otro sirviente pudiera meter la bandeja del desayuno. La única cosa que hizo fue abrir de par en par las cortinas y llenar la bañera y después subía y todos los muchachos del Mess de la Casa Blanca[66] abrillantaban sus zapatos y todo lo demás.

Entonces el presidente siempre venía a comer.

Sí.

No creo que nunca almorzara en el despacho, ¿verdad?

Nunca, salvo que tuviera un almuerzo de trabajo, sabes, en el salón de la familia en la planta baja. Siempre mantenía nuestra planta —pusimos ahí el salón—, solía mantener todos sus almuerzos de trabajo en la planta baja. Y sabía que aquél era nuestro sitio privado. Es tan diferente de ahora, cuando todo el mundo hace el tour de los baños y demás[67]. Quizá fuera porque Jack tenía niños pequeños.

Y muy raramente le gustaba tener almuerzos de trabajo, ¿verdad? Tengo la impresión de que era muy... que prefería ver a la gente en su despacho más que tener almuerzos.

Sí, eran verdaderamente pesados. Entonces él solía subir, sabes, eran duros con él. Y siempre estás terriblemente cansado al final de una de esas mañanas de la Casa Blanca en tu oficina y tienes los nervios de punta como para tener un almuerzo largo con vino y demás. Y él subía después e intentaba echarse una siesta por pequeña que fuera. Nunca se echó la siesta antes, pero en la Casa Blanca creo que se hizo a la idea de hacerlo porque era tan bueno para su salud. Antes siempre se estaba «rompiendo» algo. Y dijo que Winston Churchill solía hacerlo y a menudo decía cuánto aguante, sabes, le daba. Pero de sus siestas, señor mío, ¿te hablé de ellas?

No.

---

[66] El White House Mess está compuesto por tres salones restaurante del sótano de la Casa Blanca.

[67] Se refiere a los aparatosos tour por la Casa Blanca que daba Lyndon Johnson desde que se convirtió en presidente.

Bien, eran de cuarenta y cinco minutos y se desvestía al completo y se ponía su pijama y se metía en la cama, se dormía y luego se volvía a despertar. Y yo a menudo solía...

¿Y se podía dormir, conciliaba el sueño? ¿Podía...?

Sí, yo solía pensar, para una siesta de cuarenta y cinco minutos, ¿te molestarías en quitarte la ropa? A mí me llevaría cuarenta y cinco minutos sólo coger la postura y empezar a dormir. A veces, cuando almorzábamos en su habitación, comía en la cama. Yo solía almorzar con él allí y después cerraba las cortinas y abría la ventana para su siesta y después lo despertaba. Y después me sentaba mientras él se vestía. Ésa era mi hora en lugar de la de los niños. Era de reloj: cuarenta y cinco minutos y volvía al despacho. Y luego siempre solía trabajar hasta, bueno, después de las ocho de la noche.

¿Solía nadar todos los días o eso sólo fue como consecuencia de...?

Llegó a la Casa Blanca en la mejor condición física que había tenido en su vida. Tenía músculos y todo eso. Jugaba al golf, algo tipo dieciocho hoyos, todas esas cosas que no había podido hacer durante mucho tiempo. Y entonces se sentó en su mesa, sin moverse, durante seis semanas. No caminaba por el sendero de acceso, no nadaba y de repente su espalda empeoró. Había perdido todo el tono muscular. Así que entonces era horrible porque tenía muchos dolores. La doctora Travell solía venir y ponerle mucha novocaína y finalmente conseguimos... *[A John]*. ¡Oh, fuera!

John: ¿Por qué? *[John se va]*.

¿Realmente el hecho de que no estuviera haciendo ejercicio...?

Sí, mira, en cualquier caso él nunca hizo mucho ejercicio, pero, como dijo, la campaña, el subir y bajar de coches y caminar, sabes, lo mantenía en forma. Y entonces por primera vez en su vida, desde las elecciones hasta la toma de posesión, hizo mucho ejercicio en Florida, jugaba al golf —no sé, dos o tres veces a la semana—, nadaba, caminaba por la playa. Nunca había tenido tanto tiempo de ejercicio diario por así decir. Y lo perdió por completo al quedarse sentado en su despacho. Así que volvió a la doctora Travell, pero toda esa novocaína ya no le hacía efecto. Sabes, no fue hasta octubre; me enfadé tanto con ella porque entonces los otros doctores estaban intentando traer a Hans Kraus[68], que te podía forta-

---

[68] Hans Kraus (1905-1995), alpinista nacido en Austria, era un ortopeda experto que recomendaba ejercicio como remedio para los problemas de espalda. Cuando los problemas de espalda de JFK empeoraron en 1961, consultó a Kraus, que aceptó el caso siempre que se apartara de él a la doctora Travell y que Kraus pu-

lecer con ejercicios. Bueno, todos esos médicos se tienen tanta envidia unos a otros y no quería dejar entrar a Kraus. Y finalmente yo me había sentado allí tantas veces mientras los doctores le hacían cosas a Jack —bueno, los doctores apretaban a Jack por todas partes— que me enfurecí de veras y entré e hice que el cirujano de la espalda y el otro, que todo el mundo saliera y simplemente la forcé a que aceptara a Kraus. Y Kraus empezó aquella serie de ejercicios que hacía cada noche con un jefe de la Marina. Sabes, como levantar, tratar de tocarte los pies o estar boca abajo y tratar de levantar una pierna. Y podías ver, quiero decir, todavía tenía muchos dolores ese invierno; oh, la cosa se puso muy mal, recuerdas, en mayo en Canadá. Pero al octubre siguiente, cuando empezó a hacer aquellos... tras un tiempo...

Pero ¿estaba débil antes de ir a Canadá? En otras palabras, no fue el plantar el árbol en Canadá lo que que causó todo aquello sino que lo que en realidad lo produjo fue la falta de ejercicio.

Sí, y...

¿Cuánto tiempo al día hacía ejercicio?

Bueno, esos ejercicios con el jefe tardarían unos quince minutos aproximadamente. Sabes, una especie de sentadillas o cuando te sujetas las piernas para que tengas que intentar levantarlas contra ello. Pero, sabes, Jack nunca podía tocarse los pies. No podía bajar las manos más allá de las rodillas estando de pie. Antes no podía ponerse los zapatos, inclinarse tan lejos.

¿De verdad?

Bueno, podía si levantaba el pie en el regazo, o así. Así que, como decía, no era un lisiado —eso suena raro—... podía hacerlo todo, pero cuando lo veías intentando alcanzar algo que se le había caído al suelo te dabas cuenta de lo poco flexible que era. Señor mío, al final, en un par de meses, podía tocarse los pies, podía hacer todo lo que no había podido hacer, doblar las rodillas. Así que una vez que Kraus empezó la cosa era esperanzadora, porque había estado

diera hablar con Kennedy por línea de teléfono directa. Le horrorizaba que Travell hubiera curado simplemente el dolor del presidente con novocaína y hubiera dejado que los músculos del pecho, el abdomen y la espalda se atrofiaran. El doctor Kraus le advirtió de que pronto necesitaría una silla de ruedas si no empezaba un régimen estricto. Bajo los cuidados de Kraus, en 1963 Kennedy contaba a sus amigos que nunca se había encontrado mejor y se sentía con ánimos suficientes para retomar el golf. A la doctora Travell, que era conocida como la primera doctora mujer de la Casa Blanca, se le permitió conservar su título y mantener al menos la ficción de que aún trataba al presidente.

tan desesperado. Ahí es cuando lo veías en periodos negros. Bien, probó todos los médicos y la doctora Travell le dio el décimo tratamiento y antes ella siempre había sido de ayuda. Y luego no parecía haber ninguna respuesta. Así que Kraus lo ayudó y eso lo animó.

Vuestras fiestas en la Casa Blanca —las mejores fiestas a las que nunca he ido— ¿de dónde...?

Bien, te diré por qué pensé en hacerlas. La única cosa de la que me di cuenta es de que podía salir de la Casa Blanca e ir a Nueva York y ver una obra de teatro o ir a un restaurante. Jack antes nunca quería salir, cuando estaba en su casa, pero le gustaba pasar en Nueva York un par de días, ver una obra, ir a Pavillon[69], ver a gente distinta. Quiero decir, éramos jóvenes y alegres y no puedes arrancarle todo eso y dejarle la vida llena de preocupaciones. Así que la primera fiesta que pensé en tener fue cuando Lee estaba fuera. Pensé que eso sería una excusa para tener una fiesta. Y pensé que toda esa gente de Nueva York o de donde fuera la gente a la que no estaba viendo —de ahí que hubiera tan poca gente de Washington— viniera a ellas. Y resultó que, bueno, le encantó. Así que solía decir, bueno, hagamos... —de vez en cuando—; creo que sólo hicimos unas cinco en total. Pero después, quizá tras tres o cuatro meses o cuando tuvimos un mes horroroso o yo tuve el cuello agarrotado por la tensión, o él había tenido una mala época, solía decir: «Hagamos una fiesta de ésas». Y, bueno, simplemente le encantaban porque él estaba, era una forma como de renovarte. Siempre me decía que fuera a visitar a Lee o a Nueva York o algo cuando veía que la tensión de allí se hacía conmigo. Porque, mira, cuando entramos allí yo estaba muy débil y luego todo lo de la campaña, más el niño, más..., y tener en funcionamiento aquel sitio y empezar a hacer todo el trabajo de llevar la casa, conseguir un chef, ocuparse de la comida, las flores, la reconstrucción, la restauración, lo que fuera... A veces al final del día te sentías al borde del llanto pero querías estar tan animada para Jack cuando llegara a casa, cosa que casi siempre estaba, pero él se daba cuenta cuando la cosa empezaba a ser demasiado. Y aquel primer invierno yo no podía dormir muy bien. Siempre te mandaba a la cama cuando sabía que estabas cansada. Y luego regresabas tan contenta otra vez. Creo que toda nuestra vida de casados fue una renovación de amor tras, sabes, breves separaciones.

---

[69] Joseph Kennedy era uno de los dueños del restaurante neoyorquino Le Pavillon.

Glen Ora, Middleburg, Virginia.

¿Adónde ibais los fines de semana en aquel primer...?
A Glen Ora.
Glen Ora.
No solíamos; es gracioso, nunca pensó en usar Camp David tampoco. Tenía un poco esa cosa de tener una casa en el campo, y odiaba Camp David cuando iba allí con Eisenhower. Decía: «Es el lugar con el aspecto más deprimente», que lo es, desde fuera. Entonces Taz Shepard, su asistente naval, siguió insistiéndole e insistiéndole para que fuera allí. Y Tish solía decirme: «El de la Marina está tan herido y desanimado porque no quiere ir». Así que un fin de semana dijo: «De acuerdo, vamos a Camp David». Y después le empezó a gustar porque es cómodo, así que solíamos ir un poco, pero íbamos a Glen Ora[70] la mayoría de los fines de semana, lugar que a él no le gustaba realmente.

---

[70] Una propiedad en Middleburg, Virginia, que los Kennedy alquilaron en 1961 y 1962. Mientras escribía a una amiga en julio de 1962 lo llamó «el sitio más privado en el que puedo pensar para equilibrar nuestra vida en la Casa Blanca». Campañas, viajes y embarazo le habían impedido montar con regularidad desde que se casó en 1953.

Jacqueline Kennedy montando a caballo en Glen Ora con Caroline y John.

¿Por qué no le gustaba Glen Ora?

Bueno, sabes, allí no tiene nada que hacer. En Camp David, supongo, puedes ver una película por la noche. Es sólo una casa bastante pequeña y oscura. Le gustaba verme montar; sabes, ser feliz al estar fuera al aire libre todo el día, porque papá[71] siempre le había dicho: «Deja que monte y estará siempre de buen humor». Bueno, en cierta forma, lo que eso supone es ejercicio y aire libre, lo que es cierto. Hacía un esfuerzo extra cada día para salir y jugar al tenis aunque no sabía jugar. O simplemente estar al aire libre, caminar diez veces alrededor del césped del sur. Porque si simplemente te quedas en casa y fumas puros y trabajas en tu mesa y hablas por teléfono hasta que sabes que tu garganta está toda tensa, no puedes estar alegre para nadie. Entonces empezamos a ir a Camp David aquella primavera. Y siempre solía venir. Creo que raramente venía el viernes por la noche, siempre venía el sábado, hacia la hora del almuerzo. Y después dormía toda la tarde del sábado y lue-

---

[71] John Vernou Bouvier III (1891-1957) era el padre elegante al que Jacqueline adoraba.

Montando y en la caza del zorro.

go veía la televisión o algo desde su cama. Era simplemente un descanso para él. Y siempre teníamos a algún amigo durante el fin de semana, cenábamos, nos íbamos a la cama pronto, misa al día siguiente, papeles, otra siesta. Porque decía: «Realmente no me importa Glen Ora porque sólo la uso para dormir».

Reservaba fielmente sus fines de semana. Casi todo ellos se marchaba.

Prácticamente todos salvo el... ¿cuál fue, el de 1962? Solía haber algún fin de semana, cosas de las elecciones que tenía que hacer o un par de cosas en Nueva York para recaudar fondos o algo. Y después, ese otoño, estuvimos uno o dos fines de semana en nuestra nueva casa en Virginia y[72]...

Estuvo fuera de viaje un par de veces.

Tampa, Dallas. Sabes, porque era año de campaña uno no esperaba tener muchas.

¿Has conocido a Tish de siempre? ¿Es una vieja amiga?

Conocí a Tish cuando estaba en el colegio en París. Estaba con la señora Bruce en la embajada de allí y entonces, cuando estuve en Roma, ella estaba con la señora Luce[73]. Era una fuente inagotable de energía. Pero recuerdo haber pensado: «No puedo meterme allí si no tengo a Tish» y llamarla inmediatamente en cuanto Jack fue nominado. ¿Nominado o elegido? Supongo que elegido. Y, bueno, Tish es genial y la quiero, su energía era bastante más de...; ahora que lo pienso, realmente me cansó más de lo que yo solía estar. Porque solía mandarte tantas cosas extra que tú realmente no tenías que contestar. Y los fines de semana seguía mandando carpetas has-

---

[72] En 1963 los Kennedy construyeron una casa de siete habitaciones de estuco ocre y con piedra vista, con una vista impresionante de la cordillera Blue Ridge en 33 acres en Atoka, Virginia. Lo llamaron Wexford, como la casa ancestral de los Kennedy en Irlanda.

[73] Evangeline Bell Bruce (1918-1995) era la segunda mujer de David Bruce (1898-1977), que fue embajador de JFK en Londres tras ocupar el mismo puesto en París y Bonn. Clare Boothe Luce (1903-1987) fue la segunda mujer de Henry Luce (1898-1967), fundador de la que fue probablemente la casa editorial con más poderosa influencia en la opinión pública norteamericana en aquellos años, la organización Time-Life. En parte influida por su amigo de muchos años Joseph Kennedy, que había convencido a Luce en 1940 de que escribiera el prólogo del primer libro de Jack, *Why England Slept*, y que fue hasta el punto de ver el discurso de aceptación demócrata de su hijo con Luce, después cenaron juntos, el director editorial conservador había sido sorprendentemente benévolo con JFK durante la campaña de 1960. Pero cuando Kennedy se convirtió en presidente, su mujer, más doctrinaria, antigua congresista y embajadora en Italia, intentó sermonearlo como si siguiera siendo el estudiante que era cuando lo conoció.

ta que lo paré. O mientras estaba sentada con Jack por la noche, solía venir corriendo algún mensajero y tirar una carpeta en mi regazo. Sabes, empezó a volverme loca y entonces Jack me dijo que debía dejar de usar mi mesa en el salón del este —nos sentábamos en el salón del oeste—. Dijo: «No puedes tener tu mesa en la habitación donde nos sentamos, donde vivimos». Así que me hizo mudarme a la Treaty Room. Y era tan bueno porque a menudo, cuando estábamos solos por la noche, él estaba mirando un libro o haciendo algo con sus papeles y yo solía ir a coger una carpeta de mi mesa y tratar de revisar todas las pequeñas cosas que tenía que hacer. Pero te haría ponerte justo en el estado de ánimo que no deberías tener cuando tu marido llega a casa. Y, sabes, él organizó aquella parte de mi vida. Una vez que [el escritorio] estaba en el Treaty Room podías dejar que las cosas de Tish se amontonaran durante días y luego ponerte con ellas de una larga sentada[74].

¿Nancy era una amiga más íntima[75]?

Nancy era mi compañera de habitación y desde que llegó la cosa cambió radicalmente. Le gustaba disfrutar y eso hacía que Jack disfrutara más. Intenté traerla antes, pero no quería venir.

Nancy es la chica más agradable. También es divertida y muy aguda.

Sí.

Bajo la superficie, tímida, diferente del exterior.

Y es femenina, quiero decir, Tish es una especie de feminista, de veras. Solía decirme que le gustaba tomar el almuerzo en el Mess de la Casa Blanca para poder discutir con hombres. Es estupenda, pero era tan diferente de mí y me agotaba realmente.

---

[74] Jacqueline había cogido una habitación en las dependencias familiares que las familias presidenciales recientes habían llamado la «Habitación Monroe» y ella la rebautizó «Treaty Room» (Sala de los Tratados). Usada desde Andrew Johnson hasta Theodore Roosevelt como habitación del gabinete, fue rediseñada por la señora Kennedy como una habitación verde oscura de estilo victoriano con la mesa de gabinete labrada de Ulysses Grant, otros muebles y apliques de finales del siglo XIX y facsímiles de acuerdos firmados en la habitación enmarcados, como el tratado de paz de William McKinley que terminó la guerra hispano-norteamericana.

[75] Nancy Tuckerkman (1928-), amiga íntima de Jacqueline (a la que la primera dama llamaba Tucky) y secretaria social de la Casa Blanca entre junio y noviembre de 1963; la conocía desde los 9 años, cuando ambas asistían a la Chapin School en Nueva York, y más tarde compartieron habitación en Farmington, donde, como Tuckerman recordó, Jackie la hacía pasar por debajo de la tripa de su caballo «veinte veces al día para superar mi miedo a los caballos». Cuando esperaba un hijo, la Sra. Kennedy planeó llevar una vida monacal y bajar el ritmo de sus compromisos públicos que el enérgico ritmo de Tish Baldrige le imponía.

Jacqueline Kennedy y sus hijos en la fiesta de despedida
de Letitia Baldrige en 1963.

¿Qué tal con Pam[76]?

Pam era fantástica porque al principio no pensé que necesitaría una secretaria de Prensa y otra gente, la única persona que ha
hecho las dos [funciones]. Pero después, cuando vi cómo era Tish
con la prensa, Jack se enfureció. Tish hizo su propia rueda de prensa antes de la investidura en el Sulgrave Club. Iba a ir allí para
hablar. Tenía allí a la televisión y todo. Se reía y decía: «Sí, vamos
a colgar cuadros en todas esas paredes cabeza abajo», moderno,
esto, lo otro. Y, sabes, de verdad causó problemas. Fue la primera
serie de titulares malos, sensacionalistas y Jack dijo: «A ninguno de
mis oficiales de gabinete le han hecho una entrevista. ¿Te impor-
taría decirme qué demonios está haciendo Tish Baldrige?». Le
encantaba la prensa, así que vi que si quería mantener alguna privacidad de nuestra vida —y siempre estaba diciendo «tenemos que

[76] Pamela Turnure (1937-) fue la secretaria de Prensa de la señora Kennedy. Jacqueline le pidió que diera a los reporteros «la mínima información con la máxima
cortesía».

194

conseguir a Betty Beale[77] para la primera cena de Estado»— debía tener a alguien que reaccionara como yo. Y la pequeña Pam había sido amiga de mi hermana. Jack consiguió trabajo para tres de ellos —Lizzie Condon[78], que ahora está en mi oficina, Pam y Nini[79] en el Senado un verano, y Pam había estado en su oficina—. Pam se quedó, las otras se fueron y se casaron. Y simplemente supe que tendría las mismas reacciones que yo. Ella iba a trabajar en la Casa Blanca de todas maneras, pero yo le pregunté si sería mi secretaria de Prensa y estaba aterrorizada y no quería. Y le dije que si hacía un buen trabajo, si yo pensaba que estaba haciendo un buen trabajo, la prensa siempre pensaría que no era buena, y si ellos pensaban que era buena, no me estaría ayudando de la forma que yo quería, así que era muy difícil para ella porque es muy sensible. Pero ella ha sido ideal y ha sido duro para ella.

Es una chica estupenda. West era... lo heredaste.

Sí, J. B. West, el jefe de los ujieres en la Casa Blanca. Llegó allí como ujier con Franklin Roosevelt. Supongo que sería jefe de ujieres con Truman. Y, bueno, lleva todo este sitio, ¿sabes? Fue una de las personas que contribuyeron más a que fuéramos felices en ese lugar. Lo hacía todo. Se me agotan los superlativos y la energía.

¿Y la señora Pearce[80]?

Oh, la señora Pearce. Bueno, no podía tener mejores credenciales como *curator*, desde Winterthur, y esa chica tan, tan brillante. Y el señor West me explicó lo que le pasó. Porque esta chica joven

---

[77] Elizabeth Virginia Beale (1911-2006) era una columnista de sociedad de Washington extrovertida y con muchos lectores.

[78] Elizabeth Guest Condon (1937-) se casó después con el director de cine George Stevens, Jr.

[79] Nina Gore Auchincloss Steers (1937-) era la hermanastra de Jacqueline.

[80] Lorraine Waxman Pearce (1934-), la primera *curator* de la Casa Blanca, era una alumna del programa de graduados de Winterthur y especialista en el impacto francés en las artes decorativas de Norteamérica. Aunque encontró a Pearce «tan nerviosa como un perro de caza», a la señora Kennedy no le gustó lo que le pareció el deseo de Pearce de estar en el candelero. Por su parte, sin experiencia política, la joven Pearce se sintió confudida por la compleja interacción entre la primera dama, su Comité de Bellas Artes, la Asociación Histórica de la Casa Blanca, Du Pont y Boudin. Tras un año Jacqueline la recolocó para supervisar la nueva guía de la Casa Blanca. En septiembre de 1962 la primera dama escribió a Du Pont: «¿Por qué algunas personas están tan ávidas de publicidad, cuando eso lo envenena todo? Odio la publicidad y desconfío de ella y a nadie que haya trabajado para mí y a quien le gustara ha sido fiable».

La primera dama da las gracias al líder de la minoría del Senado Everett Dirksen, al vicepresidente Johnson y al líder de la mayoría Mike Mansfield por su ayuda al conseguir un candelabro del Capitolio estadounidense para la Treaty Room el 28 de junio de 1962.

Nancy Tuckerman, J. B. West, el jefe de los ujieres
(vestido de tutora del internado de JBK), y la señora Kennedy.

vino tan emocionada con lo que estaba haciendo y de repente dejó
de trabajar y no contestaba las cartas. Alguien había dado 50.000 dólares o así, o alguien había escrito seis meses antes, o seis semanas
y no había obtenido respuesta y ella siempre estaba tomando el té
con otros *curator*. Y el señor West me dijo: «Hay algo que creo que
tengo que decirle, señora Kennedy. Hay una enfermedad por aquí
que llamamos "casablanquitis" y afecta a mucha gente; algunos de
ellos, los que menos se esperaría uno». Y realmente le afectó a Lorraine Pearce. Un día la encontré en el dormitorio de Jack con el
señor Ginsburg y Levy —que dirige una tienda de muebles de decoración norteamericana muy buena de Nueva York—. Pero allí,
en la habitación de Jack, en nuestra planta privada, en el suelo,
mirando debajo de su mesa o su cama [de JFK]. Le dije: «Lorraine,
¿por qué has traído a estos hombres aquí?». Bueno, se indignó
y preguntó que si no podía hacer que inspeccionaran la marquete-
ría o algo, que ella misma escribiría al presidente. Y se creció tanto
que tras un tiempo dejó de ser útil y tenías que deshacerte de ella.
Me dijo que llevaría diez años escribir la guía y le dije: «Lo siento,
no tenemos diez años; si el presidente puede hacer todo lo que está
haciendo...». Así que entonces el registrador Bill Elder[81], un raton-
cito asustadizo, vino como *curator* y lo hacía muy bien. Nunca quiso ninguna publicidad pero también estaba tan fascinado mirando
la parte de debajo de los muebles y demás que tampoco contestaba a una carta ni el teléfono. Pero era mucho mejor. Al final
Lorraine, bajo mi presión, recopiló el material y —supongo— ella
y yo escribimos la guía. Ella había mandado un grupo de ilustra-
ciones y hecho parte del texto y yo elegí las que quería incluir.
¿Sabes?, era como sacar dientes y Jack solía decir: «¿Qué le pasa
a esta chica? Ha tenido la oportunidad de su vida, el mejor trabajo
en Norteamérica para alguien de su campo, tener esto ahora, con
todo este interés». Y la «casablanquitis» le afectó al cerebro. Y Tish
padeció la enfermedad. Pam nunca la tuvo. Creo que muy poca
gente de la parte de Jack la tuvo. No lo sé, tú sabrás más de ello.
A Tish le encantaba coger el teléfono y decir «al habla la Casa
Blanca» o «manda toda la porcelana de la Casa Blanca en el avión
a Costa Rica» o decirles que tenían que mandar por avión judías
verdes para una cena de Estado. Y como que organizó Irlanda cuando dijeron: «Bueno, cultivamos maravillosos guisantes allí». ¿Sabes?,

---

[81] William Voss Elder (1933-) sucedió a la señora Pearce como *curator*.

todo lo que fuera así como una cosa de poder. «Casablanquitis», es fascinante. Puedes ver a cuáles de tus amigos les afecta porque de repente empiezan a tratarte de forma diferente. Solía pensar que si alguna vez escribía un libro se llamaría «El veneno de la presidencia» porque envenenaba tantas relaciones con gente de fuera.

¿Cómo ocurriría?

Bueno, algunas personas que no te veían tanto como les gustaría decían cosas terribles sobre ti. O algunos que eran viejos amigos tuyos seguirían como siempre, pero otros estarían tan nerviosos tras haberse vuelto conocidos, pero sólo te contarían pequeños fragmentos de información como, no sé, «Caroline dijo esto o lo otro». Se inventarían algo sólo para demostrar que estuvieron allí. O la otra gente que antes no hablaba contigo y de repente empieza a llamarte o a intentar mandarte un regalo maravilloso. Y una persona, André Meyer, que fue el primero en donar para la biblioteca de Jack, que es este hombre muy malhumorado, jefe de Lazard Frères en Nueva York, que no quería donar para la Casa Blanca —está harto de que le reclamen dinero y lo molesten, y cuando le dije que yo no quería que diera[82], entonces, creo que empecé a gustarle y fue la mayor ayuda de todas—. Cuando Jack murió, vino a los diez días con un cheque de 250.000 dólares para la biblioteca casi antes de que hubiéramos dicho nada. Solía verlo cuando iba a Nueva York porque tenía un apartamento debajo del nuestro en el Carlyle y yo solía ir allí a descansar. Me gustaba bajar y cenar con él y él decía: «Ya verás, cuando dejes la Casa Blanca, mucha gente que creías que eran tus amigos no lo serán ya. Pero yo siempre seré tu amigo porque...» y ahora lo veo tan bien, quiero decir, yo siempre...

¿De verdad?

Me refiero a que siempre sé quiénes son. Todo el mundo sigue siendo amigo, pero ves a los que se emocionan mucho con el poder y van hacia lo nuevo, que está bien. Lo ves en lo que algunas personas escriben, bueno, siempre lo sabes. El señor Kennedy siempre dijo que si puedes contar a tus amigos con los cinco dedos de una mano tienes suerte. Y tengo los amigos que siempre supe que tendría, que...

---

[82] André Meyer (1898-1979) era un refugiado judío francés que dirigía las operaciones norteamericanas para el banco de inversiones Lazard Frères. Conoció a la primera dama cuando colaboró para la alfombra de estilo imperio francés de la Habitación Roja. Tras la muerte de Kennedy Meyer se convirtió en uno de sus mejores amigos.

Vi a André Meyer el otro día en Nueva York. Yo estaba cenando con Mendès France[83], que también se alojaba en el Carlyle. Se tropezaron el uno con el otro en el ascensor. Un hombre muy agradable, habló con mucho afecto de ti.

Creo que es un poco misántropo.

Tiene malas pulgas.

Hasta que le gustas y entonces... y le gustaba tanto y admiraba tanto a Jack también, sin apenas conocerlo. Siempre decía que era el único demócrata. Dijo: «Me avergüenzan tanto mis compañeros de Wall Street. No ven lo que está haciendo este hombre».

Creo que es bastante por hoy.

Sí.

---

[83] Pierre Mendès France (1907-1982) fue presidente de Francia desde 1954 hasta 1955.

QUINTA
Conversación

MARTES 24 DE MARZO DE

1964

Durante la campaña Cuba se convirtió en un problema. ¿Estuvo muy preocupado el presidente por Castro? ¿Recuerdas en 1959, cuando Castro vino por primera vez, cómo se sintió[1]?

Recuerdo lo horrible que le pareció que lo dejaran entrar. Después conocimos a Earl Smith, que había sido embajador de Eisenhower en esa época. Cuando estábamos en Florida, Earl no paraba de hablar de ello[2]. Sí, en aquella época Jack estaba bastante molesto de que la administración de Eisenhower lo hubiera dejado venir y entonces *The New York Times...* ¿cómo se llamaba, Herbert Matthews?[3].

Así es.

Recuerdo muchas charlas acerca de eso y no era..., ¿no escribió incluso Norman Mailer algo?

---

[1] Fidel Castro Rus (1926-) y su ejército de guerrilla entró en La Habana triunfalmente en enero de 1959 tras derrocar al dictador cubano Fulgencio Batista. Ese abril visitó Washington DC invitado por el club de prensa internacional y el presidente Eisenhower no le concedió una audiencia. El año siguiente Castro empezó a importar gasolina soviética y a expropiar a las empresas estadounidenses.

[2] Carl E. T. Smith (1903-1991), deportista y financiero de Nueva York y Palm Beach nacido en Newport, fue embajador en La Habana entre 1957 y 1959. Su mujer, Florence Pritchett Smith (1920-1965), había sido amiga del presidente Kennedy desde los tiempos de la escuela.

[3] Herbert Matthews (1900-1977) era un corresponsal de *The New York Times* en Cuba cuyos reportajes fueron criticados por ser demasiado pro Castro.

Norman Mailer era muy pro Castro, cierto[4].

Recuerdo que Jack era...

¿Pensó Earl Smith que Castro era comunista o trabajaba con los comunistas en aquella época? Ha escrito un libro, como sabes[5]*...*

Sí, *¿The 4th Floor?* Bueno, se pasaba la vida contando sus problemas con el Departamento de Estado. Recuerdo que había un hombre llamado señor Rubottom del que hablaba mucho. Y lo duro que era advertir contra Castro y que aquello era simplemente, no sé, como hablar con la pared. Nunca conseguía que le pasaran con el Departamento de Estado. Así que supongo que pensó que era comunista, sí.

Y el punto de vista del presidente era, como dices, nuestra política se equivoca al no permitir que ocurra. Pero, por otra parte, él no tenía simpatía por Batista.

No. No recuerdo la charla sobre eso, pero, sabes, no soy muy buena en...

Entonces llegó la campaña. Y después de la campaña, recuerdo cuando Allen Dulles fue a...

Oh, Allen Dulles fue a Hyannis después, sí[6]. Las dos primeras personas que Jack pensó que debía conservar fueron J. Edgar Hoover y Allen Dulles, tan agradable como Allen, bueno, resultó que no lo era. *[Suelta una risita].*

Nixon en su libro escribió que al presidente se le habló de esto durante la campaña, cosa que es incorrecta, dado que Dulles y el presidente dijeron que no lo supieron hasta noviembre, respecto al hecho de que habíamos estado entrenando en secreto a los cubanos[7]*...*

---

[4] Norman Mailer (1923-2007) fue un novelista y ensayista conocido por *Los desnudos y los muertos* (1948). Mailer escribió el laudatorio «Supermán va al supermercado» en la revista *Esquire* sobre la victoria de JFK en la convención de 1960, pero la primavera siguiente, después de Bahía Cochinos, denunció al presidente por apoyar la invasión y declaró que Castro era uno de sus «héroes».

[5] El libro de Smith de 1962 *The 4th Floor* arremetía contra el asistente del secretario de Estado Roy Rubottom y otros oficiales de Eisenhower por ser demasiado permisivos respecto a dejar que Castro se hiciera con el poder en Cuba.

[6] Allen Dulles (1893-1969) era un abogado de Wall Street y hermano del secretario de Estado de Eisenhower que sirvió como director de la CIA entre 1953 y 1961. Junto con Edgar Hoover fue el primer renombramiento de JFK como presidente electo y, como Hoover, en nombre de la continuidad. El 23 de julio de 1960 Dulles fue a Hyannis Port para reportar al recién nombrado candidato demócrata en seguridad nacional.

[7] En sus memorias de 1962 el antiguo vicepresidente Nixon insistió en que durante el briefing de julio Dulles le dijo a Kennedy que durante cuatro meses la

Bueno, nunca me dijo que supiera nada, así que eso es lo que creo.
¿Cuándo fuiste consciente por primera vez de todo lo que se cocía[8]?
Bueno, conocías el problema de Cuba de siempre. ¿Las semanas antes de que ocurriera no había en cada rueda de prensa o cada semana algo sobre Cuba?

Las noticias empezaron a aparecer en marzo diciendo que una invasión era probable, o algo parecido.

Y entonces todo el tiempo en sus ruedas de prensa Jack seguía teniendo que decir que las tropas de Estados Unidos no entrarían en eso, de alguna manera esquivando todo de esa forma. Entonces supe sobre toda esa gente que estaba siendo entrenada. Pero recuerdo, bueno, fue como la segunda vez, cuando Keating seguía insistiendo cada semana con que los misiles no estaban fuera o que había más misiles allí[9]. Quiero decir, era sólo Cuba, Cuba, todo el tiempo de una forma u otra.

¿Recuerdas cuál era el sentimiento del presidente sobre la invasión antes? Por ejemplo, la última vez mencionaste la reunión Fulbright.

Bien, a medida que se aproximaba, estaba incómodo todo el tiempo. Pero la vez que realmente recuerdo bien fue el fin de se-

---

CIA «no sólo había dado apoyo y ayudado sino que incluso había entrenado a exiliados cubanos con el propósito de apoyar una invasión de la propia Cuba». Nixon se quejaba de que JFK había abusado del acceso a información clasificada en octubre de 1960 para criticar al gobierno de Eisenhower por no ser capaz de ayudar «a los luchadores de la libertad» deseosos de derrocar a Castro. Según la versión de Nixon, para preservar el secreto de la operación, durante los debates se sintió inclinado a argumentar desde la posición contraria aunque en secreto había sido un adalid de la CIA para detener a Castro.

[8] Se refiere al intento de invasión de Cuba en Bahía Cochinos en abril de 1961 por parte de cubanos anticastristas, apoyados por la CIA. La agencia había hecho creer a Kennedy que si los exiliados, una vez en tierra, conseguían establecer una cabeza de playa en Cuba, la insatisfacción pública con Castro podía generar un levantamiento general que derrocaría al dictador y pondría a los exiliados en el poder, y que si fracasaban podían «fundirse en las montañas» de Cuba como guerrillas. Ninguna de estas convicciones resultó acertada, lo que supuso un duro golpe para el prestigio de Kennedy. El círculo de JFK culpaba a la CIA por su deficiente inteligencia y planificación. La CIA y sus partisanos culpaban a Kennedy por negarse a suspender su orden de que las fuerzas militares de Estados Unidos se mantuvieran fuera del combate.

[9] En septiembre de 1962 el senador Kenneth Keating, un republicano neoyorquino, denunció que los soviéticos habían puesto misiles de ataque en Cuba y que la administración de Kennedy estaba intentando ocultar su presencia. Esto fue semanas antes de que la CIA diera al presidente la primera evidencia contundente, recogida por fotografías de aviones de vigilancia de los misiles de la isla.

mana anterior, que sería 13 o 14 de abril. Estábamos en Glen Ora con Jean y Steve Smith y era una tarde —tú sabrás si era sábado o domingo— sobre las cinco en su dormitorio y lo llamaron por teléfono y —yo estaba allí y él estaba sentado en el borde de la cama— era del despacho de Dean Rusk, y siguió y siguió y parecía tan deprimido cuando terminó. Y supongo que Dean Rusk le dijo —o quizá fue demasiado para él, o algo—, ¿o entonces dijo Jack «adelante»? Supongo que fue una llamada definitiva[10].

Creo que ésa fue la llamada sobre el ataque aéreo.

Oh, que Dean Rusk quería cancelarlo, supongo. Es cierto. Así que de cualquier forma, y entonces Jack simplemente se sentó ahí en su cama y sacudió la cabeza y estuvo dando vueltas por la habitación con un aspecto casi de dolor y se fue a la planta de abajo y uno sabía que él sabía que lo que había pasado estaba mal. Pero supongo que él estaba ahí, sabes, era simplemente una cosa horrible. Estaba simplemente metido en ello. Bueno, de cualquier manera, como dije, normalmente tomaba las decisiones con facilidad y pensaba sobre ellas antes de tomarlas o una vez tomadas estaba contento con ellas. Y ésa es la única vez que lo vi, sabes, muy, muy bajo de ánimo. Así que fue un fin de semana horrible.

¿Crees que el hecho de que estuviera muy bajo de ánimo estaba relacionado con aquella decisión en particular sobre cancelar el ataque aéreo o con la decisión general de haber seguido con la invasión o era...?

Creo que probablemente era una combinación de todos ellos, ¿no crees?

Sí.

Quiero decir, la invasión al principio y después sin ataque aéreo, haciéndolo y no haciéndolo del todo, o debería... no lo sé. [Era] sólo algo horrible que se le había posado en el regazo y de lo que

---

[10] Aquella tarde de domingo, 16 de abril de 1961, seis B-26 pintados con insignias cubanas ya habían destruido la mitad de las fuerzas aéreas de Castro. Los oficiales de la CIA habían supuesto que, una vez que la invasión estuviese en marcha, JFK estaría deseando dejar de lado su promesa pública de no invadir Cuba y autorizaría a las fuerzas militares estadounidenses para apoyar abiertamente a los luchadores de la libertad que estaban aterrizando en las playas cubanas. La llamada de Rusk alertó al presidente de la importancia de ocultar cualquier participación norteamericana en la invasión. Kennedy entonces retuvo a las fuerzas aéreas estadounidenses hasta que los exiliados se establecieron en Cuba, momento en el cual un golpe así se podría explicar de forma plausible como si viniera de suelo cubano. En ese momento era probable que una prohibición de ataques aéreos norteamericanos sentenciara la invasión y Kennedy lo sabía.

no había tiempo de librarse. Y todas las cosas que me dijo sobre Cuba, no recuerdo si me lo dijo entonces o después..., [recuerdo] las reuniones y que solía decir: «Oh, Dios mío, ¡menudo puñado de consejeros hemos heredado!». Y más tarde, cuando Taylor fue nombrado jefe de personal, dijo: «Sabes, al menos dejo eso al siguiente presidente», o «si Eisenhower me hubiera dejado a alguien como él». «¿Te puedes imaginar dejar a alguien como Lyman Lemnitzer?», y sabes, toda esa gente ahí[11]. Quiero decir, un puñado de hombres inútiles. Y me acuerdo de un día —¿sería después de que aquello hubiera fracasado, supongo, o antes?— en la Casa Blanca. Yo estaba en la hierba con los niños y salió con el Dr. Cardona[12].

Oh, sí, eso fue después.

Y, bueno, pensó que él estuvo maravilloso después y que él simplemente...

Creo que eso fue una tarde de miércoles.

Oh.

Porque me mandaron a Florida el martes por la noche y llevé —Adolf Berle[13] y yo llevamos— al Dr. Cardona de regreso y lo traje el miércoles por la tarde, y creo que Kennedy lo trajo y te lo presentó.

Y después siguió sacudiendo la cabeza y dijo que Cardona había estado maravilloso. Pero si quieres volver a la cronología de

---

[11] A Lyman Lemnitzer (1899-1988) lo había nombrado Eisenhower jefe del Mando Conjunto en 1960. En marzo de 1962 Lemnitzer aprobó un plan muy secreto llamado Operación Northwoods para el gobierno de Estados Unidos con el propósito de cometer actos terroristas en Miami y otras ciudades norteamericanas y culpar de ellos a Castro como un pretexto para una invasión total norteamericana de Cuba. El plan incluso sugería que si un astronauta norteamericano moría en una misión el dedo acusador debía apuntar a Castro. Horrorizado por la propuesta de Lemnitzer y aun echando chispas por el torpe consejo del general durante el episodio de Bahía Cochinos, JFK no lo renovó por un segundo periodo aquel otoño como jefe del Mando Conjunto.

[12] José Miró Cardona (1902-1974) era un abogado de La Habana, profesor y destacado crítico de Batista que tras la Revolución fue brevemente primer ministro de Castro antes de romper con él y volar a Florida. Antes de la Bahía Cochinos Cardona era líder del Comité de Cubanos Anticastristas que estaban cooperando en silencio con la CIA y con el diminuto grupo de oficiales de Kennedy implicados en la subsiguiente invasión. Si los exiliados cubanos hubieran conseguido hacerse con una parte sustancial de su isla, habrían declarado a Cardona presidente provisional de Cuba.

[13] Adolf Berle (1895-1971) era profesor de Derecho, teórico de economía y diplomático de la era de Roosevelt que ayudaba al Departamento de Estado sobre Latinoamérica.

Cuba, estuvo aquel fin de semana. Volvimos a Washington el lunes. El martes tuvimos una recepción en el Congreso y llamaron a Jack a la mitad y se fue a su oficina y no volvió hasta que yo estaba en la cama[14]. Sabes, fue raro, porque el año siguiente en una recepción del Congreso lo llamaron para algo distinto de una crisis. Pero el año pasado parecía simplemente que aquellas recepciones eran siempre noches en las que ocurría algo horrible. Así que dices que el miércoles fue el día en que pasó todo. Y creo que fue el miércoles cuando tuvimos que hacernos las fotos, o quizá era jueves. Pero Jack estaba tan inquieto como un gato. [La sesión de fotos] era con Mark Shaw y llegó y se sentó diez minutos —no teníamos ninguna foto de los dos juntos para enviar por correo[15]—. Oh, fue un rato terrible y, sabes, él tenía un aspecto realmente horrible.

Tuvo que ser insoportable ir a la cena griega en medio de todo aquello[16].

Sí, después tuvimos que ir a la cena griega aquella noche. Habíamos tenido un almuerzo para ellos uno de esos días, o bien el día anterior o el siguiente. Y, sabes, eran tan agradables los griegos. Eran casi nuestras primeras visitas. Pero recuerdo tan bien cuándo ocurrió, fuera el día que fuera fue por la mañana y regresó a casa a su dormitorio y empezó a llorar, sólo conmigo. Sabes, apoyó la cara sobre las manos y como que lloró. Y sólo lo he visto llorar unas tres veces. Dos, el invierno que estaba enfermo en el hospital, sabes, de puro desánimo, no quería llorar pero algunas lágrimas le llenaron los ojos y rodaron por la mejilla. Y después esa vez y cuando Patrick, ese verano cuando regresó de Boston para verme en el hospital y entró en mi habitación, por la mañana

---

[14] El martes 18 de abril por la tarde llamaron a JFK, que estaba en la recepción anual en la Casa Blanca del Congreso, a la Habitación del Gabinete, donde había colgado un mapa del Caribe con barcos diminutos con imanes. Kennedy le dijo al almirante Arleigh Burke, jefe de la Marina estadounidense: «No quiero que Estados Unidos se implique en esto». Burke respondió: «Demonios, señor presidente, ¡estamos implicados!». Para llegar a un acuerdo el presidente permitió que seis jets del barco *Essex* de las fuerzas navales norteamericanas volaran sobre la cabeza de playa de la invasión durante una hora.

[15] Mark Shaw (1921-1969) era uno de los fotógrafos de moda y de famosos más conocidos de la época.

[16] Constantine Karamanlis (1907-1998) fue primer ministro de Grecia. El miércoles por la noche, cuando los Kennedy asistían a una cena en la embajada griega con Karamanlis como anfitrión, el presidente supo que la invasión estaba abocada al fracaso.

Retrato de Jacqueline Kennedy tomada durante la debacle
de Bahía Cochinos.

sobre las ocho, y simplemente sollozó y me rodeó con los brazos.
Y era tan triste, por sus primeros cien días y todos sus sueños
y luego que ocurriera esa cosa horrible. Y le importaba tanto. No
le importaban sus cien días, pero todos esos hombres a los que
mandaste cargados de esperanza y promesas sobre que los íbamos
a respaldar y ahí estaban, muertos como perros o yendo a morir
en la cárcel. Se preocupaba tanto por ellos. Y entonces Bobby vino
a verme. Sabes, obviamente había reuniones todo el tiempo —supongo que esa tarde o así en la Casa Blanca— y Bobby dijo: «Por
favor, quédate muy cerca de Jack, quiero decir, estate por aquí toda
la tarde». Si iba a llevarme fuera a los niños; en otras palabras, no
te vayas a ninguna parte. Para consolarlo de alguna forma. Quiero
decir, porque estaba muy triste.

*Aquel día o el siguiente me dijo algo sobre Bobby, se preguntaba si
nombrarlo jefe de la CIA. ¿Recuerdas eso?*

Me acuerdo de que lo mencionó un par de veces, si hubiera
podido tener a Bobby como jefe de la CIA. Bueno, entonces supongo que pensó que políticamente eso sería demasiado...

Demasiado arriesgado.

Sí, pero, sabes, deseaba tanto poder tener a Bobby ahí. No sé cuándo consiguió a John McCone[17].

Más o menos pasaron otros seis meses o así. Fue en otoño. Uno de los aspectos importantes, por supuesto, era el hecho de que el presidente, aunque lo que lo condujera a aquello fuera un malísimo consejo, nunca culpó a nadie en público y defendía ese maravilloso proverbio chino, ¿te acuerdas? «La victoria tiene cientos de padres».

«Padres. El desastre es huérfano»[18].

«Es huérfano». ¿De dónde sacó eso? ¿Lo supiste alguna vez?

No lo sé. Podemos ver si es de Mao Tse-Tung porque te dije que pronunciaba una cantidad enorme de proverbios chinos. *[Suelta una risita]*. Coleccionaba cosas así.

¿Cómo se sintió respecto a esto? Era a Lemnitzer, creo, y a los mandos conjuntos a quienes consideraba más responsables en privado que al resto, ésa es mi impresión.

Sí, sabes, nunca habló de forma descortés sobre ellos, pero sí con cierto desánimo y risa irónica, solía hablar acerca de ello con Curtis LeMay. Recuerdo el tiempo de la «segunda Cuba», consiguió una foto de todos nuestros aviones en Florida o por todo el país simplemente esperando en las pistas[19]. Y llamó a LeMay. Pero, sabes, aquel hombre gritaba que adelante, bombardeemos todo y tengamos una pequeña guerra y había sacado todos los aviones. Sabes, era difícil trabajar con LeMay. Pero era todo en general, los jefes del Mando Conjunto, y después, supongo, el pobre Allen Dulles. Y de nuevo estaba Dean Rusk. No sé si uno debería tener... me parece que si vas a hacerlo deberías tener cobertura aérea. Sabes,

---

[17] John McCone (1902-1991) era un hombre de negocios de California, presidente de la Comisión de Energía Atómica de Eisenhower y partidario de Nixon en 1960, al que JFK nombró para suceder a Allen Dulles tras despedir a este último tras el desastre de Bahía Cochinos.

[18] El 21 de abril de 1961, en una rueda de prensa, el presidente dijo: «Hay un viejo dicho según el cual la victoria tiene cien padres y la derrota es huérfana». JFK aceptó la plena responsabilidad por el fracaso como «el oficial responsable del gobierno». Los norteamericanos se unieron para apoyarlo y le dieron las cifras más altas de aprobación de su presidencia en la encuesta Gallup: el 81 por ciento.

[19] Curtis LeMay (1906-1990) era el truculento jefe de personal de las fuerzas aéreas, conocido por su liderazgo de los bombardeos estratégicos en la Segunda Guerra Mundial y el mando aéreo estratégico de la posguerra. Durante la crisis de los misiles de 1962 LeMay se convirtió en el más fiero en reclamar que JFK empezara a bombardear Cuba de inmediato.

Dean Rusk era tímido, pero todo aquello, Jack metiéndose en algo tan tarde y todo el mundo, y yo sólo deseé que si tenía que hacerlo que lo dejaran solo. Eso fue antes de los cien días[20]. Quiero decir, era tonto. Nunca le gustó el asunto aquel de los cien días en los periódicos pero era obviamente una cosita de la prensa. Roosevelt. Pero, sabes, antes incluso de que hubieran terminado, así que puedes ver qué pronto fue aquello en la Casa Blanca.

¿Qué te pareció Dulles después de esto?

Bueno, a él siempre le gustó Allen Dulles y pensó que era un hombre honorable y a Allen Dulles siempre le había gustado Jack. Y creo que Allen Dulles como que sucumbió a la presión. Porque un poco después salió de su camino para llevarlo a cenar —o hacer que alguien lo llevara a cenar—. ¿O era Charlie Wrightsman[21]? Sí, Charlie Wrightsman y Jayne estaban en Washington y venían a la Casa Blanca. Fue un par de semanas después de Cuba, o un mes, y Allen Dulles había sido siempre su «leoncito». Ellos lo hicieron bajar y lo sacaron a toda prisa de Florida y demás. Y Charlie Wrightsman estaba allí y dijo que no iba a ver a Allen Dulles —normalmente lo hacía cuando estaba en Washington—, fue por la forma en que Allen había echado a perder lo de Bahía Cochinos. Bueno, eso disgustó tanto a Jack. Era siempre tan leal con la gente, sabes, en dificultades. Así que me cogió aparte y dijo: «Haz que Dulles venga aquí para un té o para tomar algo esta tarde». E hizo un esfuerzo extra para volver de su oficina y sentarse con Jayne y Charlie Wrightsman sólo para mostrar a Charlie lo que pensaba de Allen Dulles. Y quiero decir, fue completamente distinto para Allen Dulles. Yo estaba con él como unos cinco o diez minutos antes de que Jack entrara allí. Parecía, no sé, el cardenal Mindszenty en un juicio. Sabes, sólo una sombra de lo que era[22]. Y Jack entró y habló, lo

---

[20] Desde la explosión solar de los programas de recuperación creados por Roosevelt para luchar contra la gran depresión durante los primeros cien días de su presidencia, esta medida la ha usado la prensa para lanzarse a emitir valoraciones prematuras sobre los nuevos presidentes.

[21] Charles Wrightsman (1895-1986) era un magnate del petróleo de Oklahoma y amigo del círculo de los Kennedy junto con su mujer, Jayne Larkin Wrightsman (1919-), que era buena amiga de Jacqueline y que trabajó en el Comité de Bellas Artes supervisando y recaudando fondos para la restauración de la Casa Blanca.

[22] Joseph Cardinal Mindszenty (1892-1975), de Budapest, fue sentenciado después de un juicio ejemplarizante en 1949 a prisión de por vida por «traición» contra el gobierno húngaro de corte soviético.

rodeó con el brazo. ¿Cómo era lo de Morgan? «Si sólo caminas con... por el banco con tu brazo alrededor de mí, ¿no tienes que darme un préstamo?» o algo así[23]. Pero trasluce algo sobre Jack. Pero, quiero decir, sabía que él, Dulles, obviamente lo había estropeado todo. Sabes, le producía ternura aquel hombre. Y supongo que justo después de Cuba, cuando fuera, cogió al general Taylor.

Sí, primero eligió al general Taylor para dirigir una investigación. Recuerdo que el general Taylor y Bobby hicieron una especie de investigación sobre lo que había pasado. Y después llevó al general Taylor a la Casa Blanca.

Así es.

Una especie de consejero militar.

El general Taylor solía llevar su traje gris y a veces Jack decía, cuando iban a una reunión con los jefes del Mando Conjunto, sabes, que se notaba que todos se preguntaban cómo sería Taylor y pensaban en la difícil situación que los esperaba[24]. Y para su asombro [de Jack], funcionó muy bien.

¿Conocía al general Taylor de antes?

Supongo que se habían visto un par de veces porque estaba siempre hablando de su libro. Y sabes, solía decir: «Imagina, ¿te puedes imaginar a Eisenhower haciendo esto?», cualquier cosa que hiciese que el general Taylor se fuera. El general Taylor y el general Gavin escribieron libros, ¿verdad[25]?

Sí.

Así siempre tuvo una buena opinión de él. Supo dónde acudir cuando necesitó un consejero militar.

Nosotros, el personal de la Casa Blanca, nos sentimos muy mal, bastante lejos del horror general de la cosa, pero sentimos que habíamos

---

[23] Según la leyenda, cuando un amigo le pedía un préstamo, uno de los banqueros Rothschild contestaba que haría algo mejor: lo acompañaría por la Bolsa de París y así elevaría la posición del amigo entre los financieros. JFK había disfrutado mucho de este concepto. Tras las elecciones de 1960, por ejemplo, el presidente electo dijo a su consejero de campaña Hyman Raskin de Chicago que le daría un regalo de agradecimiento mejor que un trabajo federal: llamaría a Raskin a su casa de Georgetown para que le diera consejo.

[24] Como general retirado, Taylor vestía de civil.

[25] James Gavin (1907-1990), legendario comandante del Regimiento n.º 505 de Infantería de Paracaidismo el día D, fue el primer embajador de JFK en París. Como Maxwell Taylor, el general Gavin dejó el Pentágono de Eisenhower debido a la estrategia de defensa y publicó un libro (*War and Peace in the Space Era*) explicando por qué.

servido mal al presidente y algunos estaban a favor del proyecto y otros en contra. Pero todos nosotros sentimos que no habíamos hecho el trabajo que el personal de la Casa Blanca tenía que hacer, nos habían intimidado demasiado aquellas grandes figuras y no habíamos sometido el proyecto al tipo de examen crítico que era nuestro trabajo aplicar. ¿Comentó alguna vez esto?

No, nunca. Pero, quiero decir, no creo que todos vosotros tuvierais que sentiros así, porque mira lo que hicisteis en la segunda Cuba. El hecho de que estuvierais iniciándoos en ello y nadie os hubiera advertido sobre ese asunto... Y vosotros, todos esos supuestos expertos cuando uno llega de nuevas, ¿qué podéis hacer sino seguir sus consejos? Por eso Lyndon Johnson es tan afortunado. Al menos tiene un equipo de gente que ha sido probada. Y pides a Dios que ya que han llevado el país los últimos ocho años y ha habido crisis que esos hombres sepan de lo que están hablando. Así que él solía hablar después, nunca sobre su personal, sino, sabes, sobre los que había dejado, los que había heredado para acudir a ellos en busca de consejo. Y eso era lo que le causaba bastante amargura.

Y a la hora de la verdad fue a Bobby a quien recurrió, ¿verdad?, más que a ningún otro, para hablar con él y que lo aconsejara[26].

Es cierto. Me acuerdo —adaptando a Bobby a aquel comité[27]— y creo que es allí donde empezó la amistad de Bobby y el general Taylor porque diría que después de Jack el general Taylor era el hombre de Washington del que Bobby se sentía más cerca, creo, me refiero más allá de sus amigos y la gente del Departamento de Justicia. Pero se profesan mutuo respeto. Y es muy conmovedor: un hombre muy joven y otro que está al final de su carrera.

Dijiste en una cinta anterior que los momentos en que recordabas al presidente más deprimido y realmente bajo presión fueron durante la lucha del miembro del Comité de Estado en 1956 y el asunto de Cuba.

Sí, bueno, no es que estuviera deprimido por el asunto del miembro del Comité de Estado. Eso fue más bien nerviosismo, preocupación, no podía dejar de hablar de ello. Sabes, tenía que

---

[26] Tras Bahía Cochinos JFK convenció a su hermano de que ampliara su cartera y se convirtiera en su consejero confidencial y «solucionador» de problemas en política exterior, defensa e inteligencia, especialmente en lo relativo a Cuba y la Unión Soviética.

[27] El presidente Kennedy pidió a Taylor que dirigiera un comité para realizar un análisis post mórtem sobre el fracaso de Bahía Cochinos. Otros miembros del comité fueron Robert Kennedy, Allen Dulles y el almirante Arleigh Burke.

El presidente y la señora Kennedy hablando con algunos miembros de la
Brigada de Invasión que habían sido liberados en Miami en 1962.

hacer algo para ganar. Esto era una especie de error garrafal sin fin.
No llevaba él las riendas como lo hizo en la lucha de Massachusetts.
Y entonces la horrible depresión cuando terminó y se preocupaba
tanto por aquella gente[28]. Y creo que la compasión que muestra,
bueno, la forma en que solía hablarme de Cardona después y que
realmente se sintiera obligado a liberar a estos prisioneros. Eso fue
¿la Navidad siguiente o dos Navidades más tarde?

Dos Navidades después.

Primero estaban los camiones y Bobby se sintió muy implicado en eso. Y justo en aquella época apareció un artículo sobre Bo-

---

[28] JFK se sintió responsable por los casi 1.200 invasores capturados por Castro. La
evidencia fue su voluntad de desafiar la crítica sobre política nacional y fomentar
una campaña pública, incluido un comité de «camiones por la libertad» encabe-
zado por norteamericanos eminentes para cumplir las peticiones de rescate de
Castro que ascendían hasta aproximadamente 60 millones de dólares en camiones,
medicinas, alimentos infantiles y equipamiento médico a cambio de su libertad.
En diciembre de 1962 los Kennedy recibieron a los cubanos liberados en una
ruidosa concentración en la Orange Bowl de Miami, donde Jacqueline dijo a los
ex prisioneros, en español, que esperaba que su hijo John de mayor fuera tan valiente como ellos.

bby —¿te acuerdas de aquellos otros, aburridos, donde dijeron que era despiadado?—. Y yo sólo pensé: «Si conocieran la compasión de este chico». Sabes, simplemente no podías dejar que aquella gente se pudriera en la cárcel. Quizá habría sido mejor si hubiera podido... mejor que que la gente viera a aquella pobre brigada tambaleándose y recordándotelo todo, todo el país, de nuevo, sobre el gran fracaso. Pero aquella urgencia de sacarlos. Y entonces a Jack le golpeó tan duro el asunto de los camiones. Pero tenía que hacer lo que estuviera en sus manos para hacer que volvieran. *[Se apaga la grabadora; después].* ¿Debería hablar de eso?

Sí.

Tengo otro. Estaba pensando en otra cosa sobre la compasión de Bobby. Debió de ser el pasado invierno, puedes averiguar cuándo fue, cuando el mejor espía que teníamos en Rusia fue capturado. ¿Era Penkovsky o Penovsky?[29]

Sí, Penkovsky.

Bueno, Bobby salía de una reunión en la Casa Blanca y me vio en el jardín, se acercó y se sentó en un banco con un aspecto tan triste. Y dijo que había salido a ver a John McCone y afirmó: «Es tan horrible que en la CIA no tengan corazón. Piensan que la gente son números. Él es espía X-15». Y contó que se lo había dicho a ellos, sabes: «¿Por qué?, ese hombre estaba dando demasiada información, estaban a punto de pillarlo. Y ellos siguieron pidiéndole más. ¿Por qué nadie le advirtió? ¿Por qué nadie le dijo que saliera de ahí? Tiene familia. Mujer o niños o algo». Bobby estaba tan afectado por ellos que trataban a aquel hombre como una cifra. Supongo que incluso pensó que John McCone era bastante...

Bueno, la gente adopta una especie de modo profesional y deja de ver a las personas como seres humanos. Y una de las cosas más vergonzosas fue el ataque al acuerdo de los camiones. Quiero decir, si había algo que esta nación tuviera que ver como su obligación era hacer todo lo posible para sacar a esa gente y atacar siempre me pareció la peor opción.

Lo sé.

Recuerda, la señora Roosevelt y Walter Reuther y Milton Eisenhower formaron un comité para hacerlo[30].

---

[29] Oleg Penkovsky (1919-1963) era un valioso agente secreto de inteligencia occidental en Moscú cuando lo descubrieron, arrestaron, juzgaron y ejecutaron.

[30] El comité de camiones a cambio de libertad.

Y después todo el mundo lo atacó. Y, oh, qué falta de corazón la suya. Bueno, en cualquier caso...

Creo que una de las razones de que el presidente tuviera sentimientos tan intensos hacia Miró Cardona y los miembros de ese comité es que tres o cuatro de ellos tenían hijos.

Es cierto. Sé que Cardona tenía un hijo, ¿verdad? Y después cuando la brigada cubana llegó en 1962 —supongo que sería Navidad— para, bueno, primero todos ellos vinieron por la tarde a la casa de Paul en Florida[31]. Sólo ellos cinco o seis. Sabes, Oliva[32] y todos ellos nos mostraron fotos de su aspecto anterior —las tenían en las carteras—. Todos ellos tenían aquellas caras maravillosas, como de El Greco. Realmente delgados. Cuando sacaron fotos de su apariencia anterior, parecían realmente miembros gordos de la banda de Xavier Cugat[33]. Quiero decir, no tenían *pathos* en la cara. Y cómo eran con nosotros; sabes, estaban sentados con Jack, sin amargura, simplemente mirándolo como su héroe. Eran hombres agradables. Vinieron en febrero ex profeso a la tumba de Jack a dejar una corona y Bobby los llevó —a uno de ellos— a verme. Y todos dijeron que se iban a salir de la armada y todo, que ahora que Jack había muerto, no tenían ni esperanza ni idealismo ni nada. Simplemente saldrían y buscarían un trabajo porque era a él a quien miraban con esperanza[34]. Ellos son los hombres que los habían metido en eso. Es conmovedor.

El presidente estaba profundamente conmovido, ¿verdad?, por aquel asunto de Miami[35].

---

[31] Para evitar molestar durante la estancia de Joseph Kennedy en Palm Beach el presidente y la primera dama alquilaron la casa vecina del señor y la señora C. Michael Paul.

[32] Erneido Oliva González (1932-) era diputado comandante para la Brigada de invasión 2506 y acababa de ser liberado de la prisión de Castro. El año siguiente él y algunos de sus compañeros entraron a formar parte del ejército estadounidense.

[33] Xavier Cugat (1900-1990) era un conocido director de orquesta de origen español que pasó su infancia en Cuba.

[34] Una buena razón para que Oliva y sus camaradas estuvieran desilusionados era que el presidente Johnson había clausurado el considerable programa de acción oculta contra Cuba que había sido supervisado en silencio por los hermanos Kennedy.

[35] En la Orange Bowl con los cubanos liberados gritando «¡Guerra! ¡Guerra! ¡Guerra!». *[N. de la T.]* En español en el original. JFK, muy afectado por la escena,

Oh, sí. Aquélla fue una de las cosas más conmovedoras que nunca he visto. Todas aquellas personas allí, sabes, gritando y saludando, y todos los pobres brigadistas sentados con sus vendajes y demás.

Creo que se dejó llevar y dijo algunas cosas que no estaban en el texto del discurso.

[Risitas]. Recuerdo que habló y entonces yo tuve que hablar en español. Sabes, un hombre maravilloso con el que deberías hablar alguna vez es Donald Barnes[36]. De todos los intérpretes que tuvo nunca Jack, siempre fue el único con español. Era tan superior a todos los demás. Y te hacía tener una buena relación con la persona. Aquel hombre estaba en tantos...; no sé, alguien debería entrevistarlo.

¿Qué es él? ¿Del Departamento de Estado?

Intérprete del Departamento de Estado. Algunos de ellos no eran muy buenos. El que tuvimos en París era simplemente inútil. Pobre Sedgwick[37], tratando de emplear su florido francés dieciochesco, que ya no sonaba como una traducción de Jack. Jack dijo que los dos mejores intérpretes que él había visto nunca eran Barnes y el intérprete de Adenauer, al que utilizaba en Alemania en lugar del nuestro. Preguntó a Adenauer si se lo podía prestar.

¿Alguna vez habló sobre el futuro de Castro y Cuba? ¿Qué crees que pensaba?

Dios, no sé qué pensaba. Recuerdo haberle preguntado este otoño. Oh, sí, aquel día del que te hablé, era un día en octubre, cuando se despertó de su siesta y parecía muy preocupado. Dije algo y él comentó: «Éste está siendo uno de los peores días de mi vida. Diez cosas han salido mal y aún son sólo las dos y media». Y nombró algunas de ellas, que yo debería haber escrito. De todas formas, una que puedo recordar fue que un pequeño asalto a Cuba había fallado[38]. Y yo dije algo como: «Bueno, ¿para qué valen todos esos pequeños ataques?». Pero él realmente... habló pero no res-

---

aceptó la bandera de la Brigada 2506 y prometió devolverla en «una Habana libre».

[36] Donald Barnes (1930-2003) fue el intérprete superior de español del gobierno y fue debidamente entrevistado para el programa de historia oral de la Biblioteca Kennedy.

[37] Charles Sedgwick (1912-1983).

[38] Los ataques desde el mar eran parte de la acción oculta de Estados Unidos emprendida contra la Cuba de Castro.

pondió a aquella pregunta. Era obvio no quería sentarse conmigo a hablar sobre Cuba porque le iba a preocupar. Así que no sé qué tenía en la cabeza o cuáles eran sus pensamientos.

Jean, ¿viste la entrevista que Jean Daniel...[39]*?*

Sí.

¿Aquello sonó...? ¿Qué te pareció?

Bien, pensé que ya no sonaba como Jack. Y recuerdo estar en la oficina de la señora Lincoln cuando trajeron a Jean Daniel y me lo presentaron[40]. Eso salió después de que Jack muriera, ¿verdad?

Así es.

Bueno, no parecía cosa de Jack. No puedo recordar ahora qué dijo, pero no sonaba, no parecía verdad.

No sonaba como él. Algunas de las cosas que se dijeron sonaban como suyas y otras no.

Ni siquiera sé si Daniel hablaba inglés.

Creo que Ben Bradlee lo trajo, según recuerdo.

Bueno, cuando yo lo vi, estaba solo. Pero quizá lo mandó Ben.

Ben lo mandó, supongo. Él, sabes, finalmente Miró Cardona se enfureció contra el gobierno de Estados Unidos y soltó esa bomba y todo lo demás[41].

Sí, recuerdo que más tarde Cardona se convirtió más bien en una molestia.

Siempre tuve la sensación de que el presidente entendió, tuvo cierta simpatía con las frustraciones...

---

[39] Jean Daniel (1920-) era director del periódico francés socialista *L'Observateur*. En octubre de 1963 tenía programada una entrevista con Castro. Antes de partir hacia La Habana su amigo Ben Bradlee le organizó una reunión con el presidente Kennedy en el Despacho Oval. Daniel almorzó con Castro el 22 de noviembre de 1963 y se enteraron estando juntos del asesinato del presidente, que Castro consideró «malas noticias». El 14 de diciembre de 1963 Daniel escribió en *New Republic* que durante su conversación con JFK el presidente había sido sorprendentemente franco al aceptar la responsabilidad norteamericana por la toma de Cuba por Castro y los excesos que siguieron, al decirle a Daniel que «hasta cierto punto» Batista había sido la «encarnación» de los «pecados» estadounidenses contra Cuba y que «ahora tendremos que pagar por aquellos pecados».

[40] Evelyn Norton Lincoln (1909-1995) fue la secretaria personal de JFK desde 1953 hasta su muerte.

[41] Miró Cardona se había enfadado porque tras la crisis de los misiles de Cuba la administración Kennedy parecía menos agresiva en su intento de derrocar a Castro.

Sí, sabes, y nunca dijo nada horrible sobre él. Sólo que aquello era una cosa preocupante, más en un día en que Miró Cardona «explotó».

El presidente había estado interesado en Latinoamérica en particular, porque se convirtió en un interés principal de la administración. Naturalmente había ido a Argentina, ¿verdad? En 1939 o algo así.

Sí, había estado allí. Creo que había ido a Brasil y a muchos otros sitios, ¿verdad? Pero era realmente muy joven entonces y no creo que..., no recuerdo que hablara en especial de Latinoamérica antes. Fue en realidad cuando llegó a la Casa Blanca —bueno, estuvimos allí un tiempo muy corto cuando dio su discurso de la Alianza[42]—. Así que obviamente tuvo que estar pensando sobre ello durante la campaña, en el interregno, sabes. Y, oh, y ¿te he hablado sobre él, el viaje a México, no el viaje a Venezuela[43]? Fui a un orfanato y había una foto en el periódico aquella tarde. Todos los niños me daban besos de despedida. Y el titular era: sabes, era muy halagador, decía: «Queremos a la señora Kennedy. Mira, se deja besar por niños gringos». O por, sabes, niños indios. Lo que quiera que fueran. Y eso le dolió tanto a Jack por ellos que dijo: «Mira a esa gente. Uno no sabe del complejo de inferioridad que tienen, que Estados Unidos les ha dado». ¿Y no es trágico, triste que tuvieran que escribir algo así? Vi en la visita a México, mientras se desarrollaba, cómo López Mateos realmente empezó a ver que Jack creía todas las cosas de las que hablaba: «Nuestra revolución fue como la vuestra[44]». Finalmente, tenían a alguien en quien podían confiar y a quien le importaban.

Ésa tuvo que ser una visita emocionante, la de México.

Para mí fue la más emocionante de todas.

¿Más incluso que la de Berlín?

Bueno, no fui a Berlín, ves, porque iba a tener a John-Patrick. Supongo que Berlín fue para él la más increíble. Pero ¿entonces dónde estuve yo? París y Viena, y Colombia y Venezuela. Bueno,

---

[42] La Alianza de Kennedy para el Progreso se diseñó para mejorar la cooperación económica con los países latinoamericanos y realzar la posición de Estados Unidos como el amigo y el adalid de las reformas, no de la dictadura.

[43] En diciembre de 1961 los Kennedy fueron a Venezuela y a Colombia.

[44] En junio de 1962 visitaron México DF, entre multitudes pletóricas, como invitados del presidente Adolfo López Mateos (1909-1969), presidente de México entre 1958 y 1964, que gustaba al presidente y su esposa y admiraban por sus reformas sociales.

Viena fue increíble porque había millas desde el aeropuerto y vuelta y era un día oscuro, gris. Y sólo ver aquellas multitudes durante unos cuarenta kilómetros básicamente llorando y agitando pañuelos. Aquélla fue una de las muchedumbres más impresionantes que he visto. Pero, Dios mío, la película de México, la vi el otro día. *Era fantástica.*

Sabes, parecía una tormenta de nieve rosa; aquel papel cayendo, y los gritos de ánimo y los «vivas». Y seguían pensando sobre nuevas cosas a las que dar «vivas». «¡Viva Kennedy!», «¡Vivan los Kennedy católicos!»[45]. ¡Viva todo!

Tenía una extraordinaria simpatía por Latinoamérica, por cuáles eran sus problemas, lo que habían tenido, lo que habían conseguido y...

Y le gustaban los latinos, también. Recuerdo que me sorprendió tanto porque pensé, y se lo dije y estuvo de acuerdo, de todos los hombres grandes que conocí cuando estábamos en la Casa Blanca o antes —piensas, está De Gaulle, Macmillan, Nehru, Kruschev—, el que me impresionó más fue Lleras Camargo[46] de Colombia. Sabes, no era para nada... y Betancourt[47], enormemente, pero Lleras Camargo, más. Era tan considerado, casi parecía no alemán sino nórdico en su tristeza. Y su dedicación. Cada día estaba más y más delgado. Cuando vino aquí al hospital y fui a verlo, no había nada en los papeles sobre ello. Y entró tan delgado al despacho de Jack. Dije: «Tiene un aspecto horrible desde que lo vimos en Colombia». Y dijo, sí, ha hecho todo eso, trabajar por la Alianza, y dijo que volvería a ayudar. Y entonces le dije a Jack, yo siempre había tenido esta manía antes de hacer que mis hijos aprendieran francés

---

[45] *[N. de la T.]* Estas dos frases con Viva aparecen en castellano en el original.

[46] Harold Macmillan (1894-1986), el primer ministro británico conservador entre 1957 y 1963, hizo su visita a Kennedy en abril de 1961. Pronto sería el mejor amigo de JFK entre los líderes extranjeros. Estaban relacionados por el matrimonio de la hermana menor de Kennedy, Kathleen (1920-1948), conocida como Kick con William Cavendish, marqués de Hartington, sobrino de la mujer de Macmillan, lady Dorothy. Hartington había muerto en la Segunda Guerra Mundial. Alberto Lleras Camargo (1906-1990) fue periodista y después presidente colombiano desde 1958 hasta 1962. Durante la visita de los Kennedy a Bogotá en 1961 Camargo les hizo un tour por su palacio presidencial, que era un deslumbrante museo de la historia colombiana, que ella después consideraría una inspiración para su restauración de la Casa Blanca.

[47] Rómulo Betancourt (1908-1981), presidente de Venezuela desde 1945 hasta 1948 y desde 1959 hasta 1964, conocido como el «padre de la democracia venezolana».

Jacqueline Kennedy visita México.

porque me daba cuenta de que el otro idioma absolutamente multiplicaba por dos mi vida, y te hacía capaz de reunirte con todas aquellas personas que tú... pero dije: «Voy a hacer que mis hijos aprendan español como segundo idioma». Deberíamos —si De Gaulle y todo el mundo quería tener su propia cosita— girarnos hacia este hemisferio. Y voy a hacer eso, de todas formas.

Creo que una de las grandes cosas que hizo él fue restaurar la percepción de que éste es un hemisferio común, que ha olvidado Estados Unidos completamente desde Roosevelt y la política del Buen vecino.

Y es tan impactante —él se dio cuenta en México y yo me di cuenta de nuevo—, lo recordé después. Cuando allí decimos América, refiriéndonos a nuestro país, para ellos América significa los dos continentes. Ellos dicen Norteamérica y Sudamérica. Y sabes, tienes que morderte la lengua un par de veces cuando estás hablando de América, y bueno...

El nombre de Kennedy significa más, es el mejor activo que tenemos en Latinoamérica por el momento. Desearía, sabes, que la nueva administración, por ejemplo, pidiera a Bobby que fuera a Venezuela.

Ellos quieren. Venezuela pidió especialmente a Bobby, y Lyndon Johnson no lo quiso mandar.

¿Ocurrió? O, espera, ir a, para... porque, sabes, señalar a Betancourt, el primer presidente de Venezuela que ha servido su periodo completo. Habría sido genial.

Sí, supongo.

Espero que vayas alguna vez allí.

Iré, pero no tendrá nada que ver con política.

No, pero les recordarás de lo que Norteamérica es capaz, cosa que significaría mucho. Mientras ocurría todo lo de Cuba estaba también ese problema de Laos[48]. ¿Recuerdas algo de eso? Había una charla sobre la intervención norteamericana allí que...

Oh, sí. Bueno, parece que siempre estaban Laos, Cuba, Vietnam del Sur —sabes, recuerdo tan bien Laos, y Berlín, pero no recuerdo en qué mes fue cada uno—. Y ¿no fue él a la televisión y habló sobre Laos?

Sí, eso fue el año siguiente, creo, el año después de que la crisis estuviera como hirviendo a fuego lento. No, no, era, no, tienes razón, fue aquella primavera cuando él hizo...

Y entonces fue dos veces para hablar de Berlín, ¿verdad?

Si, humm, habló sobre Berlín en junio[49].

---

[48] En 1961 Kennedy resistió presiones para desplegar el ejército de Estados Unidos contra las fuerzas procomunistas en Laos. En lugar de ello autorizó una negociación que condujo al año siguiente a la neutralidad del país.

[49] Al final de la Segunda Guerra Mundial, cuando los Aliados diseñaron planes para la Alemania de posguerra, dejaron Berlín muy metida en la zona de ocupación nazi. La ciudad se dividió efectivamente en dos sectores: Berlín oriental para los soviéticos y Berlín occidental para los norteamericanos, los británicos y los franceses. A finales de la década de 1950 la Alemania Oriental con respaldo soviético era una ruina económica en contraste con la Alemania Occidental. Un gran número de alemanes orientales escapaban a la parte occidental a través de Berlín. Con el fin de parar este flujo de refugiados y apuntarse tantos contra el mundo libre Kruschev pidió que la ciudad se unificara, cosa que, a causa de su situación geográfica, la dejaría a merced de los soviéticos y forzaría en efecto a la parte occidental a salir de la capital alemana. Los Aliados occidentales se habían com-

Mira, no lo recuerdo. Sabes, había siempre algo como eso a punto de explotar y Jack siempre viviendo con eso y con la presión de estar en la Casa Blanca e intentando todavía vivir de una forma normal y ser lo que debías ser para él cuando venía a casa. Sabes, oía lo que tenía que decir, pero no preguntaba demasiado sobre cosas dolorosas. Recuerdo una vez ese año sobre Vietnam del sur. Bueno, normalmente yo era tan buena en no preguntar, pero entonces con todas esas llamas y Diem y todo[50], la única vez que realmente lo hice le pregunté algo y era el final del día. Y dijo: «Oh, Dios mío, niña», que era —suena raro pero estaba acostumbrada a ello— una especie de palabra cariñosa que supongo que usaba su familia. Dijo: «Sabes, he tenido eso encima todo el día y yo simplemente...». Ves, acababa de estar nadando en la piscina y eso como que lo había puesto en un estado de noche feliz y dijo: «No me recuerdes todo eso otra vez». Y me sentí tan criminal. Pero podía hacer ese esfuerzo consciente para pasar de la preocupación a una relativa despreocupación.

Era una gran fuente de fortaleza, supongo, ser capaz de hacer eso.

Así que no le preguntaba y entonces me dijo, esa vez u otra: «No me preguntes a mí sobre esas cosas. Puedes pedir a Bundy que te deje ver todos los cables». *[Schlesinger se ríe]*. O: «Vete a preguntar a Bundy». Y respondí: «Yo no quiero ver todos los cables». Solía conseguir todos los cables sobre la India Pakistán porque me gustaba leer los cables de Ken Galbraith[51]. Y solía leer el resumen

---

prometido a conservar sus derechos en Berlín, si fuera necesario mediante la guerra. Cuando Kennedy dejó a Kruschev después de su agrio encuentro en Viena en junio de 1961, la crisis de Berlín estaba en marcha, con el presidente llamando a filas a los reservistas estadounidenses. Entonces, de repente, en agosto los soviéticos y los alemanes orientales construyeron un horrible muro alrededor de Berlín oriental para parar la «fuga de cerebros» al Este. Aunque Kennedy se oponía al muro políticamente, en privado se daba cuenta de que el líder soviético se estaba proporcionando a sí mismo un medio para desactivar la crisis de Berlín salvando la cara. El presidente dijo a sus ayudantes: «Un muro es mucho mejor que una guerra».

[50] Ngo Dinh Diem (1901-1963) fue presidente de Vietnam del Sur desde la retirada de los franceses en 1955 hasta su muerte en un golpe de Estado. Jacqueline se refiere a protestas como la de los sacerdotes budistas que se quemaron a lo bonzo en Saigón en el verano de 1963 para protestar contra las medidas represivas de Diem.

[51] Al matrimonio Kennedy le enganchaba la calidad literaria y el humor de los cables del embajador de JFK en la India.

semanal de la CIA. Pero al final ya no podía aguantar leer eso todo el tiempo. Pero él solía decir: «Oh, vete a preguntar a Bundy todo lo que quieras saber sobre eso, él te lo contará». Así que decidí que era mejor vivir, coges bastante por ósmosis y leyendo los periódicos y no preguntar, vivir en ello, siempre creí que había algo compasivo respecto a la Casa Blanca que construía la pecera y el servicio secreto y todo era una especie de... estabas cerrado herméticamente o había algo protector contra el mundo exterior. No te dabas cuenta, no oías cosas mezquinas que la gente decía sobre ti hasta mucho después. Y podías vivir tu especie de vida extraña allí. Él no podía si no, quiero decir, en lo que se refería a tu vida privada. Y decidí que era lo mejor que podía hacer. Todos deberían ayudar a Jack de la forma que pudieran y aquélla era la mejor forma en que yo podía hacerlo, sabes, no siendo una distracción, creando siempre un clima de afecto y confort y relajación cuando él llegaba a casa. Y la gente alrededor, yo intentaba traer a gente que le divirtiera. Quiero decir siempre había gente de Washington y así, pero que no fuera directamente relacionada con lo que había bregado todo el día, y buena comida, y los niños de buen humor y si te enterabas de alguien que estaba en la ciudad o podía conseguir a alguien interesante, sabes, tratar de hacerlo[52].

¿Te ocupabas tú de todas las invitaciones?

Sí.

Tenía confianza absoluta en ti.

Sí, y muchas veces si no se me ocurría nadie, o algo, solía llamar a la señora Lincoln y decirle: «Si el presidente quiere [invitar] a alguien, dile que pregunte a quien quiera que si puede venir esta noche». Un par de veces arreglaba una cenita de seis personas y podía ser una noche en la que él quería irse a la cama. Así que tengo que decir que nuestro último año fue de una o dos personas todo el tiempo y después él solía decidir con la señora Lincoln o, si no, sabes, Walton o alguien[53].

---

[52] En las épocas de estrés Jacqueline solía animar al presidente dejándole dibujos animados dibujados a mano y poesías humorísticas, llevándole los niños al despacho y haciendo que le sirvieran sus platos favoritos, como el del Joe Stone Crab de Miami. En privado realizaba curiosas imitaciones de algunas personas con las que JFK tenía que tratar. Podía imitar al embajador francés imitando a su vez a De Gaulle.

[53] William Walton (1910-1994), periodista, novelista, pintor y soldado, había sido lanzado a Francia al comienzo de la invasión del día D. Amigo cercano del matri-

¿Te acuerdas de cuando vino el presidente Nkrumah?

Oh, sí. Era, creo que fue el primer visitante que tuvimos. Vino y se sentó con nosotros en la sala del oeste, sabes, en nuestra parte privada.

¿En los apartamentos?

Apartamentos, *[Risitas]* y Stas estaba allí, y Lee. Y Stas nos acababa de decir que Nkrumah había comprado el mayor yate del Mediterráneo que pertenecía a algún dudoso amigo griego de Stas, el *Radiant.* Así que Stas le preguntó por él y dijo: «Sí, ¡lo están usando para entrenar a la marina de Ghana!». Y Jack se rio mucho con aquello más tarde con Stas. Pero era muy agradable, era alegre, tenía esa risa. No te dabas cuenta del bandido que iba a resultar ser.

Naturalmente, se ha comportado de la forma más terrible recientemente, pero como invitado era bastante agradable, ¿verdad?

Muy agradable y te dabas cuenta de que estaba encantado de estar en los apartamentos de la familia y creo que vio a los niños. Estaba tan feliz. Y entonces supongo que había traído algún regalo, así que le escribí una nota de agradecimiento manuscrita y dije, tratando de ser educada... porque Jack te hacía sentir qué importante era que hicieras que los africanos —qué horriblemente había tratado todo el mundo a los africanos— como Eisenhower había dejado a Haile Selassie[54] esperando como cuarenta minutos, y el resentimiento que llevaban consigo siempre. Así que le escribí de mi propia mano y para ser agradable dije: «¿Me mandaría una foto suya, ya que ha sido nuestra primera visita?» —visita extranjera—. Así que unas dos semanas después el embajador de Ghana con todos sus ropajes entró aparatosamente y me dio la foto, pero, sabes, al principio me gustaba Nkrumah. La única persona que conocí

---

monio Kennedy (colgó pinturas en el Despacho Oval de JFK tras la toma de posesión), Walton aceptó la llamada de Jackie para servir como presidente de la Comisión de Bellas Artes, que supervisaba la estética de los edificios federales y de los monumentos. «Todo va a estar relacionado con las cosas que nos importan», le escribió en junio de 1962. «Se tirarán abajo edificios preciosos y se levantarán rascacielos de mala calidad. Quizá conservar edificios antiguos y hacer que los nuevos estén bien no sea la cosa más importante del mundo —si estás esperando la bomba— pero creo que siempre vamos a estar esperando la bomba y nunca llegará, así que salvar lo viejo y hacer que lo nuevo sea bello es terriblemente importante».

[54] Haile Selassie (1892-1975) fue un emperador etíope, conocido como *El León de Judá,* y que según la tradición descendía del rey Salomón.

que supiera que era un bandido antes de venir y resultó ser todo lo que yo esperaba fue Sukarno[55].

Sukarno era tan malo como...

De nuevo, aquéllas eran visitas de trabajo, como uno quiera llamarlas, pero Jack le trajo a la salita del oeste justo antes del almuerzo. Creo que tenía esta especie de forma de hacer pequeñas cosas extra por la gente. Así que una cosa era subir y o bien beber algo antes del almuerzo o té, lo que fuera, conmigo, allí. Vio que entrar en la casa significaría algo para ellos. Y así yo conseguí estos papeles de resúmenes del Departamento de Estado sobre Sukarno y decía que Mao Tse-Tung había publicado su colección de arte, que supuso una cantidad enorme de dinero para él. Estaba tan halagado. Así que esa mañana llamé al Departamento de Estado y dije: «¿Podrías por favor traerme estos tomos?», porque pensé que impresionaría a Sukarno si los veía en nuestra mesa. Bueno, llegaron aquí apenas veinte minutos antes que él y apenas tuve tiempo de ojearlos. Así que dije: «Señor —lo que quiera que lo llames, presidente o primer ministro, lo he olvidado, pero lo sabía—, tenemos aquí su colección de arte», y empezamos a ver el libro juntos, era enorme. Sukarno estaba en el medio, los tres en el sofá, y Jack y yo en los extremos. Y fuimos pasando las páginas y ¡era como una colección de chicas Varga[56]!

¿De verdad?

Sabes, cada una... ¡chicas Petty[57]! Todas estaban desnudas hasta la cintura y tenían un hibisco en el pelo. *[Schlesinger se ríe].* Y, sabes, simplemente no te lo podías creer y miré de reojo a Jack y los dos estábamos intentando no reírnos. Quiero decir, intentando...era tan horrible, pero Sukarno estaba terriblemente contento y decía: «Ésta es mi segunda mujer y ésta era...», pero él era como una especie de, no sé, tenía una mirada como lasciva y era... te dejaba mal sabor de boca.

¿Alguien más que no te gustara entre los...?

---

[55] Sukarno (1901-1970), tras liderar en Indonesia el proceso de independencia de los holandeses, fue el primer presidente entre 1945 y 1967 y fue ampliamente conocido por el lujo y la corrupción. También coleccionaba arte, según la moda.

[56] Alberto Vargas (1896-1982) era un pintor de origen peruano que pintaba carteles de mujeres bellas, tanto desnudas como vestidas que aparecían en *Esquire* y *Playboy*.

[57] George Petty (1894-1975) pintaba figuras femeninas en poses parecidas a las de Vargas.

No me gustaba Adzhubei, no me gustaba[58]. Vino a Cape Cod. Oh, bueno, fue muy bueno lo que Jack hizo con él, Pierre lo organizó, y la entrevista y todo. Pero vino aquí para esa entrevista y es un tipo grande y descarado. Quizá es muy sensible por dentro, pero entró en la habitación y John entró en la salita —en Cape Cod—, salía corriendo del salón o así, escapándose de la señora Shaw como de costumbre y Adzhubei dijo: «Aquí está tu hijo. En unos pocos años él y mi hijo se estarán disparando en una guerra» o algo así... *Muy divertido.*

Sabes, de lo más... con una gran risa. Quiero decir, tenía el mismo sentido del humor pesado de Kruschev, pero yo pensé que mucho peor. Aunque me gustaba mucho su mujer. Realmente la señora Kruschev no me gustó mucho y odié a la hija que Kruschev había tenido en Viena[59]. ¡Parecía una rubia de la Wehrmacht directora de un campo de concentración! Pero la mujer de Adzhubei[60] era la única mujer rusa —ves, la señora Kruschev y la señora Dobrynin—. Dobrynin preguntó a Jack como una cosa especial si yo almorzaría sola con su mujer y lo hice, pero los dos tenían este afán competitivo para todo[61]. Si fumabas, hubieran dicho: «No deberías fumar tanto. Las mujeres rusas no fuman». O «¿Fuiste a la escuela de ingeniería?». Sabes, siempre tratando de parecer mejores. Supongo que eran unos resentidos. Pero yo estaba intentando ser educada y no lo hizo muy cómodo. Y la mujer de Adzhubei, la hija de Kruschev, era la única que era un poco divertida y solía decir: «Oh, ¿no terminas cansada de los niños al final del día?», u «Ojalá pudiera conseguir un buen cocinero». Sabes, hacía pequeñas bromas, era muy tímida, pero parecía sensible. Y siempre me preguntaba cómo terminó con un hombre tan descarado. Aunque quizá por dentro fue más agradable. Porque te das cuenta, en el informe que Bill Walton escribió sobre Rusia cuando fue allí tras la muerte de Jack, que a Adzhubei realmente le había impresionado que una

---

[58] Aleksei Adzhubei (1924-1993) era yerno de Kruschev y director de *Izvestia*. JFK lo recibió en noviembre 1961 en Hyannis Port para hacer una entrevista que se publicó en ambos países.

[59] La señora Kennedy seguramente se refiere a la nuera que acompañó a los Kruschev a Viena.

[60] Rada Kruschev Adzhubei (1929-).

[61] Anatoly Dobrynin (1919-2010), diplomático profesional toda su vida, llegó a Washington como embajador soviético en 1962.

muñeca que Kruschev había dado a Caroline estuviera en su dormitorio[62]. Era una de las cosas que a ella le gustaba tener aparte, en una mesita junto a su cama, junto con la Virgen y otras cosas. Sabes, así que obviamente eran todo lo sensibles que podían ser por dentro.

Madame Kruschev.

Bueno, De Gaulle me dijo en París —estábamos allí antes de Viena—: «Méfiez vous, c'est elle la plus maline» («cuidado, ella es la más astuta de los dos»). Me gustó mucho cuando estaba en Estados Unidos con la visita a Eisenhower. Entonces sólo la conocía a través de los periódicos. Pensé que tenía una cara muy agradable.

Parecía como Bess Truman, así como agradable, confortable.

Sí. Era un poco astuta, pensé. Quiero decir, me pone enferma todo eso, todas esas pequeñas pullas todo el tiempo, aunque en el palacio de Viena estuvo muy tímida cuando almorzamos. Estaba la cuestión del protocolo. Por alguna razón yo tenía un rango superior al suyo porque Jack era presidente y Kruschev era sólo director de lo que quiera que sea, así que no podía dejar la habitación antes que yo. Y yo no quería irme antes que una mujer mayor que yo, y, sabes, ella parecía tan retraída y nadie parecía poder ayudarla así que finalmente, en plan desesperado, la cogí de la mano y le dije: «Bueno, soy muy tímida así que tendrá que venir conmigo». Y Tish[63] y algún intérprete me dijo que se fue como una flecha hasta un ruso de su partido que estaba junto a la pared y dijo: «¿Has oído lo que me ha dicho?», y ella estaba como resplandeciente. Así que obviamente son todos tímidos por dentro —quiero decir, tienen sus pequeños resentimientos—. Pero Kruschev con su humor pesado era, quiero decir, solía decir, era...

¿Tenía algún encanto Kruschev?

Sí, era un chiste tras otro. Aquella cena era como sentarse junto a Abbott y Costello, o así[64]. Pero eso es en...

¿Una especie de jovialidad profesional?

Sí, pero es mejor que, no sé, sentarse junto a Kekkonen de Finlandia y preguntarle cuánto camina cada mañana antes del de-

---

[62] Walton convocó a oficiales soviéticos a un viaje organizado antes de la muerte del presidente para conocer a artistas soviéticos.

[63] La secretaria social Letitia Baldrige.

[64] Tras el primer día de conversaciones de los dos dirigentes se obsequió a los Kennedy y los Kruschev con una cena y una representación en el Palacio Schönbrunn.

sayuno. Pero entonces nos ofrecieron un ballet y aquellas bailarinas que se deslizaban en Schönbrunn y venían haciendo piruetas hacia Jack y Kruschev y hacia mí y madame Kruschev y yo dije: «Todos bailan. Todos le prestan toda su atención, señor presidente del comité. Le tiran flores», y él dijo: «No, no, es a su marido a quien le prestan atención. No debe nunca dejar que vaya en visita de Estado solo, es un joven muy apuesto». Quiero decir, solía decir algo agradable de tanto en tanto. Y entonces, como una loca —se lo conté a Jack más tarde—, ¡él no lo podía creer! Se me estaban acabando las cosas de las que hablar con aquel hombre. Y Jack siempre decía: «No deberías hablar con esos grandes hombres». Quiero decir, la señora Kennedy[65] solía leer sobre Rusia o la cosecha de trigo, o algo así, y «es la última cosa de la que quieren oír hablar. Háblales de algo diferente». Bueno, yo acababa de leer *Los sables del paraíso*, de Lesley Blanch, que va sobre Ucrania en el siglo XIX y las guerras y demás y los bailes. Me parecía bastante romántico, Ucrania, así que le estaba diciendo cuánto me gustaba todo aquello y la danza, la *lezginka* y el semental Kabarda y dijo algo al respecto: «Oh, sí, Ucrania tiene, ahora tenemos más maestros pero algo o más trigo». Y yo dije: «Oh, señor presidente del comité, no me aburra con eso, creo que la parte romántica es mucho más...» y entonces se rio[66]. Todo lo que puedo recordar, sabes, por fin pudo aflojar también. Así que sabe Dios de qué estaríamos hablando, del zar, no sé. Oh, y entonces supe que uno de esos perros había tenido cachorros, uno de esos perros del espacio —sabía los nombres de todos esos perros: Strelka, Belka y Laika—. Así que dije: «Veo que, he visto que uno de sus perros espaciales acaba de tener cachorros. ¿Por qué no me manda uno?». Y él simplemente se rio. Y por Dios, estábamos de vuelta en Washington unos dos meses después y dos rusos bañados en sudor y con la cara lívida entraron tambaleándose en el Despacho Oval con el embajador con ese pobre cachorro horrorizado que obviamente nunca había estado fuera del laboratorio, con agujas en cada vena. Y Jack me dijo —se me había olvidado contárselo—: «¿Cómo ha llegado este perro aquí?». Y dije: «Bueno, me temo que se lo pedí a Kruschev en Viena. Me estaba

---

[65] Rose Kennedy, que fue a Viena.

[66] En sus memorias Kruschev recordaba: «Obviamente ella tenía la lengua rápida o, como dicen los ucranianos, tenía una lengua afilada en su cabeza... No te pelees con ella; te pondrá en tu lugar».

Nikita Kruschev y Jacqueline Kennedy en Viena.

quedando sin temas de conversación». Y dijo: «Jugaste a su juego al recordarle la carrera espacial»[67]. Pero se rio.

¿Le gustaba Kruschev?

Oh, bueno, aquella vez en Viena no hubo... recuerda lo que dijo al final de aquello, su conversación. Me enseñó toda la transcripción, «iba a ser un invierno frío». Y lo dijo en un tono muy asustado, entonces yo pensé que había visto el poder desnudo, brutal, sin compasión y entonces Kruschev pensó, vio que quizá podría, pensó que podría hacer lo que quisiera con Jack. Kruschev podía ser jovial, pero por dentro había un...

Fue muy duro allí. El presidente regresó muy preocupado, recuerdo.

Oh, realmente lo estaba. Creo que estaba bastante deprimido tras aquella visita.

Había ido con alguna expectativa sobre Kruschev o era simplemente una especie de tanteo, ¿no?

Creo que había ido allí esperando deprimirse, pero creo que fue mucho peor de lo que pensaba. Quiero decir, no había ido allí con la ilusión de que podrían trabajar juntos. Pero yo solía decirle, por alguna razón, me gustaba la cara de Gromyko[68]. Pero esto fue antes de la segunda Cuba. Porque un día —fue la cosa más graciosa— salí a dar un paseo y ahí estaban él y Gromyko sentados en el jardín de rosas. Antes de que lo reformáramos había un banquito diminuto en el que apenas cabrían dos novios muy juntos. Y él y Gromyko estaban sentados en aquel asientito de enamorados, hablando. Y Jack me dijo después que quería sacarlo de la oficina y hablar solos, y yo salí y Jack me llamó. Y les dije: «Tenéis un aspecto tan absurdo sentados uno en el regazo del otro así». Y entonces Gromyko sonrió. La gente decía que se parecía a Nixon, pero tenía una bonita sonrisa.

Oh, ¿de verdad? Siempre me pareció completamente inexpresivo.

Bueno, si sonreía de veras, o algo, no sé. Pero después, sabes, todas las cosas que dijo a Jack antes de la segunda Cuba. Eso fue muy inteligente por parte de Jack, la forma en que lo hizo. Y después la otra vez que se vieron en el Despacho Oval y Jack le dijo: «En

---

[67] Como le gustaba vanagloriarse a Kruschev, el programa espacial de la Unión Soviética en 1961 iba por delante del de Estados Unidos.

[68] Andrei Gromyko (1909-1989), el severo ministro de Exteriores soviético, estropeó su relación con JFK en octubre de 1962 al negar en su cara en el Despacho Oval que los soviéticos hubieran puesto misiles en Cuba.

este país no cambiamos una manzana por un campo de manzanos»[69]. Ves, no recuerdo qué año, ni por qué se estaban viendo entonces, pero creo que Gromyko debió de venir tres veces.

La tercera fue en 1963.

Quizá cuatro.

Pero en conjunto ¿las visitas de Estado eran divertidas o molestas?

Bueno, eran...

O variarían, supongo.

No eran una molestia. Diría que eran realmente bastante tensas. Sabes, la semana que había una estabas realmente cansada. Y tenías que pensar: después mejoraban mucho, pero los primeros días tenías que hacer tantas cosas, quiero decir, lo que harías para una cena en tu casa ahora si no tuvieras ninguna ayuda. Tienes que ocuparte de la mesa y las flores; quiero decir, a veces Bunny Mellon y yo solíamos estar allí antes, justo antes de que fuera el momento de vestirse para la cena, preparando las flores[70], sabes, antes de que llegara la gente que podía prepararlas. Y la comida y después tuvimos que ingeniar una manera para que no llegara siempre fría desde la cocina. No hay antecocina en la Casa Blanca, la cocina está abajo, y solía haber aquellas esperas eternas. Y después tienes que ocuparte del espectáculo y conseguir un escenario. Era mucha tensión adelantarte a ellos y diría que la única que fue dura fue la [visita] del japonés, Ikeda, que era un hombre muy agradable pero ni él ni nadie en su grupo hablaba una palabra de inglés. Así que era un proceso un poco difícil para muchas de las reuniones. Pero me gustaban, me gustó Abboud de Sudán, realmente me gustaron los Karamanlis, madame Karamanlis sobre todo. Muchos. Todos eran... y lo que significaba para ellos. Aquello era lo que era tan conmovedor.

---

[69] Esto fue en octubre de 1961 en una conversación en las habitaciones familiares de la Casa Blanca en la que JFK rechazó los intentos baratos de Gromyko sobre el Berlín occidental diciendo: «Ofreces cambiarnos una manzana por un campo de manzanos. No hacemos eso en este país».

[70] Rachel Bunny Mellon (1910-), heredera de una empresa farmacéutica y segunda mujer del filántropo y mecenas Paul Mellon (1907-1999), era una buena amiga de Jacqueline. Mellon trabajó para su Comité de Bellas Artes y la aconsejó sobre restauración y el rediseño de los jardines de la Casa Blanca. Ella y JFK colaboraron en la transformación del jardín de rosas en un espacio bordeado por árboles para ceremonias al aire libre y finalmente la tumba del presidente Kennedy en Arlington.

Macmillan vino en abril, ¿recuerdas[71]*? Lo habías conocido antes, ¿verdad? ¿O lo había conocido el presidente?*

Sí, Jack lo había conocido, cuándo, justo después de Key West y después lo vio en Londres después de Viena. ¿Vino justo antes de Viena?

Vino en abril, antes de Viena.

Bueno, no recuerdo si era entonces.

Debió de haberlo conocido antes a través de los Devonshire.

No lo sé.

Quizá no.

Pero sé que se escribían desde que Jack llegó a la Casa Blanca. Pero, sí, almorzamos sólo Sissy y David[72] y Macmillan y Jack y yo, lo que era tan agradable, pero era un ambiente tan feliz y solían quedarse y hablar. Había una relación muy poco habitual y conmovedora entre esos dos hombres. Realmente se querían. Y, oh, bueno, si pudieras ver sus cartas. Te las mostraré un día porque no las puedo poner todas en la cinta. Pero la que escribió a mano Jack el verano después de Patrick, cuando justo estaba ocurriendo lo de Profumo[73]. Y cómo Jack se salió de su camino para mandarle un telegrama cuando dimitió y le dijo a David que podía estar en todos los periódicos de todo lo que había hecho por Occidente. Amaba a Macmillan. Sabes, Macmillan tenía una forma de mirar como de

---

[71] El primer ministro británico hizo su primera visita a Kennedy en la Casa Blanca en abril de 1961.

[72] David Ormsby-Gore (1918-1985) fue embajador británico en Washington durante los años de Kennedy. Descendiente del héroe *tory* (conservador) y primer ministro lord Salisbury (1830-1903), conocía a JFK desde antes de la Segunda Guerra Mundial, cuando Joseph Kennedy sirvió en el Londres preguerra. Ormsby-Gore estaba relacionado por matrimonio con ambos Kennedy y con Macmillan. Como miembro conservador del Parlamento, Ormsby-Gore había debatido esporádicamente sobre desarme con JFK durante la década de 1950. Tanto él como Macmillan empujaban al presidente a luchar con denuedo por un tratado integral de prohibición de pruebas que reduciría la dureza de la carrera armamentística de la Guerra Fría. (Tras la muerte de su padre en 1964 Ormsby-Gore se convirtió en lord Harlech).

[73] En octubre de 1963, con una afección de próstata, Macmillan dimitió. Su ministro de Defensa, John Profumo, había estado implicado recientemente en un escándalo de sexo y espionaje que empañó la reputación del gobierno. Los amigos especulaban si el mal trago del escándalo había generado la enfermedad de Macmillan o si estaba agradecido de poder usar la excusa de una mala salud para abandonar un cargo que de repente se había vuelto desagradable para él.

broma. Su cara tenía esa especie de alegría contenida y sus ropas extrañas y demás, pero, no, era un...

Era un viejo sagaz.

Sí.

Y creo que tenía la impresión de que el presidente estaba especialmente impresionado por lo mucho que le importaba tener bajo control la cosa nuclear.

Sí, lo sé, lo sé.

Sé que solía escribir cartas elocuentes sobre el horror de la guerra nuclear.

Sí, ¿y qué dijo Jack? Ésa fue una de las cosas que dijo Jack —lo que Macmillan había hecho por él—. Jack dijo que realmente se preocupaba por la Alianza Occidental.

¿Gaitskell le gustaba al presidente?

Sí, le gustaba, ¿verdad?

Sí, le gustaba. ¿Recuerdas su reacción a Harold Wilson[74]?

Oh, lo soportaba.

Había una relación especial. Pero ¿por qué el presidente y Macmillan? ¿De qué hablarían más allá de la política, porque obviamente tenían muchas otras cosas? Macmillan es un editor y amaba la historia.

Bueno, ellos solían ser tan irreverentes y divertidos. Jack solía contarme algunas de las cosas que contaban entre los hombres —sabes, después de almorzar, [cosas] que no creo que yo debiera decir en la grabadora, ni siquiera—. ¿Qué era? Una cosa era, oh, la gente dice que la generación más joven ha perdido toda esperanza de vivir con esta cosa nuclear. Pero, míralos, están perfectamente bien, están bailando el twist. Pero, no sé, sólo cosas divertidas. Se divertían tanto el uno al otro. Así que, entonces, la única vez que estuve con ellos fue la vez del almuerzo en la Casa Blanca. Y cuando salieron, algo dijo algo sobre Nehru y yo dije cómo puso Nehru su... le había dado a Lee una miniatura de dos indios en un sillón juntos y me dio uno de una dama oliendo una rosa y cómo tenía su mano en el muslo de Lee en el aeropuerto o algo bastante irreverente[75]. Sólo parecía en shock pero sabes, era tan divertido. No era... eso no describe a lo que me refiero. Jack tenía muy desarrollado un

---

[74] Hugh Gaitskell (1906-1963) y Harold Wilson (1916-1995) eran líderes del Partido Laborista, la oposición de Macmillan.

[75] Durante la visita oficial de la señora Kennedy a la India, acompañada por su hermana, en marzo de 1962.

punto de travesura y también lo tenía Macmillan, así que nunca he visto a dos personas disfrutar tanto el uno con el otro. Obviamente hablaban de cosas importantes solos, pero terminaba con Sissy y David y nosotros y él, sabes, o yendo a Adele Astaire Douglass, que se había casado con un Cavendish. Hablaban de muchas cosas de familia, supongo, pero siempre [con] este maravilloso humor debajo de todo.

El año del presidente, cuando fue a Londres en 1938 y 1939, no estuvo allí mucho, pero obviamente activó un resorte en él, ¿verdad?

Siempre he pensado que él se modeló más sobre la historia británica que sobre la nuestra. Quiero decir, lo que leía, siempre estaba; bueno, te he hablado de todos los discursos: el de Burke «A los electores de Bristol» y el de Warren Hastings y el de Charles James Fox[76]. Se dio a sí mismo una educación clásica a través de sus propias lecturas. No creo que encuentres eso en este país ya. Sobre todo por haber estado enfermo y haber leído los clásicos y entonces los ingleses —y después eso hizo que cogiera lo que le pareció lo mejor del pensamiento y la oratoria norteamericanos—. Así que sentía admiración por todos. La última vez que estuvimos en Londres juntos, supongo que sería en 1958, quizá, comió con todos sus viejos amigos. Bueno, cuando los ves a todos, era bastante descorazonador. David Gore era el único que había llegado a algo y era —Jack solía siempre decir que era uno de los hombres más brillantes que jamás había conocido—, él y Bundy, solía decir. Pero, sabes, los otros eran, bueno, una especie de derrotistas o se quedaron en nada. Él no era como Joe Alsop, que quiere mucho al lord y se emociona a la mera mención de cualquier inglés. Verlos entonces deprimió de veras a Jack. De todos aquellos hombres jóvenes que habían sido sus amigos en 1938 y 1939: Hugh Fraser, Tony Rosslyn[77].

Bueno, él estaba en el gobierno, pero es una vida decepcionante.

Sí.

¿Conoció a Churchill?

---

[76] Warren Hastings (1732-1818) fue el primer gobernador general británico de la India. Charles James Fox (1749-1806) era un líder político *whig* y el azote del rey Jorge III, al que consideraba un tirano, lo que llevó a Fox a apoyar la Revolución norteamericana contra él.

[77] Hugh Fraser (1918-1984) y Anthony St. Clair-Erskine, sexto Earl de Rosslyn (1917-1977), ambos sirvieron como miembros del Parlamento después de la guerra.

William Home, que era un gran amigo suyo[78].

El hermano de Alec.

Sí, le gustaba Kick y había escrito; sabes, estuvo en prisión porque no quiso disparar a civiles en un pueblo y ahí es donde escribió *Now Barabbas* [«Ahora Barabbas»]. Entonces escribió *The Chiltern Hundreds* sobre Kathleen. Kathleen era el modelo de la chica norteamericana. Ella solía ir a verlo a la cárcel. Y, bueno, William era perverso, escandaloso y divertido. Jack siempre disfrutaba con él. Pero sus obras de teatro cada vez eran peores.

Interpretaste el primer ministro reacio[79].

Primer ministro. Oh, cielos. Bueno, pobre William, tenía unos cuatro hijos a los que alimentar y tenía que escribir demasiado rápido.

¿Conoció a Alec en aquel —Home— en aquella época?

No lo creo.

Es bastante distinto de William, deduzco.

Sí, bueno, William está un poco loco. Jack dijo algo en la Black Watch[80], sabes, aquel discursito antes, sobre todos nosotros supongo que estamos llamados a las causas perdidas y la historia de Escocia lo cautivó desde edad temprana —era realmente una larga serie de causas perdidas pero triunfó en muchos sentidos más que incluso ahora—. Y mientras estábamos yéndonos del césped hacia el balcón, donde habíamos visto todo el espectáculo, Jack dijo: «Me pregunto si David Gore ha sabido a lo que me refería». Bien, se refería a que Alec Douglas Home, escocés, era ahora primer ministro.

¿Le gustaba Alec Douglas Home?

Bueno, ¿lo había conocido?

Sí.

¿Vino Alec Home [a la Casa Blanca]?

---

[78] William Douglas Home (1912-1992) era un autor teatral que se presentó sin éxito al Parlamento durante la Segunda Guerra Mundial y que manifestó su oposición a la insistencia de Winston Churchill en que la contienda durara hasta la rendición incondicional de Alemania. Su hermano Alec (1903-1995) era el secretario de Asuntos Exteriores de Macmillan y le sucedió como primer ministro en octubre de 1963.

[79] Douglas Home había escrito *The Reluctant Debutante* y *The Reluctant Peer*.

[80] Nueve días antes de su muerte el presidente y su familia presenciaron una representación en la pradera sur de la Casa Blanca de los gaiteros de la Black Watch (Regimiento de Royal Highland). La señora Kennedy pidió a los escoceses que tocaran en las ceremonias funerales de su marido.

Joe, Kathleen y Jack en Londres en 1939.

Viendo el acto del Regimiento Black Watch en la pradera sur
de la Casa Blanca el 13 de noviembre de 1963.

Sí, siendo primer ministro, no, pero vino siendo secretario de Exteriores, se conocieron.

Creo que sí le gustaba —quiero decir, sé que no le disgustaba—.
Pero la primera vez que vi a Alec Home fue en el funeral de Jack,
y me gustó.

Es un buen hombre. ¿Conoció a Churchill?

La vez que estuvimos con Churchill fue en Montecarlo y algunas personas —estábamos durmiendo allí— teníamos una casa
en Cannes con William Douglas Home y su mujer y...

¿Eso cuándo fue?

Era o bien... 1958, supongo. Y los Agnelli[81] habían pedido...
íbamos a ir allí para cenar con ellos y entonces nos llevaron antes
de la cena al yate de Onassis para conocer a Churchill[82]. Jack siem-

---

[81] Giovanni Agnelli (1921-2003) era el jefe de la compañía de su familia, Fiat.

[82] Aristóteles Onassis (1906-1975) había adoptado como base para su familia, sus
negocios y su yate *Christina* en Mónaco a finales de la década de 1950 y con fre-

pre había querido conocer a Churchill. Bueno, el pobre hombre estaba bastante gagá y mucho... Sabes, todos llegamos al barco juntos y él no sabía muy bien quién era Jack. Empezó a hablar con otros hombres allí, pensando que eran Jack, y a decir: «Conocía muy bien a tu padre» y esto y lo otro y después se aclaró la cosa. Entonces Jack se sentó con él y hablaron. Pero era difícil. No creo que se hubieran visto antes. Pero naturalmente había leído todo lo que él...

Había leído prácticamente todo lo de Churchill.

Me dio tanta lástima Jack esa noche, porque estaba conociendo a su héroe, pero lo conoció demasiado tarde. Todo —piensa en lo que habría podido tener—, tenía tanta ansia de hablar con Churchill al final o de conocerlo y sólo conoció a Churchill cuando Churchill realmente no podía decir nada.

Adenauer también apareció aquella primera primavera[83].

Sí. Jack solía decir que Adenauer era un poco un viejo amargado y que había que sonsacarle. Solía decir: «¿Ochenta y nueve [años]? ¿No pensarías que se habrá rendido para entonces?, pero tendrán que sacarlo a rastras gritando». Terminó terriblemente harto de Adenauer y todo aquel Berlín. Había cogido una casa privada porque su madre tenía apendicitis o algo así y empezó otra ronda de llantos. Y odiaba a aquel embajador. Los dos únicos embajadores que realmente odiaba eran ése, Grewe, y el embajador de Pakistán, Ahmed. Bueno, el nuevo de ahora se llama Ahmed, así que era el Ahmed antes de éste[84].

Bueno, los alemanes querían garantías todo el tiempo y tenían que resultar muy pesados.

Y sabes, ¿qué puedes hacer más que darles garantías? Bueno, él en realidad lo hacía, obviamente, cuando iba a Berlín.

---

cuencia invitaba a un Churchill entrado en años y a su mujer Clementine. Los Kennedy de hecho conocieron a Churchill a bordo del yate de Onassis los veranos de 1955 y de 1959.

[83] Konrad Adenauer (1876-1967) fue el primer canciller de la Alemania Occidental de posguerra y se retiró en 1963. La admiración de JFK por el papel de Adenauer en la construcción de la democracia alemana se atemperaba por la molestia de que Adenauer reclamara sin cesar que Estados Unidos demostrara su compromiso de defender Berlín occidental de la amenaza comunista.

[84] Wilhelm Grewe (1911-2000), enviado a Washington de Adenauer. El diplomático paquistaní era Aziz Ahmed (1906-1982).

¿Recuerdas muchas cosas sobre el viaje a Canadá[85]?
Oh, sí, fue nuestro primer...
Fue vuestro primer viaje.
Lo recuerdo todo sobre él, sabes, bajar del avión... y Vanier, el gobernador general, es el hombre mayor con el aspecto más maravilloso, sabes, bigote blanco, un poco como C. Aubrey Smith[86]. Y madame Vanier toda una madre, todo el mundo los alaba. Y entré en la ciudad en coche desde el aeropuerto con ella, debe de haber como unos ochenta kilómetros desde el aeropuerto a Ottawa. Me explicó cómo saludar y siempre me llamaba «dear» (querida). Era muy protectora. Yo todavía estaba muy cansada entonces, así que a la mitad tuve que irme de la fila de la recepción aquella noche y Jack fue tan dulce, bastante protector, sacándome de allí. Tenía tan pocas fuerzas entonces. Así que antes de que fuéramos a Europa me cogí una semana entera de vacaciones en el campo para dormir y coger fuerzas y todo fue bien. Pero todo el mundo estaba diciendo que Ottawa era tan fría y nunca daba recepciones agradables a nadie y supongo especialmente a Estados Unidos, o así. Y todos ellos estaban en realidad... bueno, parecían

---

[85] John Diefenbaker (1895-1979) era primer ministro conservador de Canadá cuando los Kennedy hicieron su primer viaje oficial al extranjero allí en 1961. Durante sus conversaciones el primer ministro no pudo ocultar la pobre opinión que tenía del informal y joven nuevo presidente. Supuestamente uno de los estadounidenses se olvidó un documento, escrito por el ayudante de Kennedy, Walt Rostov, en el que el presidente había escrito casualmente su punto de vista de que el apolillado Diefenbaker era un «HP» [el original dice S.O.B. abreviación de «Son of a bitch»] y que urgía un esfuerzo para «presionar» a los canadienses en varios aspectos. (Durante el viaje Kennedy también volvió a quejarse intensamente de la espalda al plantar un árbol en una ceremonia). El año siguiente JFK se opuso más a Diefenbaker al invitar al líder de su oposición, Lester Pearson, del Partido Liberal, al que Kennedy había conocido durante su tiempo como embajador en Washington, a una cena en la Casa Blanca y verlo en privado durante media hora. Al hacer la campaña para la reelección Diefenbaker intentó fastidiar la obvia preferencia de los estadounidenses por el partido de Pearson amenazando con sacar el memorando ofensivo de 1961, advirtiendo que «todos los canadienses» lamentarían la evidencia de la arrogancia norteamericana. JFK ordenó a su enviado en Ottawa que hiciera frente a Diefenbaker. Más tarde negó a Ben Bradlee que él hubiera escrito eso en ningún papel y se preguntaba en voz alta por qué Diefenbaker no había hecho «lo que cualquier gobierno normal y amistoso hubiera hecho... hacer una copia fotográfica y devolver el original». (Para alegría del presidente, el partido de Diefenbaker perdió).

[86] Charles Aubrey Smith (1863-1948) era un actor británico y estereotipo del inglés. Tenía un aspecto parecido a George Vanier.

como masas terriblemente entusiastas y todo el mundo estaba asombrado. Sabes, te dabas cuenta de que lo sentían de veras. Aquí a menudo dices a los visitantes de Estado —estás entrando desde el aeropuerto—: «Washington es apático, y nunca los había visto volverse tan locos por ninguna visita como con usted». Porque están allí sin esperanza, simplemente en pie. Pero no le gustaba Diefenbaker.

Pero Diefenbaker ya estaba un poco errático y loco, ¿verdad?

Oh, sí. Y, sabes, la señora Diefenbaker es una mujer muy agradable. Pero, oh, almorzamos en la casa de los Diefenbaker y él insistió en contar todas aquellas historias de Churchill con acento y llamándolo «viejo Winston» o «el viejo muchacho» o así. Sabes, fue simplemente doloroso. No le gustaba Diefenbaker. Y entonces ¿sabes cuál era la historia? ¿Qué era? ¿Un papel que se dejaron olvidado?

El memorando Rostow.

Sí, bueno, Diefenbaker intentó realmente chantajear a Jack con eso. Y lo que quiera que le contestara Jack fue bastante inteligente, algo como: «¿Cómo conseguiste ese papel?». Sabes, nunca le gustó ese hombre, prefería a Lester Pearson.

Habíais conocido a De Gaulle antes, cuando fue allí[87].

Yo acababa de conocer a De Gaulle, Jack estaba haciendo campaña en Oregón y coincidí con él en una recepción en la embajada francesa y supongo que hablé con él diez minutos.

¿Era fácil hablar con él?

Supongo que no lo era, le dije cuánto lo admiraba Jack y me inventé algunas cosas por completo pero sí me pareció fácil hablar con él cuando estuvimos en Francia[88].

Aquella fue una visita agradable, ¿verdad?, la de París.

Sí, porque le pregunté cosas de historia —o todas las cosas que quería saber, como con quién se casó la hija de Luis XVI, el duque de Angouleme, si ella tuvo hijos, esto y aquello—. Después se inclinó sobre la mesa hacia Jack en el almuerzo y dijo en francés: «La señora Kennedy sabe más historia de Francia que la mayoría de las francesas». Así que Jack dijo: «Dios mío, ¡eso sería como si yo me

---

[87] Eso fue en mayo de 1960, cuando De Gaulle fue a Washington como invitado de Eisenhower.

[88] Se refiere a la recepción triunfal de los Kennedy en Francia cuando fueron recibidos por De Gaulle en una visita de Estado en mayo de 1961, antes de la cumbre de Viena con Kruschev.

Izquierda: la señora Kennedy recibe el saludo del presidente De Gaulle en el Palacio del Elíseo en 1961. Derecha: De Gaulle acompaña a la señora Kennedy a la cena en Versalles.

sentara junto a madame De Gaulle y ella me preguntara por Henry Clay!». Así que, sabes, estaba muy complacido. Pero uno podía preguntarle tantas cosas sin hablar de lo obvio. De Gaulle tiene unos modales corteses, muy agradables con las mujeres. Quiero decir, yo sabía que estaba interesado en mí y todo e impresionado por Jack. También Bundy estaba sentado justo enfrente de nosotros en la primera comida. Sabes, Bundy realmente parece muy joven y De Gaulle me dijo bastante imperiosamente: «Et qui est ce jeune homme?»[89], porque también estaba mirando a Kenny O'Donnell. No sé si Dave Powers estaba también en el almuerzo. Y yo dije: «Director del consejo de seguridad nacional» —no sé si sabía qué significaba eso y dije que era la cabeza joven más brillante de Harvard, así que se inclinó hacia él y dijo algo sobre Harvard en un

_____

[89] *[N. de la T.]* «¿Y quién es ese joven?».

francés muy lento —sabes, hablando muy despacio en francés como lo harías con alguien que quizá no hable el idioma—. Y Bundy contestó en su francés magnífico. Yo estaba tan orgullosa. Sabes, era el primer *strike* para nuestro equipo o la primera carrera para nuestro lado.

¿Cómo era madame De Gaulle?

Bueno, parecía haber sufrido durante tanto tiempo, pobre mujer, tan cansada... Sabes, tenían más visitas de Estado que nadie. Tenía un trato tan dulce, muy agradable, pero pasaba por todo aquello sin fuerzas. En Versalles, bueno, la mesa era fantástica. Sabes, tenían todo el oro, estaba el tintero de Napoleón o algo enfrente de nosotros y el mantel tenía muchas incrustaciones de oro, así que Jack se volvió hacia madame De Gaulle y dijo —su único intento de hablar con ella porque se quedaba allí sentada mirando al frente, estaba tan cansada—: «Éste es el mantel más bello». Y su respuesta fue: «El del almuerzo era mejor». Y él respondió: «Oh», y los dos se quedaron en silencio de nuevo. Sabes, en todas las visitas de Estado al extranjero, es distinto a aquí, los dos hombres se sientan uno junto al otro. Pregunté a Jack si quería hacer eso en la Casa Blanca.

¿De veras? En otras palabras, el jefe de Estado se sienta junto al otro jefe de Estado.

Sí, así que sería, de izquierda a derecha, madame De Gaulle, Jack, De Gaulle y yo. Y cada vez que ibas a comidas con ellos, era así la mayor parte del tiempo. Jack dijo que no quería hacerlo de esa forma. Dijo que los veía bastante ya durante el día en sus conferencias.

Él y De Gaulle se llevaban bien, entonces, ¿verdad? Quiero decir que era...

Oh, creo que De Gaulle estaba bastante impresionado con Jack.

¿No hubo ningún indicio entonces de la faena que iba a hacer De Gaulle después[90]?

Bueno, sé que Jack siempre lo supo, porque lo dijo —sé que lo dijo antes del viaje— y había leído todo lo que había dicho Roosevelt. Sabía que De Gaulle tenía esa cosa sobre Occidente así que supongo que no hubo nada entonces —ningún problema, pero creo

---

[90] Los esfuerzos de distanciar a Francia de la OTAN y Estados Unidos para demostrar la singularidad y la grandeza francesas.

La primera dama con André Malraux el 11 de mayo de 1962.

que Jack supo que llegaría. Oh, preguntó a De Gaulle sobre sus relaciones con Churchill y Roosevelt. Y De Gaulle dijo —oh, Dios, ¿me acordaré?—: «Con Churchill estábamos... yo estaba siempre en desacuerdo pero siempre alcanzábamos un acuerdo. Con Roosevelt nunca estuve en desacuerdo y nunca llegamos a un acuerdo». Esto es la esencia —él lo dijo mucho mejor— y tampoco lo escribí.

¿Conociste a Malraux antes del viaje?

No, Nicole Alphand me preguntó qué me gustaría hacer en la visita a Francia y podía ver que cualquier cosa que dijera, pondrían patas arriba el sitio. Así que dije: «Por favor, Nicole, no quiero nada. Lo que planees está muy bien. La única cosa que me gustaría hacer, de alguna forma, ¿podría conocer a André Malraux[91]? ¿Crees que

---

[91] André Malraux (1901-1976), historiador del arte, novelista y valiente héroe de la Resistencia francesa durante la Segunda Guerra Mundial, fue ministro de Cultura de De Gaulle. Su novela de 1938 *L'Espoir (La esperanza)* se basaba en su experiencia luchando con las fuerzas antifascistas durante la Guerra Civil española. «Para la mayoría», escribió una vez Malraux, «un hombre es lo que esconde». Jacqueline había leído detalladamente los libros de Malraux y se sentía atraída por la historia de su vida, sus simpatías humanistas, su dominio de la historia cultural

me podría sentar con él en algún evento?». Y mira lo protocolarios y despiadados que son los franceses porque naturalmente, unos cuatro días antes de que llegáramos allí, sus dos hijos se mataron en un accidente de coche. Y en la primera recepción aquella primera noche —en el Elíseo— de repente las puertas se abrieron y aquellos dos cuervos negros entraron, con las caras completamente blancas e hinchadas de haber estado llorando toda la recepción y todos los tics de Malraux al mismo tiempo. Y todo el lugar se sumió en un silencio. Pero obviamente era la única cosa que yo había pedido, así que ahí estaba. Así que el día siguiente Malraux me llevó al Jeu de Paume y después a Malmaison y después él estaba bien[92]. Y creo que le di, en cierta manera, no sé, supongo que

---

y su creencia de que el arte y la arquitectura podían mejorar a una sociedad («la suma», había escrito, «de todas las formas de arte, amor y pensamiento, que el transcurso de los siglos han permitido al hombre que esté menos esclavizado»). Pidió conocer a Malraux durante la visita de Estado a París y le oyó hablar de algunos de los cuadros que más admiraba ella.

[92] Jacqueline había mandado una nota diciendo que, dado que estaba de luto, Malraux no tenía que preocuparse por ella, pero él insistió en mantener su compromiso de ser su anfitrión, cosa que la conmovió profundamente. En la Galería Nacional del Jeu de Paume, el magnífico museo francés, Malraux se quedó delante de cuadros de Manet, Renoir y Cézanne y reaccionó a ellos. También había hecho que trasladaran *El nacimiento de Venus* junto a la *Olimpia* de Manet para que la señora Kennedy pudiera ver los dos desnudos juntos. Durante su visita al Château de Malmaison, que había sido restaurado por la emperatriz Josefina de Napoleón y sirvió como sede del gobierno de Francia entre 1800 y 1802, le dio una charla sobre el turbulento matrimonio Bonaparte. «¡Menudo destino!», dijo Jacqueline. Tras recorrer la casa y su famoso jardín de rosas se sintió de nuevo inspirada en sus esfuerzos por mejorar la Casa Blanca y sus campos, lo que se beneficiaba de su conocimiento de la literatura, la historia y el arte franceses. Su inmediata comunión intelectual con Malraux condujo a una correspondencia por correo diplomático. En abril de 1962 le enseñó con gusto la National Gallery en Washington y junto con el presidente le obsequió con una cena para los Premios Nobel occidentales, que JFK, en su brindis, consideró como la más extraordinaria reunión de talento en la Casa Blanca desde que Jefferson había cenado ahí solo. Durante el tour por la galería Jacqueline sugirió que la *Mona Lisa*, que raramente salía del Louvre, fuera a Estados Unidos. Con el consentimiento de De Gaulle, que estaba deseando hacer un gesto amistoso hacia Kennedy siempre que no supusiera una renuncia del poder político francés, Malraux desafió a la burocracia del arte parisina y arregló un «préstamo personal» de la *Mona Lisa* (que consideraba «el homenaje más sutil de un genio a un rostro viviente») al presidente y a Jacqueline. En enero de 1963 los Kennedy dieron la bienvenida a Malraux y su mujer a la National Gallery para el acto de toma de posesión. Un millón y medio de personas vieron el cuadro en Washington y en el museo Metropolitan de Nueva York. Aquel noviembre, al enterarse del asesinato del presidente, Malraux mandó un

es bueno tener algo que hacer después de que algo así ocurra. Pero eso fue cuando empezó nuestra amistad y sólo lo escuchaba.

¿El presidente y él conectaron?

Bueno, en aquel momento no mucho. No podían tener mucho tiempo para verse, pero cuando Malraux vino aquí realmente se vieron y salieron al campo, sabes, para almorzar[93]. Y después Malraux volvió a venir para la *Mona Lisa* y de nuevo tuvimos otra noche sólo nosotros con los Alphand. Pero, sabes, es divertido, mientras estábamos yendo a pie tras la cena en Versalles al teatro, yo primero estaba con De Gaulle y Jack estaba detrás con madame De Gaulle y Malraux. Y había todas esas estatuas por todo el largo vestíbulo y Jack le dijo a Malraux: «¿Quién es ése?». Y Malraux le dijo al intérprete: «Dile al presidente que ha elegido justo al único que no es de mentira». Cosa que era cierta. De nuevo pensé lo que dije sobre el buen ojo de Jack. Sabes, aquello realmente impresionó a Malraux.

¿Había leído el presidente a Malraux? ¿Alguna de sus novelas o...?

Creo que había leído *La esperanza*, pero sabes, conocía...

[Era] un hombre atractivo, pero ¿se podía entender su francés con facilidad?

Bueno, habla tan deprisa, pero yo puedo. O, si no, lo repite; es como si te llevaran por una increíble carrera de obstáculos a ciento cincuenta kilómetros por hora. Sabes, él hace que tu mente salte atrás, adelante. Es el hombre más fascinante con el que he hablado. Pero de nuevo te desilusiona porque es como si él admirara las cosas más simples. Quiero decir, aquella cena en la Casa Blanca, él, bueno, el momento más impresionante fue cuando cogieron el color —sabes, las banderas de color— la guardia de honor en el piso de abajo. Y, entonces, ¿quién era? Oh, Irwin Shaw me dijo que el momento más grande de su vida fue cuando fue jefe de brigada o así en los maquis[94]. Y adora a De Gaulle como, no sé, un cocker spaniel adora a su amo. Quiero decir, parece tener este increíble intelecto

---

cable a la primera dama: «Nous pensons à vous et sommes si tristes» («Pensamos en usted y estamos muy tristes»). Cuando Malraux publicó su autobiografía, *Antimemorias*, en 1968, se la dedicó a Jacqueline.

[93] Se refiere a Glen Ora, donde los Kennedy dieron a Malraux y a su mujer un *brunch* con champán el domingo.

[94] Irwin Shaw (1913-1984) era un novelista norteamericano, cuyo primer libro fue *Los jóvenes leones*. Los maquis eran guerrillas de la Resistencia francesa, sobre todo en zonas rurales.

y luego algunas zonas como ciegas. Y una Francia muy chapada a la antigua y *la gloire* y banderas, pero, en cualquier caso...

¿Cómo eran él y De Gaulle juntos? ¿Los viste?

No, no los vi mucho juntos, pero, sabes, fue el lugarteniente de De Gaulle todos estos años. Oh, De Gaulle; bueno De Gaulle era bastante solemne con él, especialmente porque yo quería hablar con él, siempre estaba como apartándote. Sabes, en público es muy... lo trata como un sirviente, como Nehru trata al hombre que vive fuera de su puerta, o así.

Jim Gavin era nuestro embajador.

Sí.

El suyo fue siempre un nombramiento bastante desconcertante. Sé que el presidente quería hacer algo por Jim, quien ciertamente es un buen hombre. ¿Sabes por qué, dijo alguna vez el presidente por qué?

¿Por qué lo nombró? Creo que le pidió hacer algo distinto, ¿no? Pero él no lo quería hacer. No sé por qué. Oh, pensó que querrían a Gavin porque...

Ah, sí. General.

Sí, pensó que les gustaría por la guerra, pero después sé que estuvo bastante decepcionado cuando llegaron de vuelta los cables de Gavin. Jack solía citar a Winston Churchill: «Nunca confíes en el hombre sobre el terreno». Y, sabes, recuerdo a Malraux diciendo de él: «Oh, sí, Gavin, *il est Gaullist*[95]». Y ¿sabes otra cosa agradable que hizo Jack? Es la misma clase de cosa que hizo respecto a Allen Dulles y los Wrightsman. Cuando la *Mona Lisa* llegó aquí, Gavin ya no era embajador. Había dimitido por motivos de dinero. Los Alphand[96] vinieron a cenar una noche, estábamos discutiendo a quién invitarían en la embajada francesa y la cena de la *Mona Lisa*. Ella sólo podía invitar a ciento dos [personas] y creo que estaba por noventa y nueve o así. Jack puso en la lista a Goodwin porque quería mostrarle la alta estima que le tenía[97]. Pero también dijo: «No

---

[95] *[N. de la T.]* «Es gaullista».

[96] Hervé Alphand (1907-1994) era embajador francés en Washington y su mujer Nicole (1917-1979) lo ayudaba mucho.

[97] Richard Goodwin (1931-), un antiguo auxiliar del juez con Justice Felix Frankfurter, había trabajado para JFK desde 1959 como escritor de discursos de campaña, asistente de consejero especial y diplomático y se esperaba que en noviembre de 1963 sustituyera a August Heckscher (1913-1997) como asesor jefe de arte del presidente. Estando en París, Jacqueline había consultado a Malraux sobre la posibilidad de crear un equivalente al Ministerio de Cultura de Malraux y «qué era realista» esperar.

has puesto a los Gavin». Y Nicole dijo: «No, no, ¿por qué tendríamos que invitar a los Gavin?». Y Jack dijo: «Bueno, yo creo que más vale que se lo preguntes». Y cuando se habían ido de casa, Jack dijo: «¿Te lo puedes creer? Pero si Gavin era el embajador más pro De Gaulle que habían tenido. Y era probablemente uno de nuestros embajadores que más les gustaba. Y después está fuera y ni siquiera lo iban a invitar a la cena». Estaba indignado.

Como dijiste, despiadados.

[Susurra]. Estoy bastante agotada.

¿Le gustaba Hervé?

Oh, el viejo Hervé. Sabes, a veces le divertía. Y más tarde le divertía y al mismo tiempo como que le irritaba la forma, sabes, Hervé tenía esta fobia al protocolo. Pero después, como siempre dijo, De Gaulle nunca habló con Hervé. Sabes, era muy duro para Hervé. Y cada vez que veíamos a David Gore o que Caroline iba a jugar con Alice Ormsby-Gore, o así, solías oír a Hervé quejándose por todo Washington. Pero disfrutaba. Hervé podía ser divertido a veces.

Muy bueno con la mímica.

Sí, ¿recuerdas aquel brindis que hizo en aquella fiesta para Ken Galbraith sobre un géminis? Que él era géminis y Jack —eso fue justo después del cumpleaños de Jack— y Jack era géminis. E hizo un brindis —todos los hombres géminis eran viriles, brillantes, amables—, era terriblemente divertido y quería felicitar a su gobierno por haberlo elegido a él, como un géminis para ser embajador de un presidente géminis y después terminó: «¡Vive Lafayette!». Sabes, la parodia completa. Yo solía meterme con él tanto sobre Lafayette. Así que podía, era un buen tipo.

SEXTA
Conversación

MARTES 2 DE JUNIO DE

1964

Lo dejamos la última vez en el momento tras la reunión en Viena, cuando Kruschev sacó el tema de Berlín de una forma muy brusca[1]. Recuerdas que el presidente le dijo: «Parece que va a ser un largo y frío invierno». Todo el asunto de Berlín, naturalmente, supuso relaciones continuas con los alemanes. ¿Cuál era la sensación del presidente sobre esos tratos con la Alemania Occidental?

Como dije antes, me esforzaba en no traer problemas que lo irritaran todo el día en casa. Por él más que por mí, pero había una cosa que lo irritaba sobremanera y que solía decir: «¿Qué tiene uno que hacer para mostrar a los alemanes que se preocupa?». Que defenderíamos Berlín. Y entonces —parecía la última cosita que podía pasar— un coronel dejó caer su sombrero en una autobahn[2] y eso haría que Adenauer se pusiera furibundo de nuevo y empezaría a decir que nos íbamos a retirar y el embajador aquí, Grewe, iría corriendo. Y Jack realmente se irritaba con los alemanes. Y recuerdo después de la crisis de los misiles, que fue mucho después, se irritó tanto con De Gaulle porque... ¿qué dijo De Gaulle? Que dado que nos apresuramos a ocuparnos de Cuba, eso mostró que sólo nos interesaban las cosas más cercanas a nuestras costas y no las de allí. Bueno, cuando lo piensas, no fue hasta después de su

---

[1] Desde 1958 Kruschev había estado dando titulares y usando otras tácticas en un intento por forzar a Estados Unidos y a otros poderes occidentales del Berlín occidental.

[2] *[N. de la T.]* Autopista alemana.

visita a Berlín en junio de 1963 cuando finalmente lo convenció. Y a partir de entonces estuvo muy contento. Y después todas aquellas filtraciones a la prensa. Los alemanes siempre lo estaban haciendo, filtrar a la prensa, tanto en Alemania como en Washington, detalles de falta de confianza. Adenauer, algo que solía decir sobre él —supongo que él como que admiraba a Adenauer—, pero dijo: «Mira a ese hombre, con 89 años, aferrándose al puesto». He olvidado cuándo se fue Adenauer[3]. Pero dijo: «¿Te lo imaginas, e intentando desesperadamente volver de nuevo al cargo?». Y, sabes, Adenauer era una verdadera molestia para él. Pero recuerdo la crisis de Berlín, como si todo viniera de ahí, supongo que fue la...

Fue constante realmente desde la mitad del verano de 1962 hasta la crisis cubana.

Así pues, ¿fue un año después de Viena cuando finalmente salió aquello y él dio un discurso[4]?

Bueno, no, quiero decir desde el verano de 1961. Comenzó el verano de Viena y continuó desde entonces hasta la crisis de Cuba, realmente, en noviembre de 1962.

Bien, ¿cuándo dio aquel discurso de Berlín?

Dio su discurso en junio de 1961, después de regresar de Viena. En él pedía una ampliación del presupuesto de defensa militar.

Pero es entonces cuando dijo: «No nos gusta luchar pero ya hemos luchado antes».

Humm.

Y «Dijeron que Stalingrado era insostenible y los hombres libres siempre han luchado», sí, y «Dijeron que Stalingrado era insostenible» y esto y aquello y «No nos gusta luchar, pero ya hemos luchado antes[5]». Como quiera que fuese, sólo puedo recordar una de las pocas veces, siempre pensé que Jack... podía hacer, una vez que tenía el control, cualquier cosa, todo saldría bien. De esta forma infantil pensé: «No tendré que preocuparme cuando me vaya a dormir por la noche o me despierte». Pero podías ver que tras el

---

[3] Adenauer dimitió como canciller en octubre de 1963.

[4] El discurso televisado de JFK desde el Despacho Oval sobre la crisis de Berlín del 25 de julio de 1961, en el que anunció un aumento del presupuesto de Defensa y una llamada a filas a reservistas estadounidenses.

[5] Las palabras exactas del presidente fueron éstas: «He oído decir que Berlín occidental es militarmente insostenible y también lo era Bastogne. Y también lo era, de hecho, Stalingrado. Cualquier lugar peligroso es sostenible si los hombres —hombres valientes— hacen que lo sea».

encuentro con Kruschev, quiero decir, estaba realmente deprimido, no quería hablar de ello, pero te dabas cuenta por una especie de quietud y de bajón. Así que pensé, recuerdo un par de veces, me atravesó un ramalazo de miedo y dolor, y pensaba: «¿Ni siquiera Jack puede hacer que esto termine bien?». Y esta cosa haciéndose más grande y después, cuando iba a ir a la televisión para hablar de Berlín, toda la tensión y demás por la Casa Blanca. Y puedo recordarle de nuevo ir y garabatear en las páginas y, sabes, unos cuantos días antes. Y quizá me leyera algunas líneas o así. Y puedo recordar aquel día, mirando fuera —la ventana de mi vestidor daba al jardín de rosas— y su oficina y todos los cables de televisión y recuerdo pensar: «¿Voy a su despacho a verlo?». Pero entonces pensé: «No, eso puede ponerlo aún más nervioso», o: «La gente empezará a hacer fotos, o algo. Mejor lo veo desde aquí». Y, bueno, aquél fue uno de los discursos más desalentadores que le he visto dar nunca.

Probablemente fue el discurso más desalentador que dio.

Sí. Y no te podías creer que estuvieras ahí sentado pensando que, bueno, realmente tenías que ir a la guerra. Y entonces...

El discurso más desalentador excepto, naturalmente, el de los misiles cubanos.

Aquello fue el primero, así que me asustó más porque para el tiempo de la crisis de los misiles, desde luego, uno estaba asustado todo el tiempo que duró, pero, sabes, Berlín era el primero y después resultó todo bien. Así que bien, eso es lo que recuerdo sobre aquello.

Sí, Berlín fue realmente la cosa más importante en el verano y el otoño de 1961, y después como resultado de nuestra reacción, recuerdas, Kruschev entonces amplió la fecha límite y así...

Es cierto.

En noviembre, creo.

Más tarde recuerdo haber pensado un par de veces qué cierto era... un rasgo bastante interesante de Jack, que tenía de forma innata y en política yo solía verlo, su naturaleza conciliadora, que no significaba nunca que fuera lamiendo a la gente o fuera dando jabón, pero ¿qué dijo Pol?: «En política no tienes amigos», o algo así, «tienes colegas», o...

Intereses, ¿no?

No. Es: «No tienes amigos ni aliados, tienes colegas» —bueno, lo puedes buscar—. Pero yo solía decirle a menudo, algún hombre venía a cenar, un periodista o un político y yo solía decir: «Pero fuisteis tan agradables con él» o «Estáis hablando bien sobre él, y yo estaba tan enfadada con él por lo que escribió hace dos semanas o dijo hace dos semanas que lo he estado ignorando todo el día ¿y ahora tengo que ser agradable con él?». Y Jack solía decir: «Naturalmente, sabes, todo ha terminado, y después hizo tal y cual». Así que, sabes, sus relaciones cambiaban siempre y nunca se lo ponía difícil a nadie a la hora de volver y ser perdonado o establecer una nueva relación con él. Lo que también era muy cierto respecto al matrimonio. Eso lo llevaba a cualquier fase. Y recuerdo haber pensado: «¡Gracias a Dios que tiene ese lado y no ese viejo lado raro de Dulles que nadie... sabes, que haría que la gente se arrastrara[6]!». Y recuerdo pensar en el discurso de toma de posesión: «No negociemos nunca por miedo[7]», porque qué humillante para Kruschev haberse echado atrás. Y todavía de alguna forma Jack le dejó hacerlo con gracia y no se lo restregó por la cara[8]. Y de algún modo aquélla era la cualidad por la que todos deberíamos estar más agradecidos. Así fue como superamos todas aquellas crisis.

Sí, era una cosa maravillosa eso de dejar una vía para que tu oponente se retirase y preservara su dignidad.

Sí. Y si querías mucha popularidad en los periódicos o algo, irías por ahí gritando cosas como: «Nadie le va a decir que le cuente esto a Norteamérica», y así estaría todo el mundo disparando antes de que te dieras cuenta. Así que ésta es la cara de él que..., era siempre tan fácil cuando estabas casado. Quiero decir, una pequeña cosita minúscula podía surgir que pudiera ensombrecer, pero nunca tenías realmente una pelea. Yo podía decir algo que de alguna

---

[6] Se refiere al secretario de Estado de Eisenhower: John Foster Dulles (1888-1959), a menudo intratable.

[7] «No negociemos nunca movidos por el miedo, pero nunca tengamos miedo a negociar», una recomendación aportada para el discurso por Galbraith.

[8] Especialmente después de la crisis de los misiles, cuando Kennedy ordenó a sus ayudantes no alardear sobre la aparente victoria norteamericana, explicando que si Kruschev se sintiera avergonzado los rusos podían lanzar otro *gambit* que podía llevar al mundo al borde de la destrucción. El presidente también sabía que su acuerdo privado con el presidente estaba menos claro que la impresión del público de que había conseguido lograr la rendición incondicional del líder soviético. De hecho, Kruschev había hecho un pacto tácito con Kennedy de retirar los misiles si el presidente forzaba la retirada de los misiles anticuados de la OTAN de Turquía y (con la condición de que Castro permitiese inspecciones in situ de sus instalaciones militares, cosa que nunca hizo) prometiese no autorizar nunca una invasión norteamericana de Cuba.

forma dañara sus sentimientos y habría cierto silencio ese día. Y de repente yo iría corriendo a decir: «¡Oh, lo siento mucho!» y rodearlo con los brazos y él simplemente se reiría y todo había pasado. Nunca solía guardar o hacerte realmente..., aquello permeaba toda su personalidad. Y, sabes, Bobby lo está cogiendo, y era un lado de Bobby al que le faltaba un poco y que está desarrollando mucho más ahora y desde noviembre ha hablado tanto conmigo sobre Jack, aquel aspecto que tanto admiraba de él. Realmente era más fácil para Jack ser así cuando tenía a Bobby haciendo muchas de las cosas. Pero era también en gran medida cuestión de su personalidad. Bobby se volverá así.

Cuando la cuestión de Berlín se estaba extinguiendo en noviembre, apareció Nehru de visita.

Sí, y aquélla fue una visita bastante desquiciante[9]. Muchas consultas con Galbraith y demás. Y Galbraith seguía diciendo que Nehru no quería lío y todo privado. Y recuerdo que Jack me había enseñado un memorando el invierno anterior sobre ¿era Sihanouk de Camboya?

El príncipe, sí, el príncipe Sihanouk.

Bueno, en cualquier caso, era del Departamento de Estado y decía: «Este hombre dirá que no quiere nada especial, ningún tratamiento, pero aun así se pondrá furioso si no extiendes la alfombra roja y no hay multitudes». Así que Jack se preguntaba si el consejo de Galbraith era correcto porque pensaba que a Nehru le gustaría mucha más pompa. Pero no, Galbraith pensó que sólo quería ser recibido en nuestra casa. Bueno, Hyannis parecía demasiado deprimente así que nos fuimos a Newport y nos encontramos con él en... la base aérea que quiera que haya allí[10]. Vino con su hija y Galbraith y el embajador indio, B. K. Nehru. Y Jack había tenido una época de lo más insatisfactoria con Nehru cuando era congresista en la India. Dice que le habían advertido: «En cuanto Nehru se aburre contigo golpea con los dedos y mira hacia el techo». Y Jack

---

[9] Jawaharlal Nehru (1889-1964), el primer ministro indio y lugarteniente de Gandhi que había estado encarcelado durante la lucha de independencia del país, llegó a Estados Unidos en noviembre de 1961. A Kennedy le pareció que Nehru era inmune a su encanto y adusto. Más tarde calificó aquello como «la peor visita de un jefe de Estado que jamás he tenido» (realmente Nehru sólo era un mero jefe de gobierno).

[10] Desde la base naval de Newport los Kennedy llevaron a Nehru hasta la residencia de Auchincloss, Hammersmith Farm.

dijo que llevaba ahí como diez minutos cuando Nehru empezó a mirar al techo.

¿Cuándo se conocieron? No me había dado cuenta de que se hubieran visto antes.

Bueno, Jack hizo un tour por el Lejano Oriente con Bobby y Pat[11].

¿Fue en 1951?

Fue antes de que nos casáramos.

Sí, así que 1950 o 1951[12].

Fue cuando conoció al general De Lattre, con el que estaba tan impresionado[13]. Aquello fue cuando estuvo a punto de morir en Okinawa. Si no hubiera ido Bobby, habría muerto entonces. Tenía una fiebre de cuarenta grados o más. Y conoció a Nehru en aquel viaje, creo. Así que, sea como fuere, vinieron y se decidió que los hombres comerían en el salón. Angie Duke también estaba allí[14]. Y la señora Gandhi[15] y yo tuvimos una comida de señoritas en la salita y Lem Billings[16] estaba con nosotras. Bueno, por supuesto, ella lo odiaba. Le gustaba estar con los hombres. Y ella es un horror de mujer: una mujer amargada, mandona y horrible. Sabes, no me gusta un pelo. Siempre parece que está chupando un limón. Y Jack llevó a Nehru de vuelta al *Honey Fitz* y Caroline y yo estábamos esperándolo en la puerta principal, de la que ella había cogido una florecita para él e hizo una reverencia. Ésa fue la primera vez que él medio sonrió. Y después fuimos y tomamos una copa antes del almuerzo y Nehru no dijo una sola palabra. Era tan duro de tratar. Podías preguntarle algo, lo que fuera. Aquella cosa hindú... —lo aprendes en la India,

[11] Su hermana Patricia.

[12] En realidad fue en 1951.

[13] Durante su visita al Sudeste de Asia Kennedy ofendió al comandante de las fuerzas francesas en Indochina, Jean de Lattre de Tassigny, al preguntarle por qué los vietnamitas deberían querer dar sus vidas sólo para que su país siguiera siendo una posesión francesa.

[14] Angier Biddle Duke (1915-1995) era heredero de una tabaquera y diplomático que sirvió como jefe de protocolo de JFK.

[15] Indira Gandhi (1917-1984) sucedió más tarde a su padre como primera ministra de la India.

[16] Lemoyne Billings (1916-1981), ejecutiva publicitaria de Nueva York, había sido amiga de JFK desde su época en la Choate School. La señora Kennedy dijo al jefe de personal doméstico de la mansión que los Billings habían sido sus invitados «todos los fines de semana desde que nos casamos».

que no ven las reuniones sociales como un momento para hablar—. No sé si están meditando pero aun así digo que es una maldita cosa de niño malcriado porque uno debería hacer un esfuerzo cuando ve que otros lo están intentando. Así, sea como fuere, almorzaron y no sé de qué hablaron. Y después volvimos todos en helicóptero, Nehru en el mejor asiento, Caroline en el regazo de Jack junto a él, de vuelta a Washington. Y aquella noche vinieron a cenar. Y creo que fue cuando, en cualquier caso fue la primera cena en aquel otoño en la Casa Blanca. Y encendimos el fuego en el Despacho Oval[17] y luego bajamos para encontrarnos con él en la puerta principal. Y no habían abierto el tiro de la chimenea así que cuando regresamos a la habitación el humo era tan espeso que a todo el mundo le lloraban los ojos. No fue un comienzo muy bueno. Y como tenía que ser, como recuerdas, una cena bastante pequeña, pero aun así no era lo bastante pequeña o lo bastante grande porque estábamos en el comedor de Estado, y bastantes de nosotros, así que era como estar sentado en una iglesia sin la suficiente gente allí. Y recuerdo que Jack me dijo después que la señora Gandhi, durante toda la cena, le echó en cara algo a Jack por nuestra política en algún lugar y esto y lo otro y dijo muchas cosas agradables sobre Krishna Menon[18] y demás. A Jack realmente no le gustaba. Mi hermana estaba allí y yo deseaba tan desesperadamente que se sentara junto a Nehru, quien se debería haber sentado junto a Lady Bird. Así que dije: «¿Qué hago?». Y Jack dijo: «Llama a Lady Bird porque puede que espere ir y pregúntale si le parece bien». Cosa que hice, y fue tan dulce, y lo comprendió, lo que simplemente te muestra otro detalle más de la consideración que Jack siempre tuvo con su vicepresidente. Bueno, a Nehru como que le gustan las mujeres bonitas de la forma más casta. Pero es lo único; él como que hablaba entre Lee y yo, y podías conseguir que dijera algo sobre algo y hacer una pequeña broma. Así que era bastante agradable entonces. Y creo que nos pidió que fuéramos a la India. Creo que fue cuando lo hizo. Ahí es donde comenzó toda la idea. Y ésa es la parte que recuerdo. Oh, siempre cogía... hay una foto de él cogiéndome el brazo.

Sí, sí.

---

[17] Se refiere al Despacho Oval amarillo en las dependencias familiares que Jacqueline estaba transformando en un elegante salón.

[18] Vengalil Krishnan Krishna Menon (1896-1974) era el presidente de Defensa indio y un apasionado crítico de la política exterior de Estados Unidos.

Bueno, llegamos a ser un poco, un poco amigos en Newport, y después el helicóptero y el avión. Y, sabes, siempre te coge el brazo. Para mí era como dulce y trajeron los regalos más conmovedores y atentos para los niños y cajitas y vestiditos, nada demasiado fabuloso. Así que obviamente les importaba el viaje y tenían ese resquemor, no sé. Intentamos ser muy agradables con ellos. Y entonces la siguiente cosa allí fue una gran cena en la embajada india y de nuevo me senté junto a Nehru. Me pareció fácil y encantador, sabes, y que le gustaba tanto tener a alguien que le... sabes, siempre tuve la sensación de que yo le gustaba. Pero creo que las conferencias iban mal.

¿Qué dijo, dijo algo el presidente después? ¿Estaba decepcionado con Nehru?

Creo que lo estaba. Creo que los encuentros no valieron para nada y que hubo muchas dudas y miradas al techo. Y sabes, «Nehru es como intentar», ¿dijo Jack eso sobre Nehru o sobre otro? «Es como intentar agarrar con la mano algo que luego resulta ser nada más que humo».

Y así era. Y creo que Nehru en algún sentido estaba ¿dirías celoso de Jack, o algo así? Bueno, era alguien tan diferente de...

Creo que aquí la cuestión generacional intervino. Creo que debía... estoy seguro de que estaba infinitamente complacido de que un hombre como Jack fuera presidente de Estados Unidos, pero, por otra parte, un hombre joven y brillante con la mitad de años que él tenía que hacer que se sintiera incómodo.

Y luego la señorita Gandhi, su hija, que es una de esas mujeres que cuando el matrimonio y el amor y todas esas cosas no salen bien es como si todo se le quedara dentro y el veneno la atacara por dentro como una úlcera, así que es una mujer realmente amargada. Y es el tipo de mujer que siempre ha odiado a Jack. Puedes mencionar tantas mujeres radicalmente liberales en política que siempre sospechaban de Jack. Y siempre amaban a Adlai. Y se me ocurrió una razón —es sólo mi psicología personal, como si dijéramos— que Jack pedía de forma tan obvia de una mujer —una relación entre un hombre y una mujer donde el hombre sería el líder y la mujer su esposa y lo admiraría a él como hombre—. Con Adlai podías tener otra relación donde él sería dulce y podrías hablar, pero nunca llegaría a nada definitivo. Siempre pensé que las mujeres que temían al sexo amaban a Adlai, porque nunca habría el...

El reto no estaba allí en absoluto.

Los Kennedy y el primer ministro Jawaharlal Nehru en la embajada
india el 9 de noviembre de 1961.

Sí, no es que hubiera un desafío con Jack, pero era un tipo
distinto de hombre. Así que, sabes, todas esas pobres mujercitas
retorcidas, cuyas vidas no habían funcionado podían encontrar un
bálsamo en Adlai. Y Jack las ponía nerviosas, cosa que yo solía contar. Jack diría: «¿Por qué no tal y cuál...?», y yo diría: «Jack, es el
mayor halago para ti». Cosa que, lo sé, es cierto. Él no lo terminaba de ver. Lo dijo sobre tu mujer, de hecho.

¿Ah, sí?

Él estaba muy enfadado, cuando saliste en su apoyo, un día,
o así, más tarde Marian apoyó a Adlai Stevenson y no podía entender por qué, porque él creo que sencillamente había venido a almorzar ese día o el anterior o una semana antes y se lo pasó muy bien.
Sabes, y le gustaba Marian[19] y todo eso. Bueno, yo dije: «Eso es porque Arthur es tan mezquino con ella *[Schlesinger se ríe]* y Adlai fue
tan agradable. Les vi juntos más tarde, sabes». Yo dije: «Eso es diferente, es problema de ella, sabes. No tiene nada que ver contigo.

[19] Marian Cannon Schlesinger (1912-) era la hija pintora de un profesor de fisio-
logía de Harvard, que de hecho apoyó a Stevenson en 1960.

No deberías tenérselo en cuenta a Marian». Y más tarde, cuando estabámos todos juntos en la Casa Blanca, entonces él se dio cuenta de que la amaba y vio que a ella realmente no le disgustaba.

Oh, no, puedo decir que Marian siempre se arrepintió. Recuerdo una carta divertida de Bobby después de eso. Él estaba escribiendo sobre otra cosa y puso una posdata del tipo: «Veo que no puedes controlar a tu mujer mejor que yo a la mía»[20]. Sabes, aquello fue un acto de vieja lealtad de parte de Marian.

Sí.

Pensó que yo era, que no debería, sabes[21].

Pero, quiero decir, en mi matrimonio nunca podría concebir algo así y recuerdo que lo dije en una entrevista una vez, y todas aquellas mujeres, tuvimos todas aquellas cartas iracundas. Alguien dijo: «¿De dónde sacas tus opiniones?». Y yo dije: «Saco todas mis opiniones de mi marido». Lo que es verdad. ¿Cómo podría tener yo alguna opinión política, sabes? Las suyas iban a ser las mejores. Y nunca concebiría no votar por aquel al que apoyara mi marido. Nadie con quien estuviera casada. Supongo que si estuviera casada con...; bueno, ya sabes. Aquello era tan extraño porque era, quiero decir, era una relación terriblemente victoriana o asiática la que teníamos, la que yo tenía...

Sí, una esposa japonesa.

Sí, que yo creo que es lo mejor. Pero en cualquier caso ésa era la señorita Gandhi.

Era una mujer rencorosa y maliciosa. Quiero decir que rezumaba rencor. ¿Era Nehru diferente en su propio país?[22]

Bueno, fue terriblemente dulce con Lee y conmigo, y venía a casa todas las tardes y nos llevaba de paseo por el jardín y alimentábamos a los pandas y creo que lo que le gustaba es una de sus hermanas, la Srta. Hutheesing; creo que es la de derechas que vive en Bombay, pero es muy divertida[23]. Solía venir al cuarto de Lee y mío a hablar.

---

[20] «¿No puedes controlar a tu mujer? ¿Eres como yo?».

[21] Cuando Schlesinger anunció su apoyo a JFK antes de la convención de 1960 algunos viejos amigos y los que apoyaban a Stevenson lo tacharon de ser como Benedict Arnold.

[22] Esto se refiere a la visita oficial de la señora Kennedy a la India en marzo de 1962, que luego equilibró diplomáticamente visitando después el país rival: Pakistán.

[23] Krishna Nehru Hutheesing (1907-1967), escritora, era la hermana pequeña del primer ministro.

El primer ministro Nehru y Jacqueline Kennedy en la India.

Y dijo: «Es tan bueno para mi hermano teneros a vosotras dos chicas aquí. Es un poco de relax». Porque dice que su hija llena la vida del pobre hombre de política. Hay política en el almuerzo, política en el té, política en la cena. Nunca tenía un descanso. Así que aquella visita, quiero decir, no se habló de nada profundo o ni siquiera sobre si íbamos a ir a Pakistán después, pero, sabes, fue relajante para él —el tipo de cosa que intentaría aportarle a la vida de Jack en nuestras noches en casa—. Algo que no estuviera relacionado con lo que le había estado preocupando todo el día. Y le encantó ese viaje y nos quedamos...; bueno, solía acompañarme a la habitación todas las noches. Dos noches creo que estuvimos allí, y se sentaba allí durante como una hora y hablaba conmigo.

Y solía ser animado, ¿verdad? No tenía este punto ausente, pasivo...

Bueno, nunca animado realmente, pero gentil de alguna manera y solía hablar y tenía esos grandes ojos marrones. Yo había leído toda su autobiografía y le preguntaba sobre aquellos tiempos, y él hablaba.

¿De qué solía hablar? De su propio pasado y...

Bueno, le pregunté sobre los tiempos en la cárcel y todo, su vida. Y, sí, solía hablar sobre algo de eso. O, si no, hablábamos de la gente allí o hacíamos alguna pequeña broma. Siempre era tan... —lo he escrito en alguna parte, todo de lo que hablábamos, así que quizá lo puedo encontrar—. Es la única cosa que he anotado.

Ah, bien. No, busquémoslo y hagamos una copia para la biblioteca[24]. *La otra cosa importante que ocurrió en el otoño de 1961, o en otro otoño, fue la vuelta a las pruebas nucleares por parte de la Unión Soviética, lo que nos enfrentó al problema de si debíamos retomar las pruebas nucleares o no. Aquél era un viejo interés del presidente, ¿verdad?*

Sí. Lo recuerdo muy preocupado en aquel momento sobre nuestra vuelta a las pruebas, y si se debería —podías posiblemente abandonarlas y después todos... quiero decir fue una época terrible para él—. No había nada que le preocupara más a lo largo de, ¿sería 1961 y 1962?, que todas aquellas pruebas. Pero empezó hace tanto tiempo. Porque recuerdo cuando David Gore vino a Hyannis el otoño que nos casamos —sería octubre o noviembre de 1953— y estaba haciendo algo en la ONU sobre desarme y él y Jack estaban hablando. Y, sabes, fue la primera vez que lo oí, parecía tan extraordinario, nunca lo veías en los periódicos aquí. Que tenías que de-

---

[24] Refiriéndose a la futura Biblioteca Kennedy.

sarmarte o llegar a una especie de acuerdo y que después sería posible sin traicionarlo o, sabes, cuando siempre pensabas en todos los Bertrand Russell[25] y «prohíbe los bombarderos» y la gente era y eran todos unos progres, quiero decir, pensaba esto leyendo a David Lawrence[26] en los periódicos. Y recuerdo que a partir de entonces Jack empezó a decir en sus discursos que era una desgracia que hubiera menos de cien personas trabajando en el desarme en Washington, o menos de diez, puede.

Menos de cien.

Menos de cien. Pero lo decía en todos... y creo que lo dijo durante toda la campaña al Senado[27]. Desde luego lo dijo a lo largo de la campaña a la presidencia, pero empezó a pensar en ello hace tanto tiempo. Y de alguna forma entonces David Gore regresó en 1958 o, sí, en 1957; no sé qué año él y Sissy vinieron a Cape Cod. De nuevo estuvieron hablando de ello. Y recuerdo que Harold Macmillan dimitió el pasado verano[28]. Bueno, Jack estaba tan triste por aquel hombre, que tuviera que haberse ido en medio de aquel escándalo y de esa forma tan triste, sabes, y dijo: «La gente realmente no se da cuenta de lo que ha hecho Macmillan», y dijo que era el mejor apoyo de la Alianza Atlántica. Pero dijo que se preocupó durante demasiado tiempo por el desarme nuclear, así que eso es lo que intenté y entonces él le envió ese emotivo telegrama y recuerdo al pobre Macmillan entonces[29]. No mucha gente le decía cosas agra-

---

[25] Bertrand Rusell (1872-1970) era un pacifista británico, filósofo y premio Nobel de Literatura.

[26] David Lawrence (1888-1973) fue un periodista conservador y fundador de *U.S. News & World Report*.

[27] En 1958.

[28] En realidad fue en octubre de 1963.

[29] La señora Kennedy no conocía a Macmillan ni remotamente igual de bien que Jack, pero tras la muerte de Kennedy comenzó por correspondencia una intimidad conmovedora con el amigo británico de su marido. A finales de enero de 1964, a medianoche, escribió a Macmillan a mano como respuesta a su carta de condolencias: «A veces me amargo tanto —estando sola únicamente; no se lo digo a nadie—, pero de veras creo que cualquier pobre niño de escuela viendo las grabaciones de la década de 1960 sólo puede concluir que la virtud NO es recompensada. Los dos hombres más grandes de nuestro tiempo, tú y Jack, todo por lo que luchasteis y os preocupasteis juntos... ¿Y en qué ha quedado todo eso? De Gaulle está allí, y el viejo amargado Adenauer y las dos personas que han tenido que sufrir sois tú y Jack... Trabajasteis juntos por las mejores cosas en los mejores años. Más tarde, cuando una serie de desastrosos presidentes de Estados Unidos

dables. Y David preguntó si el telegrama se podía hacer público y Jack dijo: «Naturalmente». Y eso es lo que intenté decir cuando hablé con él en Telstar[30] justo la semana pasada en... lo que habría sido su 47 cumpleaños. Sabes, las cosas que yo sabía que Jack pensaba sobre él, y encontré aquel telegrama y lo leí y traté de decir lo que Jack había dicho acerca de él, y seguí pensando: «Sólo espero que De Gaulle esté escuchando». No es que eso importe ahora.

Tengo la impresión de que no tendríamos una prohibición de pruebas nucleares si ambos presidentes y el primer ministro no hubieran estado tan profundamente comprometidos y no hubieran insistido sobre el tema de forma constante a sus consejeros[31].

---

y primeros ministros que no sean como vosotros hayan hecho un estropicio, la gente dirá: "¿Recuerdas aquellos tiempos, qué perfectos eran?". Los tiempos tuyos y de Jack. Siempre pienso en Camelot —que es demasiado sentimental— pero sé que estoy en lo cierto, por un breve instante brillante aquello fue Camelot, y ya nunca será de esa forma... Por favor, perdona esta intrusión sin fin, pero quería contarte lo mucho que Jack te quería y no tengo el don de la concisión». Macmillan contestó: «Mi querida amiga, así es como solía dirigirme a Jack, así que te lo voy a escribir a ti... Me has escrito desde el corazón, y yo haré lo mismo... Naturalmente uno se amarga. ¿Cómo no hacerlo?... Que Dios te bendiga, mi querida niña. Has mostrado el más maravilloso valor al amargo mundo exterior. Lo duro es sentirlo realmente por dentro». El 1 de junio de 1964, el día antes de la entrevista de la historia oral, Jacqueline informó a Macmillan de que se sentía mejor y que lo peor había pasado. Más tarde le escribió que estaba intentando educar a sus hijos como Jack hubiera deseado y que si ella prevalecía ésta sería su venganza contra el mundo. (Ésta fue la razón por la que, años después, Jacqueline se enorgullecía cuando sus amigos le decían que había triunfado como madre).

[30] Lanzado en 1962, Telstar fue el primer satélite de comunicaciones que permitía mandar imágenes de televisión a través del Atlántico. En el 47 cumpleaños del presidente Jacqueline y Robert Kennedy aparecieron desde Hyannis Port (con el mismo personal de la CBS que había producido el tour televisado por la Casa Blanca) en un homenaje internacional que incluía a Macmillan, el alcalde de Berlín, Willy Brandt y otros dirigentes extranjeros.

[31] En agosto de 1963 Kennedy, Kruschev y Macmillan aceptaron un tratado para prohibir las pruebas nucleares en la atmósfera, espacio exterior y bajo el agua. De Gaulle, deseoso de construir su propia negativa nuclear francesa, se negó a firmarlo. (JFK en privado declaró que De Gaulle sería recordado por su fracaso al no aceptar este tratado). Pese a los grandes esfuerzos de Kennedy el documento no descartaba las pruebas bajo tierra, pero representó el primer esfuerzo bilateral por parte de los norteamericanos y los soviéticos para controlar la competición de armas nucleares de la Guerra Fría que amenazó al planeta desde 1949 hasta 1991. Especialmente tras la casi apocalíptica crisis de los misiles, Kennedy lo consideró el logro del que estaba más orgulloso. Lo firmó el 7 de octubre de 1963, en medio del esplendor victoriano de la nueva Sala de los Tratados de Jacqueline.

Lo sé. Sé que es verdad y también creo que tener a David Gore aquí en aquel momento lo hizo...

Indispensable, sí.

Sí. A veces, bueno, podemos hablar de esa relación en otro momento, pero pasaron tantas cosas. Solía venir a cenar, y algo horrible estaba pasando en la Guayana Británica o en algún otro lugar y él pasaba todo el tiempo de los Skybolt con nosotros y solía llamar y todo se suavizaba. Pero lo que quería decir era que estaba pensando en cuando Jack y Macmillan lograron que esa prohibición de pruebas fuera posible o qué vergonzoso lo de De Gaulle. La única cosa que importa y aquel egomaniaco no quería vincularse a ello cuando va a ser la única cosa que importe en todo el siglo. Y entonces Graham Sutherland, que es un pintor al que vi hace un par de semanas haciendo un cuadro de Jack, me dijo algo muy interesante: «Lo extraordinario del presidente Kennedy es que el poder lo convirtió en una persona mejor», y dijo que había hecho peores a muchos hombres. Conoció a Winston Churchill. Lo pintó. Dijo que Winston, sabes, se volvió menos agradable y por supuesto [el poder] hizo a Adenauer más mezquino. Y De Gaulle era el ejemplo clásico. Bueno, dio a Jack una oportunidad de trabajar para el futuro y creo que a Harold Macmillan también.

¿Tienes algún recuerdo de la impresión del presidente sobre gente como Arthur Dean o McCloy o Foster en relación con la prohición de las pruebas[32]?

Realmente no.

Éste es otro de los temas que se arrastraron durante mucho tiempo.

Sí, y, oh, el desánimo, y piensa en Arthur Dean. Recuerdo que solía sentir lástima por él, sentado simplemente en Ginebra toda su vida porque había estado en aquella ciudad deprimente. Es el tipo de tema del que no puedes hablar por la noche. Pero no recuerdo que dijera que estaba decepcionado con nadie; lo recuerdo diciendo cosas maravillosas sobre Harriman.

Sí, cuando Harriman vino al final era un..., creo que los rusos sintieron que cuando mandan a Harriman a negociar a Estados Unidos significa negocios y que eso era absolutamente necesario para[33]...

---

[32] A Arthur Dean (1899-1980), William Foster (1897-1984) y John McCloy. JFK les había pedido que ayudaran a negociar un tratado de prohibición de pruebas con los soviéticos.

[33] W. Averell Harriman (1891-1986) era hijo y heredero de uno de los barones de unos de los famosos ferrocarriles de finales del siglo XIX. Sirvió como embajador

El primer ministro Harold Macmillan y Jacqueline Kennedy delante del
número 10 de Downing Street, Londres, 1961.

Y era muy conmovedora la relación de Jack con Harriman porque desde luego estaban todos esos jóvenes alrededor y ahí estaba ese hombre que estuvo en tantas administraciones. Pero siguió subiendo y subiendo, ¿verdad?, y haciendo cada vez cosas más importantes y entonces Jack estaba tan feliz por Averell, estaba tan contento por Averell Harriman realmente después del tratado de prohibición de las pruebas que pensó: «Esto es realmente como un premio». Y había algo en el libro de Teddy White, una pequeña nota al pie, sobre Averell Harriman, diciendo que había hecho todas esas cosas extraordinarias en política exterior, pero que todo lo que había hecho a nivel nacional era desastroso[34]. Y recuerdo que Jack sentía de alguna forma lástima por él cuando leyó esa parte del libro y tan feliz de que al final Averell Harriman[35] tuviera aquel reconocimiento.

En...

Le di una copia del tratado de prohibición de pruebas que los Archivos[36] hicieron especialmente para mí —no puedes distinguirlos del original— cuando salió de su casa tras prestárnosla después de noviembre.

Es maravilloso. Fue en aquel invierno cuando, en aquel otoño e invierno, cuando Hickory Hill empezó y en el invierno de 1962 hubo una reunión en la Casa Blanca en la que David Donald, que es profesor en Princeton, habló de la Guerra Civil[37]. No fue allí, pero el presidente me lo mencionó más tarde. Al parecer la encontró estimulante.

---

en tiempo de guerra de Franklin Roosevelt en Moscú y gobernador de Nueva York antes de ser alto oficial en el Departamento de Estado de JFK. El presidente mandó a Harriman a Moscú para demostrar la seriedad de su compromiso con el logro de un tratado y le impresionó el éxito rotundo. En diciembre de 1963 prestó su casa de Georgetown a la señora Kennedy para que su familia la utilizara mientras se mudaban a la nueva casa.

[34] Theodore White (1915-1986), un amigo de JFK que había coincidido con él en Harvard y escribió el libro de referencia sobre la política presidencial *The Making of the President* en 1960. En ese título White escribió que «nadie se mostró tan capaz de ejercer el extremo final del poder de Norteamérica en todo el globo» más que Harriman, pero que «nadie se mostró tan incapaz de entender la política nacional norteamericana» como él.

[35] De hecho, no fue el fin político para Harriman. Él siguió al pie del cañón como diplomático senior para los dos presidentes demócratas que siguieron a John Kennedy.

[36] Archivos Nacionales de Estados Unidos.

[37] Oficiales eminentes del gobierno de Kennedy asistieron a lo que se dio en llamar «seminarios Hickory Hill» (bautizados según el nombre del primer lugar donde

Sí, aquellos seminarios que hacía Bobby. Bueno, Jack siempre había querido ir pero sólo para oírte. Quiero decir, que había oído que tú habías terminado Jackson y todo y era un esfuerzo salir, así que finalmente cuando oyó que iba a haber uno interesante, que era esa cuestión de la Reconstrucción de la Guerra Civil, dijo: «Hagámoslo en la Casa Blanca». Era el primero, se pensaba haber hecho en casa de los Gilpatric. Y fue tan raro porque recuerdo que empezó el turno de preguntas, todo el mundo estaba muy callado y bastante nervioso en la Casa Blanca y el presidente ahí, y Jack preguntó a Donald: «¿Crees que —era la única cosa que tenía en la mente— Lincoln habría sido tan gran presidente si hubiera vivido?». Quiero decir, ¿habría sido juzgado como grande, porque habría tenido ese problema casi irresoluble de la Reconstrucción, que, sabes, lo hicieras por donde lo hicieras, habría dejado descontenta a mucha gente. Ésa era su pregunta. Y Donald, sopesando mucho la pregunta, estuvo de acuerdo con él en que Lincoln era mejor, sabes, que fue mejor para él que muriera cuando lo hizo. Y entonces recuerdo a Jack diciendo, después de la crisis de los misiles cubanos, cuando todo salió tan bien: «Bien, si alguien me va a disparar, éste sería el día en que debería hacerlo»[38].

Oh. ¿De veras?

Quiero decir, es tan extraño, estas cosas que vuelven, porque vio entonces que sería, sabes, dijo que nunca superaría eso. Es extraño que estas cosas vuelvan ahora.

¿Aquella pregunta sobre Lincoln que hizo a Donald la había discutido antes? ¿La tenía en mente?

Oh, sí, porque la comentábamos todo el tiempo. El primer año de casada hice un curso de historia de Norteamérica en la Georgetown School del servicio extranjero con el profesor Jules Davids, que era un hombre brillante. Y yo nunca había estudiado historia norteamericana y solía llegar a casa llena de estas cosas y estaba emocionada. Thadeus Stevens y los republicanos radicales, aún me acuer-

---

se hizo), que tuvieron lugar en diversos hogares. Organizados por Schlesinger, un académico solía dar una clase magistral y contestar preguntas sobre el tema del que era experto. La tarde con el historiador sobre Lincoln, David Herbert Donald (1920-2009), tuvo lugar en la Habitación oval Amarilla.

[38] Una vez que Kruschev prometió retirar sus misiles de Cuba JFK comentó con Robert Kennedy que aquélla podía ser la noche para ir al teatro, refiriéndose al asesinato de Lincoln en el teatro Ford en el momento cumbre de su reputación política. Robert contestó que si lo hacía, querría ir con él.

do. Y aquellos horribles poemas que escribían sobre Lincoln. Y Jack estaba emocionado de que yo estuviera tan interesada. Y entonces, cuando estaba preparando *Perfiles de coraje*, le dije lo magnífico que era Davids y le pidió que investigara un poco sobre ello. Así que solíamos hablar mucho sobre Lincoln y la Reconstrucción y, sabes, si hubiera vivido y aquello era de cuando nos casamos en 1953, 1954 y ese libro era de 1954 y 1955, así que hablamos de ello años antes.

Hubo otro encuentro Hickory Hill en la Casa Blanca, con Isaiah Berlin.

Donde hablaron de Rusia.

Sí.

Sí, bueno, a Jack le gustaba mucho eso y le encantaba simplemente oír a Isaiah Berlin[39]. Quiero decir, ésa era la parte... Deberías leer este artículo en la revista *Show* ahora, creo que es bastante injusto en su juicio de Jack pero parte de la premisa de que *Melbourne* era su libro favorito y dice que él realmente era más como esas grandes casas *whig*[40] y familias liberales *whig*, sabes que tenían todo y vivían una vida estimulante aunque era gente consciente. Bueno, él amaba a todos esos ingleses brillantes. Solía hablarme de cuando iba a Emerald Cunard[41] cuando era un niño con su padre para escuchar. Cuando estuvimos juntos en Londres, solíamos ir a tomar el almuerzo a casa de la vieja Duchess of Devonshire y solía tener a un par de personas por allí. Quiero decir, le gustaba tanto oír hablar a aquella gente. O a David. Sabían tanto, tenían una formación tan increíble. Entonces era cuando era más feliz. Así que le gustaba mucho Isaiah Berlin.

¿Quieres decir algo sobre la relación de David? Porque creo que era fundamental en todo esto. Tengo la impresión de que hablaba con mayor... más íntimamente con David que con cualquier otro miembro de...

Sí.

... de su propio gabinete...

Bueno, supongo...

Además de Bobby.

---

[39] Isaiah Berlin (1909-1997) era un diplomático británico e historiador que había servido en Moscú durante la Segunda Guerra Mundial.

[40] El partido *whig* era un partido liberal británico.

[41] Maud Alice Burke (1872-1948), conocida como lady Emerald Cunard, nacida en Norteamérica, era una famosa anfitriona londinense de la época anterior a la Segunda Guerra Mundial.

Exactamente. Y si pienso en alguien que ahora pudiera salvar el mundo occidental, sería David Gore. Pero, bueno, empezaron como amigos obviamente en Londres y Kathleen, que era la hermana favorita de Jack, era la mejor amiga de Sissy. Y, supongo, David era el mejor amigo de todos ellos entonces. Quiero decir, muchos de ellos terminaron con vidas bastante tristes, de una forma u otra.

Esto era allá por 1938 y 1939.

Sí. Hugh Fraser era una especie de amigo, pero no muy brillante, y uno siempre se preguntaba si Hugh conseguiría un empleo en algún gobierno y nunca lo consiguió, o logró uno patético. Pero siempre que David estaba allí lo veíamos y Jack solía decir que David Gore era el hombre más brillante que él había conocido. Solía decir que él y Bundy lo eran. Pero solía decir que David más porque la inteligencia de Bundy es casi más, tiene miras tan altas que a menudo no podía ver las cosas más grandes alrededor de él. Quiero decir, David tenía más los pies en el suelo, era más compasivo. No sé describirlo.

David tiene más sabiduría, creo, que... Mac es un hombre con una inteligencia brillante, pero el juicio de David es más...

Y ademas David tiene el lado conciliador que tenía Jack. Sabes, Bundy se puede poner furioso y entonces volverse arrogante y hacer que la conciliación sea imposible. Y Bundy, en la crisis de los misiles, cuando piensas en esa gran mente, al principio quería ir y bombardear Cuba. Y al final no quería hacer nada. Así que si te hubieras fiado de aquella gran inteligencia, ¡mira dónde estaríamos! Pero...

¿Con qué frecuencia veía a David?

Bueno, lo veíamos mucho. Siempre lo hemos hecho. Solía quedarse en nuestra casa, normalmente en las vacaciones, o se iban a Camp David el fin de semana, o al campo, o a Cape Cod. O se iban a cenar quizá una vez al mes o así. No les preguntaba. Solíamos hacerlo de forma bastante espontánea y por supuesto habían estado metidos en algo oficial y habían terminado, así que pensé que no les podía hacer eso. Por tanto, no los veíamos tanto como solíamos. Los habríamos visto todas las semanas si no hubieran sido embajadores.

Mató a los Alphand, por así decir[42].

---

[42] El embajador francés estaba celoso de la extraordinaria relación del matrimonio Ormsby-Gore con los Kennedy. El presidente y la primera dama pusieron cierta distancia entre ellos y los Alphand también a causa de la creciente resistencia de

Y siempre estaban hablando por teléfono. Cuántas veces, «ponme con el embajador británico». Y David solía contarte sobre los lugares extraordinarios en los que había estado cuando le localizaban para hablar con Jack. Y, como he dicho, con David, bueno estaba esta cosa sobre la Guayana Británica por la que una noche David estaba realmente preocupado y Jack dijo: «Bueno, ¿qué debo hacer?». Estaba en contra de nuestra posición, pero David dijo: «Deberías llamar a U Thant[43]» y decirle lo que quiera que sea. Así que de cualquier forma Jack lo hizo y demás, y sabes, y resultó bien. Y después el asunto Skybolt, después de Nassau[44], David volvió con nosotros a Florida y naturalmente al día siguiente todo el asunto estalló. Godfrey McHugh entró y dijo: «¿Ha oído las maravillosas noticias, señor presidente? Acaban de lanzar lo del Skybolt, y funcionó» o algo parecido. Y Jack dijo: «¿Qué? Maldito seas, Godfrey, ¡sal de aquí!». Así que de todas formas él y David se sentaron allí y todo fue horrible. Y llamaron a Gilpatric, y McNamara estaba fuera, y David después se fue a otra habitación y llamó a Harold Macmillan. Pero aquella cercanía se mantuvo, bueno, me refiero a que todo podía haber saltado en pedazos entre Inglaterra y Norteamérica entonces. Y de todos los amigos de Jack ahora, David Gore es el más, diría después de Bobby y de mí, él es el más afec-

---

De Gaulle a las aperturas y los esfuerzos de JFK para mantener a Francia dentro de la Alianza Occidental.

[43] U Thant (1909-1974) era un diplomático de Burma que fue secretario general de la ONU desde 1961 hasta 1971.

[44] Kennedy se reunió con Macmillan durante tres días en el Club Cay Lyford en las Bahamas en diciembre de 1962. Antes de la reunión Estados Unidos, argumentando problemas técnicos, había cancelado su programa para construir misiles Skybolt, que se habían prometido a Reino Unido por su fuerza nuclear disuasoria. Cuando el ministro de Defensa británico Peter Thorneycroft anunció esta cancelación, Macmillan sufrió una vergüenza política —especialmente por parte de críticos en el Parlamento, que se quejaban de que estaba demasiado próximo a Kennedy y servil con él—. En Nassau el presidente intentó reafirmar a Macmillan ofreciéndole misiles Polaris a cambio del arriendo de una base submarina cerca de Glasgow. Tras la reunión Ormsby-Gore acompañó a los Kennedy a Palm Beach. Allí el general Godfrey McHugh (1911-1997), asistente del presidente de las fuerzas aéreas, hizo su inoportuno informe de que cualesquiera que hubieran sido las dificultades técnicas sufridas por el Skybolt, éstas evidentemente se habían desvanecido. Mortificado por haber ofendido a Macmillan, JFK pidió al científico político de Columbia Richard Neustadt que investigara el error. Mientras estudiaba fascinado el informe en noviembre de 1963, Kennedy pidió a Jackie que lo leyera.

tado[45]. Quizá no sea justo, pero él es el amigo al que veré siempre durante el resto de mi vida. A muchos de los otros no soporto verlos porque echo en falta a Jack. Quiero decir, los Bartlett, los Bradlee, la gente a la que veías. En cualquier caso...

Bien, David es uno de los... digamos que intelectual y emocionalmente es una persona rica y generosa y...

Y no es... ambicioso. Deseo que deje su título y sea primer ministro algún día, pero creo que será ministro de Exteriores. No es, no tiene el tipo de empuje que tenía Jack, pero las cosas le importan. Supongo que puede hacer mucho de esa forma.

Bueno, yo también le he pedido varias veces que deje su título, pero está claro que probablemente no lo va a hacer.

No es porque le importe mucho ese título. Es que nunca ha sido prepotente.

Es cierto. Cree que si lo hace será señal de que quiere ser primer ministro, cosa que le parece absurda querer ser. Bueno, naturalmente, no lo es. En el invierno o a principios de primavera de 1963, una cosa importante fue, desde luego, la crisis del acero y ¿estábais por ahí entonces[46]?

Y recuerdo lo indignado que estaba Jack. Sabes, es una de las pocas veces porque controlaba su genio. Quiero decir, nunca perdía los nervios, sino sólo a veces un pequeño destello. Quiero decir, era realmente... lo que Roger Blough le hizo...

Sintió que Roger Blough lo había traicionado.

---

[45] Por la muerte de JFK.

[46] Roger Blough (1904-1985) fue presidente del consejo de administración US Steel desde 1955 hasta 1969. En marzo de 1962 la administración Kennedy negoció un acuerdo con el sindicato siderúrgico y los jefes/cabecillas de la industria para bajar los salarios y subir los precios que eran potencialmente inflacionarios. Pero en abril de 1962 Blough dijo a JFK que US Steel estaba subiendo los precios un 3,5 por ciento y, por tanto, saltándose el acuerdo. La mayoría de las otras grandes empresas hacían lo mismo. Furioso, el presidente se sintió traicionado. Denunció públicamente a la gente del acero como enemigos del interés público. Robert Kennedy optó por lo que él llamó «la vía implacable». Puso a un gran jurado a valorar cargos antitrust y ordenó al FBI: «Entrevistadlos a todos, entrad en sus oficinas al día siguiente», y mediante citación examinar las cuentas de gastos de los magnates y otros archivos personales en busca de pruebas de connivencia. (En este esfuerzo el FBI llamó a un periodista a las dos o a las tres de la mañana, hecho que suscitó quejas públicas de tácticas brutales). Clark Clifford y otros oficiales de la administración dieron la lata a la gente del acero para que anularan sus incrementos de precio. En setenta y dos horas Blough y sus colegas se echaron atrás.

Sí, me acuerdo de su expresión. Tenía la boca realmente tensa. Y uno simplemente no hace eso, uno no se comporta de esa manera. Bobby me dijo después que si hubiéramos conocido a gente como André Meyer o hubiéramos tenido más amigos en esa comunidad, quizá se habría podido arreglar todo de forma menos agria. Pero entonces recuerdo que iba de aquí para allá, de su oficina a la Casa Blanca y andaba llamando a todo el mundo y consiguiendo... Clark Clifford era la única persona que encontraron en la que pensaron que los demás confiarían, así que lo eligieron para negociar. Era el hombre, lo conocí el otro día.

De Chicago.

¿Era Laughlin[47]? O la empresa que quiera que se arruinara la primera, y estaba en la cena de la biblioteca de Jack. Oh, y entonces recuerdo que Bobby me dijo después, en noviembre, que dijo a la prensa que el FBI mandó a casa de todo el mundo gente por la noche o algo así.

Que levantó a los periodistas a las dos de la mañana.

Bobby estaba contando lo horriblemente que se había comportado J. Edgar Hoover desde que murió Jack y la forma en que hacía la pelota a Lyndon Johnson al enviarle todos aquellos informes horribles sobre todo el mundo. Bobby dijo que él siempre había intentado tratar muy agradablemente con Hoover y que cualquier cosa que el FBI hiciera mal alguna vez, sabes, que Bobby se haría responsable. Y que era todo el FBI y no Bobby quien mandó a esa gente, que fue lo que creó mucho resentimiento contra Jack, ¿verdad?

Sí, sí. Suena un poco como...

Quiero decir, no puedo recordar a quién escribieron o a qué reportero estarían despertando en ese momento. Pero recuerdo a Jack enfadado por ello.

Arthur Goldberg tuvo un papel activo en este asunto del acero y Ted Sorensen supongo que también. Pero el presidente estaba realmente...

A mí me parece que Jack sobre todo por teléfono y Clark Clifford. Pero supongo que todo lo demás fue en la oficina. No sé.

¿Dirías que en este caso es cuando más furioso se puso de toda la administración?

Creo que justo después de que Roger Blough entrara en su oficina y le contara la bomba. Y, como dije, la segunda cosa más

---

[47] La empresa Jones & Laughlin Steel Company.

parecida que he visto a esto es alguna vez después de que los alemanes hayan hecho alguna otra maldita cosa irritante pero menor. Sí, diría que el asunto del acero. Y entonces pasó de la indignación, quiero decir, todo el tiempo que estaba actuando en la crisis no se movía ni por la furia ni por el enfado. Estaba intentando ver cómo podía trabajar en ello como si fuera un tablero de ajedrez. Bueno, supongo que uno simplemente no hace eso [actuar movido por la furia].

¿Qué pasó con el gobernador Barnett en Mississippi? Se puso furioso entonces o estaba más... —supongo que estaría menos—, se sintió traicionado por Blough. No tenía razones, supongo, para actuar de una manera distinta de como lo hizo[48].

Bueno, ves, Barnett era simplemente un negado. Y sabías que el hombre para empezar era una persona inferior y un tramposo. Ahí nunca hubo rabia, hubo... no sé, simplemente algo imposible. Y ¿sabes qué recuedo? Estaba en Newport en la cama y me llamó —fue aquella noche— y a las cinco de la mañana sonó el teléfono y supongo que acababa de volver a la Casa Blanca después de estar toda la noche sin dormir y estaba tan impresionada de que me llamara porque sólo quería hablar y dijo: «Oh, Dios mío». Uno no se daría cuenta cómo había sido aquello y supongo que cuando el gas lacrimógeno empezó a salir y las tropas que debían llegar allí en una hora llevaban ya cuatro horas fuera. Y supongo que aquélla fue una de las peores noches de toda su vida.

¿Hablaba mucho del asunto de los derechos civiles?

Sabes, duró tanto aquello, y siempre había algo, los Barnett y luego los Wallace[49], y quiero decir un problema horrible tras otro,

---

[48] Ross Barnett (1898-1987) fue gobernador de Mississippi desde 1960 hasta 1964. En septiembre de 1962 el presidente y el fiscal general negociaron por teléfono con el voluble Barnett para la entrada pacífica en la Universidad de Mississippi en Oxford de su primer estudiante afroamericano, James Meredith. Fracasó. Kennedy tuvo que mandar al ejército para ahogar los disturbios que se formaron y que se saldaron con dos muertos.

[49] George Wallace (1919-1998) sirvió el primero de sus cuatro mandatos como gobernador de Alabama desde 1963 hasta 1967. En 1963, un mes después de que se lanzaran unos perros enfurecidos contra adolescentes negros que se manifestaban por los derechos civiles en Birmingham, el gobernador anunció su intención de bloquear una orden judicial para matricular a dos estudiantes afroamericanos en la Universidad de Alabama en Tuscaloosa. En un ritual con coreografía de los hermanos Kennedy, que querían evitar la violencia, Wallace se quedó de pie en la puerta del colegio, denunciando «esta intrusión del gobierno federal

y al principio pensando que Little Rock se había llevado tan mal, supongo que pensó, y entonces ves que se le presenta algo casi peor que Little Rock[50] —Oxford—. Oh, sí.

¿Qué pensaba de los líderes negros? Martin Luther King, por ejemplo. ¿Mencionó alguna vez...?

Bueno, no lo creo. No sé qué pensaba. Bueno, lo que sí sé es lo que pensaba de él más tarde. Bueno, comentó que fue un orador increíble durante la marcha de la libertad y reconocía que haber hecho esa llamada durante la campaña hizo que... Entonces me habló de una cinta que el FBI tenía de Martin Luther King cuando vino aquí para la marcha de la libertad. Y no lo dijo con amargura ni nada, cómo estaba llamando a esas chicas y organizando una fiesta para hombres y mujeres, quiero decir, una especie de orgía en un hotel y todo lo demás[51].

¿Martin Luther King?

Oh, sí. Al principio dijo, oh, bien, sabes, y yo dije: «Oh, pero Jack, es tan horrible. Quiero decir, este hombre es, sabes, todo un

---

ilegal, injustificada y por la fuerza». El representante del fiscal general Katzenbach, respaldado por una guardia nacional de Alabama federalizada, pidió al gobernador que se apartara, cosa que hizo. Esa noche, en televisión, JFK anunció que iba a enviar una ley integral de derechos civiles al Congreso en referencia a «un problema moral... tan viejo como las Escrituras y tan claro como la Constitución norteamericana».

[50] Se refiere al escándalo que rodeó al uso por parte del presidente Eisenhower de la Division 101 Airborne del ejército de Estados Unidos para forzar la integración de la escuela superior Little Rock Central en Arkansas en 1957.

[51] Martin Luther King, Jr. (1929-1968) era el líder más conocido del movimiento norteamericano de derechos civiles cuando dio su discurso «He tenido un sueño» en la marcha sobre Washington (que Jacqueline llama «la marcha de la libertad») en agosto de 1963. Cuando el evento terminó, JFK recibió a King y a otros líderes en la Casa Blanca y dijo: «He tenido un sueño». La grabación a la que se refiere la señora Kennedy era de King y sus compañeros descansando en el Hotel Willard después de la marcha. Acosado por J. Edgar Hoover con acusaciones de que el líder de los derechos civiles estaba influido por comunistas de su entorno, Robert Kennedy autorizó a regañadientes a Hoover a grabar las llamadas de teléfono de King y a poner micrófonos en sus habitaciones, lo que más tarde suspuso la transcripción de comentarios privados despectivos hechos por King mientras veía ceremonias en La Rotonda del Capitolio del presidente Kennedy y ceremonias funerales. Hoover deseaba compartirlas con el fiscal general, y el atónito hermano del después presidente le transmitió su esencia a Jacqueline. Así que estaba molesta con King (si bien en 1968, pese a las emociones dolorosas que aquello le iba a hacer revivir, acompañó a RFK al funeral de King en Atlanta y consoló a su viuda).

farsante entonces». No, eso no era, esto fue cuando había sólo una chica, tuvieron la conversación. Y Jack dijo: «Oh, bien». Porque nunca juzgaría a nadie en ningún sentido. Nunca dijo nada realmente contra Martin Luther King. Desde entonces Bobby me habló de las cintas de esas orgías que tenían y cómo Martin Luther King se rio del funeral de Jack.

Oh, no.

Hizo burla del cardenal Cushing y dijo que estaba borracho. Y cosas como que casi tiran el ataúd y, bueno, quiero decir que Martin Luther King es un tipo tramposo. Pero no sabría... Él nunca me dijo nada contra Martin Luther King, así que no lo sé. Bobby sería el único en descubrir de esa forma lo que siempre pensó en realidad de él. Pero Bobby me lo contó más tarde. No puedo ver una foto de Martin Luther King sin pensar, sabes, este hombre es terrible. Sé que en el tiempo de la libertad cuando todos vinieron a su despacho, bueno, siempre estaba... Creo que estaba afectado por Philip Randolph[52].

Philip Randolph es imponente. Es un hombre mayor y tiene mucha dignidad.

Sí, y todo eso y estaba preocupado por aquella marcha de la libertad. Salió todo bien, supongo.

¿Preocupado de que aquello pudiera llevar a la violencia?

Bueno, sí, todo el mundo estaba preocupado, ¿no?, pero, sabes, los derechos civiles, sólo, bueno eso era sólo algo que siempre estaba allí, ¿no? Y entonces recuerdo que se puso furioso cuando estuvimos en Texas en noviembre, se puso furioso por culpa de Lyndon porque dijo: «Lyndon está esforzándose tanto por mostrar a todo el mundo que él es el verdadero liberal». Que había hecho algo ahí y preparado un discurso que había causado infinitamente más problemas y después volvió loco a todo el sur y entonces Lyndon intentaba gustar a no sé quién, los liberales del norte, supongo. Y dijo: «Ojalá no se hubiera, sabes, esforzado tanto en hacer lo mejor para sí mismo, quiero decir, todo ese problema habría sido mucho más fácil». Pero he olvidado qué discurso era ése exactamente. Puedes averiguarlo[53].

---

[52] A. Philip Randolph (1889-1979) era jefe de la hermandad de mozos de coches-cama y uno de los organizadores de la marcha sobre Washington.

[53] En mayo de 1963, en el centenario de Gettysburg, LBJ pronunció un discurso sobre derechos civiles en el campo de batalla que fue más allá de todo lo que el presidente hubiera dicho hasta entonces sobre el tema en público. (Esto fue antes

Otra cosa de otoño de 1962, naturalmente, fue la campaña política y lo más importante fue la crisis de los misiles cubanos. ¿En qué momento te hablaron de los misiles?

No recuerdo si la gente supo de los misiles cuando Jack se fue a aquella ronda de conversaciones. ¿Lo sabía la gente?

Lo sabían, sí.

¿Todo el mundo?

No.

Sólo algunas personas especiales.

Sí.

¿Salió en los periódicos entonces?

No... no salió en los periódicos. Las noticias llegaron un martes y entonces un pequeño... un grupo muy pequeño lo supo. Y se fue, recuerda, el jueves o el viernes y volvió el sábado y dio su discurso el lunes siguiente por la mañana[54].

Bueno, no recuerdo si lo supe antes, o si... Estoy segura de que habría sabido si estaba preocupado o algo. Pero recuerdo que yo acababa de llegar a Glen Ora con los niños y ¿era viernes por la tarde o sábado por la tarde?

Sábado por la tarde.

Cuando fuera cambió y decidió regresar.

Sábado por la tarde.

---

del discurso de Kennedy por televisión el mes siguiente declarando los derechos civiles «una cuestión moral»). Johnson declaró: «El negro hoy pide justicia. Nosotros no le respondemos —no respondemos a los que yacen debajo de este suelo— cuando respondemos al negro pidiéndole "paciencia"». En privado el vicepresidente se quejó a Sorensen de que el presidente no estuviera haciendo lo suficiente por los derechos civiles ni en el Congreso ni en sus esfuerzos por cambiar la opinión pública.

[54] El martes 16 de octubre de 1962 por la mañana Bundy dijo al presidente en su habitación de la Casa Blanca que una foto de un avión de vigilancia de la CIA había revelado a los soviéticos instalando misiles de ataque en Cuba, eventualidad que JFK había asegurado al público el mes anterior que nunca aceptaría. Las elecciones al Congreso de mitad de mandato iban a ser tres semanas más tarde. Ansioso por evitar que los americanos se enteraran del problema de los misiles hasta que él y sus asesores hubieran acordado una estrategia, Kennedy intentó mantener su programa inicial volando a Chicago para un discurso de campaña antes de regresar a Washington con la excusa de que tenía catarro. El lunes 22 de octubre por la noche dio su discurso por televisión anunciando que su «paso inicial» sería lanzar un bloqueo naval (para lo que usó como eufemismo el término «cuarentena») alrededor de Cuba así como pedir la retirada de los misiles.

Y tú habías llegado allí, y yo estaba tumbada bajo el sol y era tan agradable estar allí y recibió esta llamada y dijo: «Regreso a Washington esta tarde. ¿Por qué no vuelves allí?». Normalmente vendría él o yo pensaría que iba a pasar el fin de semana fuera, o vendría el sábado o yo habría dicho: «Oye, ¿por qué no te vienes para acá?» o así. Pero había algo raro en su voz y él nunca me pedía que hiciera... quiero decir, él sabía que aquellos fines de semana y fuera de la tensión de la Casa Blanca eran tan buenos para mí, y solía animarme a hacerlo. Era tan impropio de él, sabiendo que acababas de llegar allí con dos niños bastante quejicas, a los que tenías que despertar de la siesta y regresar. Pero me daba cuenta por su voz de que ocurría algo, así que ni siquiera pregunté. Dije algo como «¿por qué?» y él respondió: «Bueno, no importa. ¿Por qué no regresas a Washington?». Así que los desperté de la siesta y regresamos aquí, supongo, sobre las seis o así. Y entonces supongo que me lo dijo. Creo que tuvo que ser entonces. Pero supe cada vez que pedía o pensé que cuando estás casado con alguien y te pide algo —sí, eso es lo más importante de estar casado— simplemente detectas el problema en la voz y no deberías preguntar por qué. Así que volvimos de inmediato. Aquellos días eran —bueno, he olvidado cuántos había —¿eran once o más?—, pero a partir de ese momento pareció que no se distinguía el día de la noche y simplemente no sé qué día era. Pero sé que Jack —oh, había dicho algo— me dijo algo, sé que me lo contó de inmediato y alguien había dicho a su mujer que se fuera y la señora Phyllis Dillon me dijo después que Douglas se la había llevado de paseo y le había contado lo que estaba ocurriendo, y le sugirió que fuera a Hobe Sound o algún sitio así. No sé si lo hizo o no. Y recuerdo que sabía que si algo ocurría nos evacuarían a todos a Camp David. Y no sé si él me dijo algo sobre eso. No creo, pero yo dije: «Por favor, no me mandes a Camp David», sabes, a los niños y a mí. «No me mandes a ninguna parte. Si pasa algo, todos nos quedaremos contigo aquí. Incluso si no hay sitio en el refugio antibombas de la Casa Blanca», que había visto. «Por favor, si es así, sólo quiero estar en el césped cuando ocurra; sólo quiero estar contigo, y quiero morir contigo y los niños también [lo] quieren, en lugar de vivir sin ti». Así que dijo que... que no me mandaría fuera. Y en realidad tampoco me quería mandar fuera[55].

---

[55] Esto reproduce la decisión de la familia real británica en 1940 de quedarse en Londres en medio de los peligros del *blitz* alemán.

¿Qué estado de ánimo tenía cuando te lo contó?

Bueno, no fue exactamente del tipo «siéntate, tengo que contarte algo». Estaban pasando tantas cosas y entonces, según pasaba el tiempo, resultó, bueno, sabes, oh, la fatal casualidad de un par de días. Del tipo, un día hicieron fotos y no había nada ahí. Al día siguiente había niebla. Y entonces, McCone se acababa de casar de nuevo y se había ido de luna de miel, no reservó otro vuelo o no hizo algo, así que lo habríamos sabido un par de días antes[56]. Hay algo allí donde McCone, que era —no sé si culpar a McCone—, quiero decir, podía haber retrasado un poco su luna de miel, o si simplemente fue un desafortunado accidente, pero aquello provocó un retraso. Entonces llegaron aquellas fotos y se supo. Bueno, entonces, como digo, no se descansaba ni por la noche porque me acuerdo de una noche, Jack estaba tirado en la cama en su habitación, era muy tarde y entré en camisón. Pensé que estaba hablando por teléfono. Había estado liado con el tema toda la tarde. Y de repente vi que me hacía una seña con la mano para que saliera —¡sal, sal!— pero yo ya había llegado hasta su cama y era porque Bundy estaba en la habitación. Y el pobre puritano Bundy, ¡ver a una mujer entrando en camisón! Se tapó los ojos con las manos. Y estaba hablando por otro teléfono con alguien. Bueno, salí de la habitación a las dos, las tres o las cuatro de la mañana, no lo sé. Y otra noche recuerdo a Bundy al pie de nuestras camas, sabes, despertando a Jack para algo. Y Jack solía irse a su propia habitación y después hablar por teléfono quizá hasta, digamos, desde las cinco hasta las seis o las siete. Y después podía volver y dormir unas dos horas e ir a su despacho, o como digo no había noche ni día. Y, bueno, ése fue el tiempo que estuve más cerca de él y nunca salí de la casa o vi a los niños... Cuando llegaba a casa, si era para dormir o para una siesta, solía dormir con él. Y solía caminar por su oficina todo el tiempo y a veces me llevaba —era divertido— a dar un paseo por el césped, un par de veces. Sabes, no hacía eso muy a menudo. Simplemente caminábamos despacio, y volvíamos dentro. Era sólo esta vigilia. Y entonces recuerdo otra mañana, tuvo que ser una mañana del fin de semana —cuando [pasó] todo—. Era una reunión en el Despacho Oval y todo el mundo había venido en su coche para que la prensa no sospechara. Y Bobby vino en un descapotable y con ropa

---

[56] Aunque la señora Kennedy no lo sabía, aunque el avión de vigilancia hubiera fotografiado Cuba un par de días antes, habría dado poca ventaja a los norteamericanos para conseguir la retirada de los misiles.

de montar. Y así, sabes, yo estaba allí y entonces entré en el Treaty Room, bueno, sólo para revisar el correo, pero oía que hablaba a través de la puerta. Me quedé escuchando a hurtadillas. Y supongo que era un momento vital, porque oía a McNamara diciendo algo como «creo que deberíamos hacer esto, lo otro, aquello». No, McNamara, resumiendo algo y después Gilpatric dando otro resumen y después un montón de preguntas y entonces pensé: bueno, que no debía estar escuchando y me fui.

¿Comentó el presidente algo sobre la pregunta de si debería haber un asalto para atacar las bases o el bloqueo o qué? Quiero decir, mencionaste a Mac Bundy...

Bueno, todo eso lo supe después y no se me dijo hasta mucho mucho más tarde. Y la cuestión era —no entonces, sabes, sino en el momento en que él—, bueno, era sólo que en realidad no me lo estaba pidiendo. Pero recuerdo que sí que me habló de ese disparatado telegrama que llegó de Kruschev una noche. Muy bélico. Supongo que mandó primero el agradable donde parecía que él haría, donde podía desmantelar y después este disparatado llegó en mitad de la noche. Bueno, recuerdo que Jack estaba realmente enfadado por esto y después decidió que sólo contestaría al primero[57]... También me acuerdo de que me hablaba de Gromyko, que estuvo en ello pronto.

Oh, sí.

Que había visto a Gromyko y hablado con él y todo lo que dijeron y que él realmente quería hacer que Gromyko se jugara el tipo limitándose a mentirle y no revelando nada. Y dijo: «¿Cómo puedes seguir como si tal cosa?» o «¿Cómo pudiste no decir... eres una rata, ahí sentado?». «¿Mostrar todas nuestras cartas?». Así me lo describió a mí. Y entonces recuerdo otra cosa: el hombre sobre el que Roger Hilsman me escribió una carta este mismo invierno, como uno de los peores días de todos, el último día, de repente un avión de vigilancia se quedó suelto sobre Alaska o algo así[58].

---

[57] En el fin de semana último de la crisis llegaron dos mensajes de Kruschev: el primero conciliador y el segundo con fuego y azufre. En lo que los estudiosos llamaron la «treta de Trollope» (en una novela de Anthony Trollope una mujer se apresuraba a interpretar un gesto amistoso como una propuesta de matrimonio) los hermanos Kennedy optaron por tratar el primero como el mensaje soviético definitivo, lo que ayudó a salvar la situación.

[58] Roger Hilsman (1919-) era el jefe de inteligencia del Departamento de Estado. En medio de la crisis un avión de vigilancia estadounidense voló por accidente

Violó el espacio aéreo soviético.

Sí, una cosa horrible. Oh, Dios mío, sabes, cuando los rusos podían haber pensado que lo habíamos enviado y aquello podía haber sido horrible. Recuerdo que Jack me lo contó. Y después recuerdo el bloqueo. Oh, y después recuerdo que Anderson del Pentágono estaba furioso con McNamara, no quería dejar, no sé si eso era antes o después, todo aquello[59]. Y después recuerdo esperar con aquel bloqueo. La única cosa que recuerdo es que resultaba como una noche de elecciones, pero mucho peor. Un barco venía y un carguero grande y pesado había regresado pero no tenía nada más que petróleo dentro de todas formas y todos esos barcos cruzando hacia allá. Y recuerdo que el *Joseph P. Kennedy*[60] estaba allí y decirle a Jack: «¿Lo mandaste tú?» o algo así. Y él decía: «No, ¿no es extraño?». Al final un barco regresó o lo abordaron o algo y entonces fue cuando soltamos el primer suspiro de alivio, ¿verdad? Y no puedo recordar el día que finalmente terminó aquello y Bundy me dijo, entonces o más tarde, que si hubiera tardado siquiera dos días más todos se habrían venido abajo porque aquellos hombres habían estado sin dormir. Taz Shepard[61] en la Situation Room o así. Recuerdo que una vez tenía algo que preguntarle y dijeron: «No puedes». Había estado... día y noche, sabes, todos. Después escribí una carta a McNamara, que le mostré a Jack. Pero recuerdo que todo el mundo había trabajado hasta el límite de la resistencia física.

¿Mostró fatiga el presidente?

Bueno, según pasaban los días, sí. Pero él siempre —no te preocupabas mucho por él y la fatiga porque lo habías visto aguantando mucho toda su vida—, quiero decir, aguantaba campañas

---

[59] en el espacio aéreo soviético —legalmente un acto de guerra que podía haber producido una revancha que podría haber creado una espiral que llevara a un conflicto nuclear—. Un Kennedy furioso dijo: «¡Siempre hay un hijo de perra que no se entera!».

[59] Cuando Kennedy respondió en público a los misiles en Cuba (usó la expresión eufemística más pacífica de «cuarentena»), algunos del Mando Conjunto, como George Anderson de la Marina (1906-1992) y Curtis LeMay del Ejército del Aire pensaron que el presidente estaba siendo demasiado débil, incluso el domingo 28 de octubre, cuando Radio Moscú anunció que los misiles se iban a retirar para «evitar un giro fatal de los acontecimientos y proteger la paz mundial».

[60] Por casualidad, el destructor de Estados Unidos *Joseph P. Kennedy, Jr.* fue uno de los barcos usados en el bloqueo a Cuba.

[61] Tazewell Shepard, Jr. (1921-) era el ayudante de Marina del presidente.

horribles y el día que estabas completamente roto, levantándote a las cinco de la mañana para estar en la puerta de una fábrica y todavía, sabías que siempre tendría alguna reserva oculta de la que tirar. Pero, oh, chico, hacia el final yo siempre pienso que si te dicen hasta dónde tienes que llegar, siempre puedes lograrlo. Pero lo horrible es cuando no lo sabes. Y finalmente, cuando se terminó, quiero decir, no sé cuántos días o semanas después era, pero pensó en dar ese calendario a cada uno. Y los diseñó con mucho cuidado él mismo[62].

¿Qué pasó con...?

Y entonces fue una sorpresa. Me sorprendió tanto recibir uno porque él me había dicho que quería hacerlo y dijo: «Pregunta a Tish o a Tiffany», o algo parecido. Así que se lo dije y, cuando llegaron, me sorprendió tanto que hubiera uno para mí que me eché a llorar.

Bueno, ¿qué pasó con Stevenson y la vertiente de la ONU en el asunto?

No recuerdo a ninguno de ellos en ese momento. Sólo recuerdo cuando el artículo de Charlie Bartlett o algo salió más tarde. Y... no sé cuánto tiempo después fue.

Aquello fue en unas seis semanas después, ¿verdad? A principios de diciembre Charlie Bartlett y Stewart Alsop.

Recuerdo la discusión entonces. No creo que Jack dijera nada en aquel momento o ¿no vino Lyndon a una de esas reuniones, y luego a ninguna de las demás? Creo que vino o a una del principio o a una del final. Si vino a una de las del principio, no quería tomar parte en todo lo que estaba pasando, o lo que creo que es más acertado, vino a la del final y no quiso dar ninguna opinión. Como era habitual en él, no quería posicionarse. Y podría haber ido a todas esas reuniones también, y no fue ni a una. No sé qué estaba haciendo. Entonces hubo algo con Chester Bowles también, ¿o aquello fue antes?

No, aquélla fue la primera, fue en la Cuba anterior.

Cierto.

---

[62] JFK hizo un regalo con valor de recuerdo a Jacqueline y a su entorno cercano más implicado en las deliberaciones sobre la crisis de los misiles cubanos. Cada uno era un calendario de octubre de 1962, en plata, de Tiffany, con los fatídicos trece días destacados en negrita y con «JFK» y las iniciales del destinatario grabadas.

Chester estaba en la India[63].
Y Bobby dijo, recuerdo la primera, Bobby se lo dijo.
No, Chester no estaba en la India pero no estuvo metido en esto. No, fue en la primera Cuba cuando participó.
Cierto. Y en ella iba a decir que no estaba en desacuerdo y Bobby dijo: «Todo el que se vaya de esta habitación está de acuerdo» o algo así[64]. Pero no lo sé.
¿Tuvo el presidente alguna reacción especial al artículo de Charlie[65]*?*
Oh, sí, eso fue horrible, ¿verdad? Fue horrible para Adlai y esto y lo otro y todo está implicado ahora, pero ¿no era correcto el artículo de Charlie?
No, realmente no. Quiero decir, cada uno había tomado una postura en esto y distintas personas en diferentes momentos habían tomado otras posturas y se habían propuesto cosas diferentes que, como tú mencionas, el caso de Mac, que era ambos; sabes, unas veces era un halcón y a veces una paloma. Y la cuestión era que había dos puntos de vista, pero creo que en uno u otro momento casi todo el mundo alrededor de esa mesa adoptó uno u otro de los dos puntos de vista. Aquello simplificaba demasiado la...
Bueno, sea como fuere, quiero decir que Jack estaba enfadado con la crítica que encerraba el artículo. Y recuerdo, ¿fue ese invierno un poco más tarde o en febrero cuando fui a Nueva York y fui a la ONU con Adlai? Y Clayton[66] me había dicho que sería tan agradable si pudiéramos invitar a Adlai a alguna de nuestras fiestas privadas, que eso realmente podía mejorar las cosas. Bien, de cualquier forma, supuso una gran diferencia para Adlai cuando fui a al-

---

[63] Chester Bowles (1901-1986) era publicista ejecutivo, gobernador de Connecticut y número dos de Dean Rusk antes de suceder a Galbraith como embajador en la India.

[64] Tras la Bahía Cochinos, cuando Bowles divulgó por Washington que se había opuesto a la incursión, un indignado RFK le puso el dedo en el pecho y le dijo que más le valía que su postura fuera en lo sucesivo mejor de lo que había sido en la invasión.

[65] El amigo de JFK Charlie Bartlett colaboró con el columnista Stewart Alsop (1914-1974) en un artículo del *Saturday Evening Post* denunciando que durante las deliberaciones de la crisis Adlai Stevenson había «querido un Múnich». Dado que se conocía la proximidad de Bartlett al presidente, miembros de los entendidos de Washington interpretaron el texto de forma errónea como una señal de que Kennedy quería sacar a su representante en la ONU. El mismo Stevenson estuvo especialmente agitado.

[66] Clayton Fritchey (1904-2001) era un antiguo periodista y ayudante de Stevenson que era amigo del círculo de los Kennedy.

Tras la crisis cubana de los misiles el presidente Kennedy regaló calendarios a miembros de su círculo íntimo. Obsequió a su mujer con este que aparece sobre su escritorio en las dependencias familiares de la Casa Blanca.

morzar a la ONU y le di una pequeña acuarela que había hecho. La había hecho —Jack y yo estábamos sentados una noche— de una esfinge que tengo y la tenía en mi maletín. Y le puso un marco y todo eso, y después fue a una fiesta. Quiero decir, tenías que hacer cosas para suavizar sus sentimientos pero finalmente aquello se calmó. ¿Sabes lo que estoy pensando sobre la crisis de Cuba? La diferencia entre Jack y Lyndon Johnson y lo que realmente va a marcar la diferencia para este país es que ahora hay una crisis terrible con Laos pero nadie lo sabe, salvo en los periódicos. Y ¿dónde está Lyndon?[67]. Y así esa gente sale a Hawai y antes de que vayan Lyndon no se ha encontrado con ellos en tres días. ¿Y dónde está ahora? Está recorriendo todo Texas, yendo a graduaciones en institutos y facultades. Y el pobre hombre está aterrorizado en cierta manera. Dave Powers[68] dice que no soporta ir a Camp David ni a ningún sitio donde esté solo, que ahora tiene tumbonas de playa alrededor de la piscina y que los fines de semana le gusta sentarse en la piscina y que bebe allí con todos sus amigotes. Pero que no puede soportar estar solo y hacer frente a algo horrible o discutir con esa gente. Quizá es que se quiere mantener al margen para que si sale mal pueda decir «No estaba allí» o «Es la guerra de McNamara». En parte creo que le ha invadido el pánico y no sabe qué hacer. Y llegó aquel hombre y durante siete meses no hubo un problema, cosa posible gracias a Jack. Y supongo que es muy bueno para el país que pueda ir por ahí con ese rollo de buenos sentimientos y calmar a esa gente, darles esa sensación de seguridad que querían desde toda la tragedia de noviembre. Pero, sabes, un presidente tiene que ser, quiero decir, así es como van a ocurrir cosas terribles, porque cada pequeño grupo está fuera, sabes, teniendo sus pequeñas reuniones cada uno por su cuenta en Laos y no están pensando en Vietnam y no están pensando en...; quiero decir, Jack siempre decía que el aspecto político era más importante que el militar

---

[67] Durante la crisis de los misiles el vicepresidente sólo asistió a una reunión de «ex comunistas», el grupo presidencial ad hoc formado rápidamente por JFK para diseñar una solución al problema se reunía de forma permanente. Otros miembros eran Rusk, McNamara, Dillon, RFK, Bundy, McCone y Taylor. La referencia a Laos es una alusión a los esfuerzos ocultos de Vietnam del Norte y Estados Unidos de torpedear el acuerdo de Ginebra de 1962 que trataba de mantener la neutralidad y la independencia del país.

[68] Power y O'Donnell habían acordado quedarse con Johnson durante el periodo de transición.

y nadie está pensando en eso[69]. Y no llaman a la gente que estuvo metida en ello antes. Y así es como empieza el caos. Si lees la historia de Bahía Cochinos en los periódicos ahora, quiero decir, la CIA simplemente operando en la oscuridad, diciendo: «Incluso aunque tengas una orden del presidente, adelante con ello[70]». Bueno, es el tipo de cosa que va a volver a pasar de nuevo. Y, sabes, lo he visto en la gente con la que hablo en Washington ahora, juntando datos aquí y allá, y como Joe Kraft[71] me contó que Lyndon fue a la casa de alguien en Georgetown la otra noche, se emborrachó, se quedó hasta las tres o las cuatro y dijo: «No sé si soy capaz de ser presidente, si mis capacidades son adecuadas». Esto se sale del tema, hablar de Lyndon y la gente va a pensar que estoy resentida con él, pero no estoy tan resentida ahora. Pero quería que se pusiera en contexto el tipo de presidente que era Jack y el tipo que es Lyndon. El viejo y estúpido Harold Stassen[72] dijo la semana pasada —y ojalá lo hubiera dicho cualquier otro, porque es una idea bastante cierta— que Johnson sería como Harding, y habría otra era de buenos sentimientos, y a los negocios les gustaba Harding y a los senadores les gustaba Harding y no llevaba ningún control de la gente que trabajaba para él, así que podían ser un poco corruptos en esto y en aquello, lo que de nuevo... y mira después lo que ocurrió. Sabes. Y eso es lo que yo... uno sabe que es lo que va a ocurrir. Lyndon puede continuar algunas de las grandes cosas que hizo Jack, y muchas de ellas avanzarán porque no se pueden detener —derechos civiles, la ley de impuestos, el asunto de la fuga de oro[73]—. Y quizá hagas algo más sobre la Alianza y demás, pero cuando ocurra algo realmente crítico es cuando van a echar de menos a Jack.

---

[69] Al mencionar la advertencia de su marido la señora Kennedy fue inquietantemente profética sobre el problema que implicaría la participación de Estados Unidos en Vietnam.

[70] En otras palabras, aunque el presidente ordene detener la invasión, proceded de todas formas.

[71] Joseph Kraft (1924-1986) era un columnista de Washington y residente en Georgetown.

[72] Harold E. Stassen (1907-2001), el que fuera una vez «chico gobernador» republicano de Minnesota, había sido un serio contendiente presidencial y más tarde se presentó al cargo tantas veces y durante tanto tiempo antes de tener ni una remota posibilidad que se convirtió en objeto de bromas a nivel nacional.

[73] JFK había tenido que lidiar con una preocupante fuga de reservas de oro hacia Europa Occidental.

Y sólo quiero que sepan que es porque no tienen ese tipo de presidente y no porque fuera inevitable[74].

¿Qué clase de vicepresidente era Lyndon?

Era muy divertido porque Jack, pensando en ser vicepresidente y lo horrible que sería, dio a Lyndon muchos cometidos. Pero él nunca los hizo. Quiero decir, podía haber hecho que ese consejo de derechos humanos[75] o lo que fuera se convirtiera en —sabes, seguir adelante con ello— igualdad de oportunidades, lo que quiera que fuera. Podía haber hecho más cosas respecto al asunto del espacio. Él nunca quería tomar ninguna decisión o hacer nada que lo pudiera definir. Así que lo que realmente le gustaba era hacer esos viajes[76]. Y nunca le gustó. Jack solía decir que uno nunca podía

---

[74] En este momento la antigua actictud benigna de Jacqueline hacia Johnson como líder se ha endurecido, junto con la de Robert Kennedy. Más tarde, en 1964, cuando Jacqueline estudiaba un borrador del libro *Kennedy* de Sorensen que se iba a publicar pronto, insistió en el que el autor cambiara o borrara casi todas las menciones positivas del vicepresidente de su marido, señalando «numerosas referencias elogiosas a LBJ, que sé que no reflejan la forma de pensar de Kennedy... Debes saber —tan bien o mejor que yo— que su opinión sobre él fue empeorando sin parar. Cada vez estaba más preocupado respecto a qué ocurriría si LBJ alguna vez se convertía en presidente. Estaba realmente aterrorizado ante esa posibilidad». Refutando la afirmación de Sorensen en el borrador de que el presidente había «aprendido» sobre las campañas de Johnson, ella escribió: «El estilo de Johnson siempre le avergonzaba, especialmente, cuando lo mandaba por el mundo como vicepresidente». En años posteriores, sin embargo, el tiempo, la distancia, el final de la rivalidad de Robert Kennedy con Johnson, la muerte de LBJ y su cordial relación con Lady Bird suavizaron la actitud de Jacqueline hacia el sucesor de su marido. Ella separó sus objeciones a ciertas políticas de Johnson —sobre todo la escalada de la guerra del Vietnam, que insistía que Jack nunca hubiera aceptado— de su cariño personal por Lyndon y Lady Bird, a los que se esforzó en ver en la década de 1980 y principios de la de 1990 cuando ambas antiguas primeras damas se reunieron en Martha's Vineyard. En una historia oral sobre Johnson para la Biblioteca Johnson Jacqueline dijo que después del asesinato LBJ «fue extraordinario. Hizo todo lo posible por ser magnánimo... Realmente me conmovió aquella generosidad de espíritu... Siempre me pareció que él era así».

[75] JFK había nombrado a Johnson para que dirigiera el Comité del Presidente sobre Igualdad de Oportunidades de Empleo, además de su Consejo del Espacio.

[76] En defensa de Johnson, Kennedy estaba deseoso de dar dignidad a su vicepresidente, pero —conocida su tendencia a exagerar si le daban la oportunidad— sin darle muchas cosas que hacer. Envió a Johnson a muchos viajes para distraerlo de su aburrimiento y su falta de poder. Como el ayudante de Johnson y amigo Jack Valenti describió más tarde a LBJ como vicepresidente, «este gran y orgulloso buque era simplemente incapaz de moverse. Atrapado allí en el mar de los Sargazos, sin viento y sin corrientes».

El vicepresidente Lyndon Johnson y el presidente Kennedy en la Casa Blanca.

sacar una opinión a Lyndon en ningún gabinete ni en ninguna reunión de seguridad nacional. Sólo decía, sabes, que estaba de acuerdo con ellos —con todos— o simplemente se quedaba completamente callado[77]. Así que lo que solía hacer era mandarlo a Pakistán o así. Bueno, a la vuelta estaría muy interesado en el conductor del camello[78]. O le pedía ir a Finlandia o así, y eso estaría bien. Y traería de vuelta muchos pájaros pequeños de cristal con «Lyndon» escrito por todas partes que luego repartiría.

Y pidió ir a Luxemburgo. Quiero decir, creo que es tan patético cuando todo lo que se te ocurre hacer con un presidente que se muere por darte muchas cosas que hacer es una visita de Estado a Luxemburgo y Bélgica. Y sé que en Grecia, nos dijeron tras su visita, uno no se podía creer aquella confusión y aquel frenesí y lo que se le pedía a la gente y que allí había que tener masajistas y un gran alboroto y que fue mucho más que ninguna visita presidencial que hubieran visto aquellas personas. Eso era lo que le gustaba a él. Oh, y Lyndon lo había intentado con tanto esfuerzo al principio. Godfried McHugh había intentado al principio hacer que Jack encargara cuatro *Air Force One* —707— porque necesitaba el que pudiera ser el más rápido. El de Moscú era más rápido. Y Jack no iba a gastar todo ese dinero en cuatro aviones nuevos así que Lyndon siguió presionándolo para que lo hiciera. Sabes, Lyndon quería uno grande y entonces, cuando Jack por fin consiguió el *Air Force One*, creo, no sé si Lyndon había tenido un *Air Force One* como ése o uno de los aviones más viejos, pero siempre siguió presionando por un avión más grande. O por más de uno y todo el tipo de cosas que él quería, la parafernalia que va con el poder, pero nada de responsabilidad. Y entonces cada vez que venía de uno de esos

---

[77] En esto la señora Kennedy tenía toda la razón. En la primavera de 1963, durante una reunión en la que JFK estaba discutiendo si mandar una ley de derechos civiles al Congreso, preguntó a Johnson su opinión y el vicepresidente contestó ácidamente que no podía responder porque nadie le había dado suficiente información para formarse un juicio. En una entrevista de la historia oral de 1965 Robert Kennedy recordó que durante la crisis de los misiles LBJ «nunca hizo ninguna sugerencia ni recomendación sobre lo que deberíamos hacer... No le gustaba lo que estábamos haciendo aunque nunca dejó claro qué haría él».

[78] Durante un viaje a Pakistán en 1961 LBJ invitó a un conductor de camellos llamado Bashir Ahmed a verlo en Estados Unidos. Para su sorpresa, Ahmed le tomó la palabra y Johnson le hizo de anfitrión en una visita muy publicitada a su rancho de Texas.

pequeños viajes Jack solía decir para averiguar, muy amablemente: «¿Le gustaría venir a informarme?». Una vez que estábamos en Florida en medio de su descanso y de las vacaciones [de Kennedy] y si Lyndon hubiera venido a reportar habría tenido que ser en medio de la noche, cosa que no era demasiado buena para Jack y él pensó que sería horrible para Lyndon. Pero solía decir: «Averigua si querría o no venir», y Lyndon siempre quería. Así que siempre volaba en un jet especial y toda la prensa estaba avisada. Y él solía venir, y naturalmente, no había nada de que hablar, pero parecería que sí, sabes. Así que ése es el tipo de vicepresidente que era. Pero Jack siempre dijo que nunca fue desleal ni habló en ningún sitio. Bueno, quiero decir, eso es simple elegancia, pero es cierto.

¿Qué tal en cuanto a consejo político o tratando con el Consejo y esas cosas? ¿Parecía encajar allí?

No, Jack solía decir, entonces una vez que ya no era líder de la mayoría, él pensó... Jack pensó esto o Lyndon pensó lo otro, pero no quería hacer nada con el Congreso. No creo que le hubieran prestado mucha atención. Quiero decir, entonces no les gustaba el vicepresidente, el Ejecutivo, metiéndose[79]. Y Jack solía decir más veces, simplemente divertido (te lo dije, a Ben Bradlee): «Dios mío, Mansfield logra más cosas» y sabes, era realmente Larry O'Brien y Mansfield. Puede que haya dicho esto en una cinta anterior pero unas de nuestras últimas cenas en la Casa Blanca, quizá dos o tres semanas antes de Dallas, Ben Bradlee estaba allí, y Jack le seguía diciendo: «¿Por qué no pones a Mansfield en la portada de *Newsweek*? ¿Por qué no escribe alguien algo simpático sobre él?». ¿He dicho esto ya?

No.

Así que dijo: «Ha hecho más». La cuestión es que Lyndon embaucaba a todo el mundo. No criticaba a Lyndon porque nunca lo hizo. Pero estaba diciendo que con su personalidad embaucaba a la gente. Pero dijo: «Después de todo, mira, era cuando Eisenhower y después de todo ¿qué se hizo?». Y enumeró cosas muy insignificantes. La situación es mucho peor ahora, más difícil. Y de todas esas cosas que enumeró recuerdo sesenta y ocho de nuestro programa el primer año, setenta o setenta y tres el segundo y dijo: «Vamos a con-

---

[79] Antes de la toma de posesión Johnson había realizado un esfuerzo mal encaminado de convencer a los miembros demócratas del Senado de que le permitieran continuar como líder del *caucus*. Cuando lo rechazaron abruptamente mediante voto formal, JFK señaló que «Lyndon realmente echaba humo».

seguir esto y esto y esto para el...». Y entonces Ben le pinchaba, diciendo: «Pero no vas a tener la ley de impuestos ni la de los derechos civiles para este año, como has dicho. De cualquier forma, la ley de impuestos, como dijiste». Y él dijo: «Dios, ¿qué importa eso, Ben? Vamos a tener la ley de impuestos. Va a salir en febrero. De acuerdo, no es este año, pero sólo son dos meses después». Y en lo de los derechos civiles lo predijo exactamente todo lo que ocurriría y la fecha. Y Mansfield pensó simplemente que era extraordinario y que nadie lo reconocía porque el hombre actuaba en silencio. Así que Lyndon, como vicepresidente, no hacía nada. Pero no estaba mal; estaba bien.

La historia se imprimió con intención porque se había considerado dejar caer a Johnson en 1964.

No en 1964. Pero Bobby me lo contó más tarde, y sé que Jack me lo dijo algunas veces. Dijo: «Oh, Dios, ¿puedes siquiera imaginarte lo que le pasaría al país si Lyndon fuera presidente?» —lo dijo muchas veces o si había alguna vez un problema—. Quiero decir, solían salir historias sobre 1964 pero no veo cómo uno podría sacarlo en 1964.

Muy duro.

Pero en 1968, sabes, él pensaba, ¿qué puedes hacer? Bueno, primero pensé que Lyndon sería demasiado viejo para entonces para presentarse a presidente. Quiero decir, a él no le gustaba la idea de que Lyndon continuaría y sería presidente porque le preocupaba el país. Y Bobby me dijo que había tenido algunas discusiones con él. Se me ha olvidado exactamente cómo lo estaban planeando o a quién tenían en mente. No era Bobby, sino otra persona. Hacer algo para nombrar a otro en 1968[80].

¿Recuerdas algo en particular sobre la campaña para el Congreso de 1962? Naturalmente, estuvo muy dominada por... eclipsada por la crisis de Cuba. No saliste, creo.

No, quiero decir, él no me pidió que saliera. No lo sé.

Al principio planeó una campaña bastante corta y después hizo una más larga. Sobre el tema de..., ¿habló alguna vez de los desayunos legislativos?[81].

---

[80] En su último año de vida JFK preguntó a su amigo Charlie Bartlett si pensaba que el candidato demócrata de 1968 sería Bobby o Lyndon. Según otras fuentes el presidente estaba valorando vagamente al gobernador liberal de Carolina del Norte Terry Sanford como posible contrincante para 1964, si era necesario, o como el candidato a la presidencia para 1968.

[81] El presidente invitaba a desayunar de forma regular a líderes del Congreso.

Oh, sí, porque a veces estaban en la planta de arriba y, sabes, los niños solían deambular por allí. Y a veces yo salía de mi cuarto en mi salto de cama y todos aquellos hombres salían en medio de nubes de humo. Y...

¿El desayuno era en el segundo piso?

A veces sí y más tarde se hacía en el comedor de la familia. El primero [desayuno], todas las sillas antiguas que tenía Harry du Pont, se rompieron una a una. Pero [Jack] solía hablar de ellos y de lo que se había dicho si era un buen desayuno.

¿Quién le gustaba especialmente? ¿Hubert? ¿Qué dijo sobre...?

Bueno, quería a Mansfield y Dirksen era siempre muy agradable con él. No sé, supongo que él realmente estuvo muy triste cuando murió Sam Rayburn. Y con McCormack siempre tuvo problemas. Pero supongo que McCormack siempre estaba bien en ellos. No lo sé. No sería justo que yo opinara. No lo sé[82].

Uno de los grandes misterios en torno a la Casa Blanca era el...

Sé una cosa sobre los desayunos legislativos que Larry O'Brien me contó. Es algo interesante sobre Ted Sorensen. Larry no podía soportar a Ted Sorensen, así que una noche me estaba contando; bueno, ellos eran... obviamente el irlandés solía estar celoso de los Sorensen pero dijo tantas veces que Larry había preparado una agenda para los desayunos y justo antes de que fueran a empezar Ted solía pedir que se la enseñara y se la cogía. Y sólo cambiaba una o dos frases, y escribía las iniciales «TCS» y lo pasaba a los demás con eso escrito. Y verás esa mano pesada de Ted Sorensen en más lugares. Quiero decir, él quería dejar su marca en tantas cosas.

La autoafirmación.

Sí, te hablé del asunto de *Perfiles de coraje* y, bueno, quiero decir, se lo estaba haciendo a Larry O'Brien y a todos. Es muy taimado.

Se comportó un poco mejor en la Casa Blanca, ¿verdad?

Oh, sí. Pero, quiero decir, yo sólo...

---

[82] Everett Dirksen (1896-1969) fue senador de Illinois y líder de los republicanos en el Senado desde 1959 hasta su muerte. Aunque el estilo decimonónico de Dirksen era tan distinto del del presidente, JFK tuvo durante mucho tiempo una excelente relación con él. No fue así con el portavoz de la Casa, McCormack, que aún se resentía de la meteórica ascensión política de Kennedy que le había permitido tener un mayor control sobre los demócratas de Massachusetts. La victoria de Edward Kennedy sobre el sobrino del portavoz en 1962 en las nominaciones demócratas estatales para el Senado aumentó la animadversión de McCormack hacia el presidente.

Bueno, es una cosa tan mezquina. Hacer...

Alguien dijo que se quería a sí mismo y que finalmente quería a una sola persona más, que era Jack[83]. Y estaba chiflado por Jack. Me acuerdo de cuando empezó a intentar hablar como él o atreverse a llamarlo Jack, y enrojeció. Y creo que quería ser sereno en todos los aspectos en que Jack era sereno. El lado civilizado de Jack, por así decir, o tener soltura en las cenas o gustar a las chicas y a los hombres. Porque sabía que él no era demasiado así al principio, casi desarrolló una especie de resentimiento. Quiero decir, estaba condicionado por su propio complejo —tenía un gran complejo de inferioridad, así que se podía ver en todo aquel ir para adelante y para atrás, pero... y nunca lo vi demasiado en la Casa Blanca.

Raramente se le invitaba.

Nunca.

Nunca.

Supongo que iría a la cena de Estado y cenas así, pero nunca a una privada. O quizá, puede que viniera a uno o dos bailes, creo. Pero eso no hubiera sido, quiero decir, como él y Ted habían tenido problemas todo el día, sería la última persona a la que invitarías por la noche.

Una cosa que tenía perpleja a la gente allí en el ala oeste era la forma en que George Smathers sobrevivió. El presidente solía ponerse muy furioso con Smathers, sobre Medicare[84], la ayuda al extranjero y solía decir: «Ésta será la última prueba». Entonces Smathers votaría en contra y ahí estaría él de nuevo.

Y yo solía ponerme furiosa con eso y dolida. Entonces él decía... bueno, era tan caritativo. Su amistad con Smathers era anterior al Senado y antes de que fuera... quiero decir, en el Senado y antes de que se casara. Y supongo que solían verse de forma intermitente en el verano o, sabes, Stockdale era amigo de los Smathers[85]. Últimamente no se estaban viendo tanto. Y era en realidad amigo de una parte de Jack —una parte bastante cruda, siempre lo pensé—. Quiero decir, no que Jack tuviera un lado crudo, pero podías reírte u oír una histo-

---

[83] Ese «alguien» fue Robert Kennedy.

[84] *[N. de la T.]* El Medicare es un seguro médico estatal que da cobertura a mayores de 65, personas con discapacidades y a algunas enfermedades.

[85] Edward Stockdale (1915-1963) era un especulador urbanístico y ayudante de Smathers que sirvió como primer embajador de JFK en Irlanda. Según se informó, movido por el dolor del asesinato del presidente, Stockdale se tiró de un edificio de oficinas en Miami en diciembre de 1963 y se mató.

ria, sabes, el tipo de historia que cuenta Smathers; no sé, pero no se la quería guardar a alguien de quien había sido una vez amigo. Y sabía cuándo Smathers le estaba haciendo daño y sabía que Smathers...

Kenny[86] odiaba a Smathers.

Y a mí no me gustaba Smathers. Pero él no iría contra alguien que había sido su amigo. Y estaba dolido con él y él no... no lo veía tanto como algo personal pero simplemente nunca iba a... decir: «De acuerdo, estás fuera, ahora somos enemigos», porque era demasiado amable para eso. Así que dejó que las cosas siguieran como estaban.

Mansfield, pensaba él, estaba haciendo un trabajo excelente en el Senado. Y McCormack, bien. A Boggs, ¿lo mencionó alguna vez[87]?

Bueno, sé que Boggs le gustaba mucho, sí. Hale Boggs había sido amigo nuestro antes de la Casa Blanca. Solíamos verlos [al matrimonio Boggs]. Antes me preguntaste que a quién veíamos. Y veíamos también a Mansfield. A él siempre le gustó Hale Boggs.

Esperaba con ansiedad los desayunos legislativos, ¿verdad?

Sí.

Eran bastante... eran divertidos. Rebobina esto. ¿Te envío esta lista pasada a máquina con todo lo demás que se me ocurra?

Oh, basta con que me des la cosita que... no hace falta que lo escribas a máquina. Dame simplemente las notas.

Entonces me lo copio para mí.

¿Quieres un papel? Ah, aquí tengo un cuaderno entero.

Oh, ¿de veras? Bien. Gracias. [Charla tras la entrevista formal]. ¿Qué era eso que dijiste sobre Johnson haciendo una especie de... ante la grabadora, de confesión sobre lo inadecuado que era?

Oh, no, no. Joe Kraft dijo que alguien que había estado en aquella casa se asustó tanto y que se estremeció al ver a Johnson con sus copas a las cuatro de la mañana, diciendo que dudaba de si tenía lo necesario para ser presidente. Pero esta persona se fue a su casa y lo grabó.

Oh, ya veo.

No sé quién era esta persona. *[Hace una pequeña burla en plan simpático a Schlesinger]*. ¡Que Johnson lo grabó! *[Ambos se ríen]*.

---

[86] Kenneth O'Donnell evaluaba a los senadores en función de su apoyo a las medidas Kennedy.

[87] Hale Boggs (1914-1972) era congresista demócrata por Lusiana y líder del grupo mayoritario en la Casa.

Me preguntaba exactamente si parece improbable... [Viene una larga pausa en la grabación y más tarde]. Macmillan tenía muy buen aspecto[88].

¿Verdad que sí? Y no tenía ese aspecto raro, como flácido, que solía tener.

No, exacto. Parecía acicalado y contento. Y tenía aspecto de acabar de venir del campo y parecía...

Bueno, espero que las cosas mejoren para él porque realmente...

Bueno, intervino en unas elecciones parciales en Devizes y dio un discurso y los conservadores aguantaron —asombroso— y se sintió, creo, muy animado con eso, como si, políticamente...

Sabes, en la crisis de Cuba, no lo dije en la cinta, pero me sorprendió mucho que todas esas personas cuyos maridos estaban trabajando en ello se fueran.

¿De veras? ¿Hubo un...? Me parece que tu reacción es en cierta manera la reacción que uno debería tener.

Sí, y, bueno, entonces, quizá muchos de ellos eran amigos después, sabes, ya no en el gobierno, pero la única idea que había era, si algo va a ocurrir, querían salir con su mujer y, quiero decir, la madre y los niños. Dios mío, no creo que eso muestre que amas mucho a tu marido.

---

[88] Cuando apareció en el programa de televisión del 47 cumpleaños de JFK.

SÉPTIMA
Conversación

MIÉRCOLES 3 DE JUNIO DE

1964

La última vez terminamos hablando de la crisis de Cuba, y el siguiente
evento de gran interés fue el problema con los británicos respecto al Skybolt.
¿Recuerdas? En diciembre el presidente fue a las Bermudas y después creo
que Macmillan regresó durante un día a Florida, ¿verdad?

Creo que no. Una vez se reunieron en Key West. Eso fue muy
al principio.

Eso fue muy al principio.

No, no creo que Macmillan fuera...

Oh, David Ormsby-Gore regresó y también Randolph Churchill,
pero Macmillan no.

¿En la época del Skybolt?

Sí.

Eso fue en Nassau[1].

La reunión fue en Nassau.

Sí.

Después de Nassau creo que David y Randolph pasaron un día en
Palm Beach, ¿verdad?

---

[1] Kennedy y Macmillan se reunieron al principio en Key West en marzo de 1961.
Randolph Churchill (1911-1968) era un periodista hijo del ex primer ministro
y un amigo de la familia Kennedy. Mientras JFK se estaba preparando para dejar
Nassau, el primer ministro canadiense John Diefenbaker, que tanto le disgustaba,
llegó para su propia reunión con Macmillan, lo que forzó al presidente a comer
con Diefenbaker así como con el primer ministro británico. Durante el almuerzo
JFK y Macmillan fingieron diplomáticamente que les gustaba Diefenbaker y el
canadiense fingió que se lo creía.

El presidente Kennedy y el primer ministro Macmillan en Nassau
en diciembre de 1962.

Cierto. Y ¿es de eso de lo que quieres que te hable?
Sí.
Primero se reunieron en Nassau porque Jack le dijo a David
que le dijera a Macmillan que él no se reuniría otra vez en las Bermudas porque en la casa del gobernador general no había agua
caliente para el baño. *[Se ríen los dos]*. Así que se reunieron en Nassau. No creo que Jack viera a Randolph Churchill entonces, sino
más tarde. Pero recuerdo el día siguiente, sentados fuera, cuando
Godfrey McHugh llegó corriendo con un mensaje de la empresa
que quiera que lanzara el Skybolt y diciendo: «¡Mire qué noticias
maravillosas, señor presidente!». Y yo dije... antes te conté lo de él

diciendo: «¡Maldita sea, Godfrey!». Era simplemente demasiado horrible para ser verdad. Y entonces se puso al teléfono para localizar a todo el mundo y Gilpatric dijo que él no sabía, y que McNamara estaba fuera. No sé si has leído lo de Dick Neustadt sobre Skybolt, ¿lo has leído?

No lo he leído.

Bueno, Jack me dio esto más o menos sobre el 20 de noviembre y dijo —normalmente no traía nada a casa—: «Éste es el texto más fascinante, léelo». Y así me lo llevé a Texas. Ha estado en mi maletín desde entonces. No lo he leído. Pero en cualquier caso explica todos los pequeños problemas de arriba abajo.

Bueno, ¿crees que el presidente estaba muy preocupado?

Oh, estaba encantado porque Nassau había ido tan bien y Macmillan había... (Macmillan realmente tenía problemas en su país, supongo, y lo que se les ocurrió fue lo de Polaris), no era lo que él quería pero los dos juntos habían hecho todo lo que habían podido para llegar a algo adecuado para ambos. Y recuerdo la cara de David; tenía aspecto de que le hubieran dado una patada en el estómago y a Jack diciendo: «Ugh, ¿qué vamos a hacer?». Y se sintió como si hubiera traicionado al primer ministro. Así que David se fue a otra habitación con su cajita roja con los partes y habló por teléfono con Macmillan y decidieron cuáles serían sus declaraciones. Pero los dos estaban bastante hartos de ello. Creo que Jack sintió que aquello contribuyó a los problemas de Macmillan. Y como dijo, siempre hay una tercera persona escondida en alguna parte que es la culpable. Resultó que en aquel asunto —que me explicó brevemente— era Thorneycroft, que Jack siempre creyó que era estúpido, que hizo algo y alguien que no estuvo allí cuando alguien llamó, no lo sé.

¿Te acuerdas de algo sobre el estado de ánimo del presidente antes de que fuera a Nassau?

Bueno, no exactamente. ¿Qué tipo de cosa sería? Bueno, alguna previsión.

Sí, y preocupación, porque aquello realmente debilitó la postura política de Macmillan. Y creo que la verdadera solución se les ocurrió al presidente, a Mac Bundy y a David en el avión hasta Nassau.

Y recuerdo que Jack estaba realmente furioso, o bien hablando conmigo por teléfono desde Nassau o diciéndomelo antes. Odiaba a Diefenbaker y Diefenbaker había puesto como condición por su arrogancia que él tenía que ir allí y almorzar con él un día, o algo así. Estaba furioso con eso. Pero, sabes, lo pasaron bien, siempre, él y Macmillan, quiero decir... era como risa un poco ácida. Se las habían apañado para tener sus bromas, por más que tuvieran un deje de desesperación. Pero aquello fue mal, todo aquello.

De hecho, el problema de probar el Skybolt, aunque fue una gran cosa entonces, no tuvo el efecto que todo el mundo temía. Lo tuvo durante una semana pero creo que se manejó tan bien que...

Bueno, puede que aquí, pero realmente causó problemas a Macmillan en su país, ¿no?

Bueno, hasta cierto punto, durante un tiempo. Pero los laboristas tampoco querían los Skybolt, así que no estaban en una posición para explotarlo en su provecho.

Ya veo. Y entonces recuerdo que Randolph Churchill regresó, cuando Jack fue a Washington. Bueno, era tan pro Jack en todo... era muy agradable. No creo que viera a Jack aquella vez. Quizá sí.

Sí, vino a Washington a partir de entonces y estaba muy orgulloso por haber escrito un artículo a favor de Nassau para la prensa británica.

Cierto.

El siguiente hecho importante fue el veto de De Gaulle a la entrada de Gran Bretaña en el Mercado Común[2]. El presidente estaba fascinado por De Gaulle como fenómeno histórico, ¿verdad?

Bueno, desde luego que estaba interesado en él, pero era más bien Churchill. Y creo que probablemente porque yo leí o dije que había leído las memorias de De Gaulle y porque usó una frase de uno de sus libros cuando anunció para la presidencia: «Siempre he tenido una cierta imagen de Norteamérica» —está tomado de la línea inicial de De Gaulle—. «Siempre he tenido una cierta imagen de Francia». Sólo eso. Solía hablarme de De Gaulle de forma muy realista. Aquel hombre estaba consumido por los rencores y solía explicar que no había olvidado el mínimo detalle de la última guerra mundial y casi hasta que no entráramos antes en la Primera Guerra Mundial. Todo el mundo con el que trataba entonces estaba muerto, y todo... y él sólo era agradable respecto a eso. Nunca se puso furioso como lo hizo con los alemanes o con ninguno. Pero parece que le producía mucho desagrado alguien tan lleno de rencor. Recuerdo que le preguntó, en París —y estaba muy interesado—, con quién se llevaba mejor, con Churchill o con Roosevelt. Y De

---

[2] En enero de 1963 De Gaulle vetó de forma abrupta la entrada de Gran Bretaña en el Mercado Común Europeo, diciendo que si esta entrada se producía la organización quedaría «bajo el dominio y la dirección de Norteamérica».

Gaulle dijo: «Con Churchill siempre estaba en desacuerdo, pero siempre alcanzábamos un acuerdo. Con Roosevelt estaba siempre de acuerdo pero nunca llegábamos a un acuerdo», o algún otro encantador juego de palabras francés, pero, sabes, cuando De Gaulle hizo eso, bueno, no me sorprendería que Jack casi lo esperara. Y recuerdo una vez más tarde, oh, yo estaba contestando una carta de Malraux o algo así, cuando Malraux vino para la *Mona Lisa*[3], que fue mucho después de eso, creo. Vino a cenar sólo una noche, después, y Jack dijo que había decidido no hablar con él de esto, sabes, Francia, Inglaterra y todo, el tipo de tema con el que Hervé se ponía tan frenético siempre. Habló con él sólo de la China Roja. Bundy puede contarte aquella conversación. Dijo: «¿Por qué todos vosotros os estáis preocupando por esto y aquello y vuestra *force de frappe* y todo[4]? Sabes, deberíais pensar sólo en la China Roja y lo que va a pasar cuando queden sueltos». Y Malraux estaba bastante impresionado. Y más tarde aquella primavera tuve que responder a una carta o si no estaba a punto de venir desde Marruecos, cuando dije que no aterrizaría en Francia, o algo así[5]. No quería estar cerca de los franceses otra vez. Pero no había forma de volver a casa sin hacerlo. Y Jack dijo: «No, no, no debe ser así. ¿No ves que tú eres la vía abierta y ellos piensan que yo soy así y asá pero creen que tú eres agradable porque te gusta Francia? Y uno siempre debe dejar una vía abierta y no debes...». De nuevo aquella idea de la conciliación permanente. Sabes, dijo: «¿Qué sentido tiene que te pongas furiosa con ellos y escribas a Malraux una carta insultante?». Pero él era solamente... fue tan poco cristiano por parte de De Gaulle, y Jack dio tanto y aquel hombre rencoroso dio tan poco. Y creo que de alguna forma vio que largo a plazo De Gaulle haría todo ese trabajo para «la gloire» y demás y que él realmente sería recordado como, bueno, el hombre que con Castro y la China Roja no firmó el tratado de prohibición de las pruebas nucleares. Como solía decir de Nehru a veces: «¿No es triste? Este hombre hizo tanto por la independencia y por todo pero se quedó demasiado

---

[3] La *Mona Lisa* fue a Washington en enero de 1963.

[4] La expresión *force de frappe* se refiere a la disuasión nuclear independiente que De Gaulle estaba tratando de crear.

[5] En octubre de 1963, tras su crucero griego en el yate de Onassis, la señora Kennedy y su hermana Lee pararon en Marruecos. Irritada por los desaires de De Gaulle a los esfuerzos de su marido de mejorar las relaciones francoestadounidense, así como los suyos, evitó parar en París en su camino de regreso a casa.

tiempo y ahora todo se está estropeando, poco o poco, y está haciendo cenizas». Y, sabes, la imagen de Nehru realmente cambió mucho estos últimos años porque se volvió horriblemente beato, quiero decir, la diferencia entre Hungría y Goa y todo eso[6]. ¿Y qué era lo que tenía Jack sobre eso? Una frase muy buena. Algo sobre: «Es como el predicador del pueblo sorprendido en la casa de putas». Me preguntaste sobre él el otro día y él tenía esa especie de sentimiento sobre él. Y también lo que se me olvidó contarte acerca de Nehru, era tan gracioso, Nehru quería venir de visita privada pero como no había muchedumbres organizadas ex profeso, por desesperación, el hombre se fue a Disneyland, que parecía cosa tan poco propia de Nehru, pero habría muchos niños que chillarían «Cha-cha Nehru Zindabad!». Quiero decir esa extraña cosa del ego. Así que pensó que aquél fue el horrible fracaso de De Gaulle y no creo que tuviera muy buena opinión de él.

¿Había franceses que le gustaran particularmente y en los que confiara?

El único que conozco es Segonzac[7].

Hervé, no.

No, Herve le diver..., quiero decir, toda la forma de vida de Hervé y su desesperación sobre David Gore, siempre intentaba ser tan agradable con Hervé y a veces decía: «Deberíamos invitarlo a cenar porque está a punto de explotar otra vez». Pero no, básicamente no le gustaban los franceses y yo los detesto. No hay un francés en el que pueda pensar excepto quizá dos personas muy sencillas. Quizá Boudin[8], que es tan poco francés. Sabes, no son muy agradables. Sólo se preocupan de sí mismos.

¿Cómo el presidente y Malraux... cómo funcionaba eso?

Bueno, Malraux solía hablar brillantemente y también Jack, y Bundy solía estar allí siempre. Así que, sabes, era un intercambio maravilloso, pero Malraux en medio de una niebla maravillosa o... era muy interesante y nunca, sabes, entraban en política o todo

---

[6] En diciembre de 1961 el beato Nehru ordenó a sus tropas capturar la colonia portuguesa de Goa, que se extiende por la costa occidental de la India, rodeada por territorio indio. El primer ministro indio se esforzó en explicar en qué difería esto de la invasión soviética de Hungría.

[7] Adalbert de Segonzac (1920-2002) era corresponsal en Washington de *France-Soir*.

[8] Stéphane Boudin, que la estaba asesorando sobre la restauración de la Casa Blanca.

aquello. Bien, estaba interesado en Malraux, pero veía que De Gaulle lo trataba como Muggsy O'Leary, peor[9]. Así que nadie —ésa era la cosa— hablaba en nombre de De Gaulle. No tenía sentido dar ningún mensaje a Malraux, pero...

Pero entonces no estaba estupefacto por De Gaulle. Esperaba que De Gaulle fuera testarudo...

Bueno, puede que al principio estuviera un poco pasmado porque él realmente lo intentó y retrocedió. Quizá estaba un poco perplejo pero después tuvo que ver que era el patrón clásico y que simplemente no iba a mejorar nada. Y estaba realmente irritado, te lo dije antes, sobre lo que dijo De Gaulle después de Cuba[10]. Y esa vez creo que hubo una irritación sincera que probaba que nunca defenderíamos a Europa. Quiero decir, ¡menudo maldito creaproblemas era aquel hombre!

Pese a ello quería que De Gaulle viniera a Estados Unidos y creo que De Gaulle había estado de acuerdo en venir en marzo de este año[11].

Sí, o iba a ser en enero, quizá, e iba a ser en Hyannis. Y Hervé decía que si al menos pudieran hablar y reunirse de la misma forma que Macmillan y Jack lo hacían. De todas formas, sabes, a mitad de camino, esto y lo otro, pero hizo mucho. Esta vez creo que Hervé tenía razón. Dijo que incluso aunque no se consiguiera nada. Pero a De Gaulle le hubiera gustado que fuera una reunión con fuerza y creo que esa reunión hubiera tenido un resultado fantástico en un sentido, o algunos resultados, y para que por fin De Gaulle aceptara y todo eso.

El presidente tenía ciertas esperanzas de que un encuentro con De Gaulle pudiera facilitar las cosas.

Sí. De Gaulle respetaba a Jack y su opinión de él cambió por completo en París. Quiero decir, no sé cuál era su opinión, pero obviamente todo el mundo pensó: «¿Quién es este joven presidente?». Y, sabes, la forma en que solía hablarme de él durante las cenas

[9] El «muerdecigarros» John Muggsy O'Leary (1913-1987) fue el conductor de JFK durante los años del Senado y después agente del servicio secreto.

[10] De Gaulle dijo que la crisis de los misiles había mostrado que a la hora de la verdad Estados Unidos estaba deseando actuar solo y, por tanto, era posible que no cumpliera de forma fiable sus compromisos de defender Europa.

[11] Cuando los diplomáticos del presidente Johnson intentaron confirmar la promesa de De Gaulle, el presidente francés rechazó programar una visita a Norteamérica, pues insistió en que con su asistencia al funeral de Kennedy ya había cumplido su promesa.

Entierro del presidente John F. Kennedy.

interminables... nos sentábamos cerca de ellos y podías ver que él estaba... O lo que me dijo de él después de su funeral en el piso de arriba[12]. Y después, lo que...

¿Qué dijo?

Bueno, quiero decir, sólo era una de aquellas... sabes, tan impresionantes. Y entonces Segonzac me mandó una carta que te puedo enseñar donde Burin des Roziers, que creo que es el jefe de gabinete[13] de De Gaulle, dijo a Segonzac lo que realmente pensaba de Kennedy y, sabes, pensaba, quiero decir, mientras Kennedy estaba vivo, que era el líder de Occidente. Y quizá a De Gaulle no le gustaba a veces, pero realmente lo admiraba. Y entonces, aparentemente, Bobby me dijo esto después —Bohlen[14] o alguien—, dijo que Johnson estaría bien, ya que Kennedy lo había elegido como vicepresidente, sabes, habría que reafirmarlo en los primeros días. Y aproximadamente un mes después dijo: «Puede que Kennedy haya cometido un error» o «Puede que todos vosotros os hayais equivocado respecto a ese hombre». En otras palabras, su opinión de Johnson empeoró mucho. Así que no se hubiera atrevido, él nunca habría reconocido la China Roja, estoy segura, si Jack hubiera estado vivo. Hay tantos detalles como ése, porque lo respetaba.

¿Tenía el presidente alguna...? ¿Habló alguna vez sobre Europa, en el sentido de la unidad y la unificación, de Jean Monnet, por ejemplo? ¿Lo mencionaba mucho?

---

[12] Tras el funeral Jacqueline recibió a De Gaulle en la habitación oval amarilla y le dijo que todo el mundo estaba tan resentido tras este asunto de «Francia, Inglaterra y Norteamérica», pero Jack nunca tuvo rencor por ello. De Gaulle reconoció que el presidente Kennedy había tenido mucha influencia en el mundo. Con su insistencia en que cada matiz fuera el correcto, a las seis de esa mañana, antes de ir andando al servicio de Saint Matthews, la señora Kennedy había llamado al *curator* de la Casa Blanca y le había pedido que reemplazara los Cézanne de la habitación oval amarilla por aguatintas norteamericanas del siglo XIX: quería que los ambientes para sus encuentros con De Gaulle y otros muchos dirigentes internacionales no fueran franceses sino norteamericanos. La relación de De Gaulle con JFK no había sido totalmente negativa. Durante la crisis de los misiles, cuando Dean Acheson se ofreció a enseñar al presidente francés evidencias fotográficas que demostraban que los misiles soviéticos estaban en Cuba, De Gaulle respondió que la palabra de Kennedy era suficiente para él.

[13] Étienne Burin des Roziers (1913-) había servido con De Gaulle desde la Segunda Guerra Mundial.

[14] Charles *Chip* Bohlen (1904-1974) fue el segundo embajador de JFK en Francia.

Bueno, él siempre, desde el principio, pensó en Jean Monnet como uno de los primeros para la Medalla de la Libertad, ya sabes, o sea que pensaba que era el hombre más maravilloso, y todo lo que trabajaba, y en lo que creía y demás[15]. De modo que creo que pensó que era una maravillosa idea. Pero, ¿sabes?, en realidad él no se sentó nunca a hablarme en serio sobre la unidad de Europa, aunque sé lo que pensaba, la apoyaba, ¿no?

Sí, creo que es bastante típico de él. La apoyaba en gran medida pero estaba mucho menos interesado que un montón de gente en el Departamento de Estado sobre cuestiones de estructura y todo ese tipo de cosas. Y creo que hacía bien porque sabía que si la cosa cuajaba lo haría con su propio estilo y no puedes obsesionarte con ese tipo de cuestiones tácticas.

Sí, nunca pareció estar presionando el tema, pero...

Creo que lo veía como algo históricamente inevitable.

Ah, y de repente me dijo una cosa muy interesante. Ojalá hubiera apuntado estas cosas, porque se me han olvidado. Pero iba sobre el veto de De Gaulle al Mercado Común y de lo que Macmillan le había dicho y cómo éste había llegado a ir a Rambouillet unas dos semanas antes[16].

Exacto.

Y todo parecía ir bien y de repente pasó algo, no sé qué, algo típicamente francés, como Hervé siempre enfadado cuando no le daban prioridad. Bueno, le irritó algo que hizo algún país o alguna persona y ya está, se echó atrás e hizo lo contrario.

Creo que debió de haber sentido, posiblemente fue eso, que...

Bueno, ¿quizá Nassau le hizo cambiarlo?

Sí, bueno, que él.., que...

Macmillan le habló sobre Rambouillet en Nassau.

Sí, pero Macmillan no dijo nada a De Gaulle en Rambouillet sobre el acuerdo de Nassau y De Gaulle no entendió que el acuerdo de Nassau estaba redactado, que había sido redactado en el avión a Nassau, y supuso que Macmillan ya sabía eso y estaba ocultándole información.

---

[15] Jean Monnet (1888-1979) fue considerado el arquitecto de la integración europea tras la Segunda Guerra Mundial. Preocupado porque la única recompensa apropiada no contemplara méritos civiles sino únicamente militares, el presidente Kennedy había creado la Medalla Presidencial de la Libertad en 1963, pero no vivió para otorgarla a sus primeros destinatarios, Monnet incluido, en diciembre de 1963.

[16] De Gaulle hospedó a Macmillan en el refugio diplomático Château Rambouillet en diciembre de 1962.

Ya.

¿Pudo haber sido eso?

Exacto. Es lo que yo creo.

Porque en alguna parte he oído esos comentarios entre los franceses de por aquí, que Macmillan fue a Rambouillet y ocultó algo a De Gaulle y por eso desde ese momento De Gaulle lo consideró una traición personal.

Por eso, de la noche a la mañana, organizó el Mercado Común aunque en Rambouillet todo parecía estupendo. Y creo que... sí.

Aunque, ¿por qué creó el Mercado Común de una forma tan brusca? Creo que, en cualquier caso, hubiera podido hacerlo pero no de esa forma tan arrogante en que lo hizo. Otros líderes europeos... Fanfani vino un par de veces. De hecho, la primera vez que vi a Fanfani me recordó que había conocido al presidente en 1956 en la Convención de Chicago[17].

Bueno, Fanfani le gustaba, ya sabes. Era como abrirse a la izquierda y demás, supongo —se llevaban bien—, pero, quiero decir, tampoco era para tanto.

No, no.

No puedo pensar en ningún otro líder. Yo no estaba... Tito tenía mucha fiebre cuando lo vio, de modo que fue difícil[18].

Bueno, ¿cómo fue la cosa con Tito?

Yo no estuve. Y creo que el pobre hombre estaba con cuarenta grados de fiebre y no pudo comer nada. Así que estuvo, ya sabes, educado y todo eso pero nada más. En realidad no sé mucho de esto.

¿Cómo surgió el viaje a la India en el que Lee y tú tomasteis parte?

Bueno, Nehru lo sugirió cuando estuvo aquí cenando o algo parecido. Y Ken Galbraith se entregó con entusiasmo a la idea. Después se aplazó varias veces. Yo estaba aún muy cansada después de lo de John y la verdad es que no me apetecía nada el viaje. Aunque por otra parte quería ir a la India. Sólo que, una vez que se retrasa, ya no tienes ganas o pasó algo, no me acuerdo qué. ¿Pudo tener algo que ver con Cuba? No sé. Se canceló, en cualquier caso, esto es para demostrarte lo encantador que era Jack. El programa se retomó para dos semanas. ¡Por toda la India! Dios, podía haber-

---

[17] Amintore Fanfani (1908-1999) fue primer ministro italiano durante la mayor parte de los años de Kennedy, la tercera de las cinco veces que ocupo el cargo. Como líder del partido Democracia Cristiana asistió como observador a la Convención del partido demócrata de 1956.

[18] Josip Broz Tito (1892-1980), el fundador y hombre fuerte de la reunificación de Yugoslavia, fue invitado a comer en la Casa Blanca por JFK en octubre de 1963. La señora Kennedy estaba todavía en Grecia.

le matado, ¡haciendo campaña! Y Ken y yo mandándonos mensajes el uno al otro, yo intentando cambiarlo y él... Ken insistiendo en que los niños de Mysore estaban tejiendo guirnaldas y esto y aquello. Al final, con un mapa lo redujimos a algo muy pequeño, sólo Rajastán y parte de la India. Y así fue, estábamos en Florida, en el Aniversario de Washington o en Semana Santa o algo así, he olvidado cuándo fuimos, y Jack llamó a Ken Galbraith y éste no hacía más que protestar al otro lado del teléfono, y así pasó el último día de sus minivacaciones, gritando a Ken en un teléfono por el que se oía fatal y diciendo: «Es demasiado para ella» y «Ken, no me importa, todos protestan. Es lo mismo que dicen en las campañas cuando les explicas que no puedes. No voy a dejarla, está cansada».

¿Sabes? Realmente peleó para cargarse el viaje. Bueno, y luego lo hizo. ¿Sabes?, creo que él... Fue estupendo ir a la India y a él le daba lo mismo que fuera o no, pero imagino que pensó que sería agradable.

Creo que estuvo muy contento con él, y orgulloso del éxito. Y creo que pensó que... bueno, tal como has mencionado tú en referencia a Francia, aparte de que para ti fuera agradable tomarte unas vacaciones y marcharte de Washington, creo que ayudó al país y eso lo ayudó a él en aspectos importantes.

¿Sabes? Era tan divertido, la diferencia entre la India y Pakistán, porque la India estaba realmente empezando a conocer a Nehru, Lee y yo le gustábamos. Y nunca mencionó Pakistán ni nada de eso. Y allí estaban, Ken Galbraith, B. K. Nehru y madame Pandit y su hermana[19]. Era como una reunión familiar. Las comidas eran agradables. Y cuando llegamos a Pakistán, por supuesto a mí me gustan más los paquistaníes que los hindúes. Son así como más masculinos y Ayub no paraba nunca de hablar de política o de cómo odiaba a Nehru y lo poco que podía soportarlo[20]. Y de repente recibí un mensaje de Ken desde el Departamento de Estado para que me asegurara de que McConaughy pareciera un viejo amigo de Jack[21]. Así que la primera cosa que hice cuando McCo-

---

[19] Vijhaya Lakshmi Pandit (1900-1990) fue enviado por su hermano, el primer ministro Nehru, como embajador a Londres, Moscú y Washington.

[20] Mohammed Ayub Khan (1907-1994), presidente de Pakistán desde 1958 hasta 1969, fue el líder para el que los Kennedy organizaron una espectacular cena en Mount Vernon en 1961.

[21] Walter McConaughy (1908-2000) fue un diplomático de carrera con años de servicio en Birmania y Corea del Sur, fue el embajador de Estados Unidos en

Jacqueline Kennedy descubre la India.

La señora Kennedy acepta el caballo que le regala el presidente
Ayub Khan de Pakistán.

naughy y Ayub llegaron —como embajador, McConaughy había
llegado la víspera, el mismo día que yo— fue tratar de decir algo
en esa línea, dejar claro que se conocían. Y McConaughy dijo: «No,
no» —eso delante de Ayub—, «eso no es así, señora Kennedy, la
primera vez que vi al presidente fue hace dos semanas cuando le
di...». La única carta que escribí a Jack, cuando volvíamos del Khy-
ber Pass y que le di cuando llegué a casa, era sobre qué desastroso
embajador para Pakistán era McConaughy y las razones por las
que lo pensaba, y lo que yo consideraba que un embajador debía
ser allí, un caballero, un soldado y un amigo del presidente. Incluso sugerí algunas otras personas, Bill Blair y Bill Battle[22]. Y Jack se

Pakistán desde 1962 hasta 1966. El Departamento de Estado quería hacer creer
que, como en el caso de Nueva Delhi, el presidente había enviado a un amigo.

[22] William McCormick Blair (1916-) era el heredero de un banco de inversiones
y un fiel asistente de Stevenson, quien se convirtió en el embajador de Kennedy en
Dinamarca. William Battle (1920-2008), que había ayudado al rescate de JKF en el
sur del Pacífico durante la Segunda Guerra Mundial, era su embajador en Australia.

quedó tan impresionado con la carta que se la enseñó a Dean Rusk —McConaughy había sido su brillante elección— y le dijo: «Ésta es la clase de carta que debería recibir de los inspectores de embajada». Lo que quiero decir es que él nunca estuvo a favor de Mc-Conaughy, que era un hombre agradable pero tan... Cuando fuimos a Rawalpindi ese reportero del *Paris Match* se puso a gritar en cuanto salimos del avión: «*Bonjour* Jacqueline». Y esa noche Mc-Conaughy le dijo a Ayub Khan: «Señor presidente, me pareció muy interesante hoy escuchar todo ese francés en el aeropuerto. No me había dado cuenta de que había tanta influencia francesa en Pakistán». Bueno, Ayub se limitó a mirarlo y dijo: «Creo que descubrirá que aquí la influencia ha sido predominantemente británica». Pero ya sabes... Dean Rusk. En cualquier caso ése fue mi viaje. Y fue tan extenuante que a lo largo de todo Pakistán Lee y yo sangrábamos por la nariz noche y día. Estaba realmente agotada cuando llegué a casa.

¿Hablaba mucho el presidente sobre África? ¿El Congo?

Sí. Una vez comentó sobre Ed Gullion y Bill Attwood —Bill Attwood había enfermado allí, daba pena verlo—: «Ésos son los sitios importantes ahora para un diplomático. Londres y París y esos sitios ya no importan, está el teléfono y realmente es así como se hace. Pero en esos países lejanos de África es donde están los puestos emocionantes para los futuros diplomáticos, y donde uno puede hacer el máximo». Bueno, por Ed Gullion siempre tuvo un sentimiento especial porque cuando estaba escribiendo el discurso de Indochina, eso fue un año antes de que nos casáramos, porque fue a partir de ese verano cuando tuve que mecanografiarlo todo... quiero decir traducir todos esos libros franceses y demás, Ed Gullion era la única persona en el Departamento de Estado que más o menos hablaba con Jack, y que realmente decía lo horrible que era Indochina y el camino que había emprendido[23]. Supongo que lo despidieron por eso o..., a lo mejor tenía algo..., no, consiguió...

Lo sacaron del área y le dieron otras cosas.

---

[23] La República del Congo en la era poscolonial sufrió crisis internas durante los años de Kennedy. Edmund Gullion (1913-1998) y William Attwood (1919-1989) fueron los embajadores de JFK en El Congo y Guinea respectivamente. En 1963 Kennedy consideró la posibilidad de nombrar a Gullion embajador en Vietnam del Sur antes de elegir a Henry Cabot Lodge, Jr., a quien había derrotado en las elecciones al Senado en 1952.

Sí. Y lo pusieron en ese puestecito patético. Estábamos acostumbrados a verlo a todas horas. Bueno, creo que Jack lo nombró para el Congo sólo para demostrar su opinión sobre él. En realidad siempre pensó que era excepcional.

En 1963 uno de los grandes asuntos que ocupaban la cabeza del presidente era, por supuesto, Vietnam y Diem y madame Nhu, y todo eso[24].

Sí, bueno, ya sabes, obviamente había habido problemas durante mucho tiempo y no le preguntaba a Jack por ellos cuando volvía a casa. Pero sé que una vez... he olvidado cuánto tiempo llevaba Lodge allí antes de que las cosas se pusieran realmente mal. ¿Como cuántos meses?

Llevaba más o menos, imagino, como unos tres meses antes de que echaran a Diem.

Bueno, sé que empezó a actuar de una forma extraña, y dijo que no contestaría a sus télex y no podías contactar con él... como si hubiera tomado el asunto en sus manos o algo así. Y lo que recuerdo es que cuando llegó el golpe de Estado Jack se enfadó muchísimo. Sé que había hecho algunas cosas para evitarlo. Lodge había empezado a hacer algo y después lo pararon. Puedes enterarte de esto por otras personas porque de la mayor parte de este asunto yo me enteré después. Pero había hecho algo para detenerlo. Y cuando asesinaron a Diem, Jack se puso... tenía esa mirada horrible que había tenido en la época de Bahía Cochinos. Quiero decir que estaba tan... herido... Agitaba la cabeza y en casa, en nuestra... ya sabes, en nuestra habitación de la Casa Blanca, decía: «¡No!, ¿por qué?». Y dijo que Diem había luchado contra el comunismo durante veinte años y demás y que no debía haber acabado

---

[24] En el verano de 1963 el presidente Diem estaba abrumado por las críticas, especialmente budistas. Cuando un monje budista se quemó a lo bonzo en una calle de Saigón, la cruel cuñada de Diem, Tran Le Xuan (1924-2011), conocida como madame Nhu, calificó despectivamente el hecho como «una barbacoa». A lo largo de ese verano y ese otoño el presidente se vio obligado a reflexionar seriamente sobre hasta qué punto deseaba utilizar fuerzas militares estadounidenses para apoyar el gobierno survietnamita que, aunque anticomunista, era cada vez más errático, autocrático y corrupto. Diem aprobó un golpe de Estado militar contra sus hermanos que quedó fuera de control y culminó en sus asesinatos. Madame Nhu culpó a Kennedy por la muerte de su hermano y su cuñado. Al morir Kennedy, la política estadounidense hacia Vietnam era un punto central. En irónica retrospectiva, este momento histórico fue como aquel sobre el que Kennedy había consultado al profesor Donald. Para Lincoln fueron las decisiones que debía haber tomado respecto a la reconstrucción, de haber vivido, y si con ellas se hubiera cambiado la historia. Para Kennedy la cuestión fue Vietnam.

así. Estaba furioso con todo el asunto. Madame Nhu lo rompió todo y lo insultó, supongo que era más que irritante. Una vez le pregunté: «¿Por qué las mujeres como ella y Clare Luce, que obviamente resultan atractivas a los hombres, por qué tienen esa cosa tan extraña por el poder?». Ella era todo lo que Jack encontraba poco atractivo, que yo misma encuentro poco atractivo en una mujer. Y él dijo: «Es extraño, pero es porque se resienten del hecho de alcanzar el poder a través de los hombres». Y así es, se convierten en... realmente odian a los hombres, no importa cómo lo llames. Ella era como Clare Luce. *[Susurro]*. No me sorprendería que fueran lesbianas.

Clare Luce escribió varias veces sobre ti en forma muy favorable, ¿recuerdas?

Sí, pero Clare Luce había venido una vez a comer con Jack a la Casa Blanca cuando Tish aún estaba allí[25]. Y recuerdo que ella quería verlo en su oficina, como los hombres. Quería verlo en su despacho o algo así. En cualquier caso, se organizó una especie de comida de hombres y Tish me dijo que estaba tan nerviosa que antes de empezar se tomó tres martinis[26]. Yo estaba tan enfadada con ella que me quedé de pie. Me las apañé para estar justo en la puerta del comedor simulando buscar algo en mi escritorio, sólo para rechazar su saludo, por eso cuando Jack nos presentó me limité a quedarme de pie, sin ofrecerle mi mano, y me marché. Más tarde me dijo: «¿Sabes?, si quieres poner a alguien en su sitio, cariño —estaba más o menos conmovido por mi lealtad porque algo así sólo podía conseguir que ella me odiara aún más[27], pero en realidad no estaba demasiado contento de que lo hubiera hecho—, hazlo con naturalidad, no les tiendas trampas». Y por lo visto, a lo largo de toda la comida la señora Luce, que imagino había bebido un poco, siguió en la misma vena y le habló de todo eso. Hasta que —él siempre era, ya sabes, tan cortés con las mujeres— le dijo: «Bueno, lo siento, señora Luce, pero por desgracia usted no está en posición de hacer algo respecto a esto y yo sí». Y así es como terminó todo. Lo más triste es que

---

[25] Durante la comida en 1962 la señora Luce le dijo con prepotencia que cada presidente podía ser descrito «con una sola frase» y después se estuvo preguntando cuál podría ser la suya.

[26] Tish Baldridge había trabajado para la señora Luce en Roma. No le entusiasmaba presenciar durante la comida una batalla entre su antiguo jefe y el actual.

[27] Sin mencionar que también entraría en conflicto con el poderoso marido de la señora Luce.

habían sido amigos y ella había sido amiga del señor Kennedy y él la había ayudado mucho. En la época de Morse y demás, cuando ella no fue a Brasil[28]. Bueno, Harry Luce y el señor Kennedy le dijeron que no debía ir y Jack la llamó especialmente para decirle: «Están equivocados. Serías mucho más feliz allí. Necesitas estar siempre haciendo algo. Todo esto quedará en nada y, ¿sabes?, te aconsejo que lo aceptes. Mi padre está mayor y ve las cosas a su manera». Bueno, no lo aceptó y creo que Jack tenía toda la razón. ¿Qué es lo que hizo ella? Volver a Arizona y dedicarse a sus mesitas de mosaico, y volverse cada vez más amargada y venenosa[29].

Y a nadar en las profundidades.

Sí. Y él trató de ayudarla. Por eso, que se volviera contra él de esa manera... bueno, otra vez lo mismo, resentimiento hacia los hombres.

Y con Harry Luce siguió en buenas relaciones.

Sí, eso creo. Bueno, sé que Jack lo vio un par de veces y, ya sabes, todo fue bien... quiero decir que pudo estallar por algunas cosas pero... nunca hubo ese resentimiento.

¿Cómo es que Luce escribió la introducción de Why England Slept?

Ah, eso fue cosa del señor Kennedy porque Jack había conseguido a Arthur Krock para hacerlo. Y entonces el señor Kennedy pensó que podría dar la impresión de que el propio Arthur Krock había escrito el libro o algo así, porque era un viejo amigo de la familia... y que sería mejor que lo hiciera Henry Luce. Así que se cambió en mitad del proceso y es algo que Arthur Krock nunca perdonó a Jack. Quiero decir que la última vez que lo vimos incluso sacó el tema.

¿En serio?

Ni tampoco se lo perdonó al señor Kennedy. Pasaron por encima de él. Y, ¿sabes?, de ahí viene la extraña enemistad de Krock, después de todo lo había conocido de niño, y me conocía a mí, y él había sido una especie de mentor..., no exactamente mentor pero, ya sabes, se veían mucho. Empezó todo ese resentimiento. Y fue entonces. Al cambiar el señor Kennedy el texto.

---

[28] Wayne Worse (1900-1974) fue senador demócrata por Oregón y compañero de JFK en el comité del Senado de asuntos exteriores. Tras la etapa que la señora Luce pasó en Italia, Eisenhower la designó embajadora en Brasil, pero cuando declaró públicamente que el error de juicio de Morse al oponerse a su nombramiento se debía a que en 1951 «un caballo le había pateado la cabeza» (Morse resultó gravemente herido en el accidente). Para indignación de los otros senadores, se negó a retractarse de su comentario ofensivo y le pidió a Ike que retirase su nominación.

[29] El matrimonio Luce había construido una casa en Fénix. Además, ella había empezado a hacer submarinismo.

Recuerdo el primer invierno, una cena en la Casa Blanca en que estaban los Krock, aún había una ligera relación, pero despues Krock se puso imposible.

Lo intentas y lo intentas. Ya ves, había sido amigo mío en la adolescencia, me consiguió trabajo en el *Times-Herald*, amigo siempre de mi abuelo... acostumbrábamos a escribirnos poemas los unos a los otros. Y tratas una y otra vez de hacer algo por la relación, y cada vez recibes una bofetada, hasta que finalmente te rindes. Estaba demasiado resentido y no podía soportar ver avanzar a alguien joven. Nosotros hicimos lo que estuvo en nuestras manos por resultar agradables, incluso fuimos a cenar a su casa... después de ser presidente[30].

¿Fuisteis? ¿Cuándo fue eso, al principio o...?

Sí, en algún momento de ese año. Creo que fue en primavera.

Fue bastante interesante que, en Vietnam, el presidente enviara a Cabot Lodge, al que había derrotado en el Senado en 1952 y que se presentó por los republicanos en 1960. ¿Tuvieron él y Lodge alguna especial relación personal en ese periodo?

No, el único momento que recuerdo es haber invitado a Lodge a la cena para Abboud de Sudán. Y Lodge estuvo realmente simpático esa noche. Quiero decir que Jack siempre lo había considerado bastante arrogante y demás. Bueno, pues parecía tan conmovido de estar allí y tan, bueno, educado. Recuerdo que Jack lo acompañó a la puerta. Una vez elegido presidente hacía cosas tan extraordinarias y consideradas como ésa, salirse del protocolo. Lodge fue muy amable entonces y, cuando nos fuimos a nuestro cuarto, dije que había estado muy amable esa noche y Jack estuvo de acuerdo. Creo que probablemente lo hizo —¿no crees?— pensando que era una maniobra brillante porque con Vietnam no se podía hacer nada en realidad... lo de poner allí un republicano. No sé. Eso es lo que leí en la prensa. Nunca le pregunté por qué mandó allí a Lodge.

Estoy seguro de que eso influyó. Creo que fue Rusk quien lo sugirió y pienso que al presidente le atrajo la idea en parte porque Lodge había servido de oficial de enlace con el ejército francés en la Segunda Guerra Mundial y hablaba un francés excelente.

Ah, es verdad.

Y en parte porque quería suponer que teníamos el suficiente prestigio como para recuperar el control de nuestra política de manos del general

---

[30] En abril de 1961.

Harkins y los militares[31]. *Creo que todos esos factores influyeron. Creo que al presidente le preocupaba mucho Latinoamérica, eso es obvio. Has mencionado antes su admiración por Betancourt y por Lleras Camargo. ¿Alguna vez...? ¿Recuerdas Frondizi, de Argentina?*

No, fue una comida de hombres.

Fue una comida de hombres. Humm. El viaje brasileño siempre estaba a punto de empezar.

Siempre teníamos las maletas preparadas para ese viaje. Y recuerdo una cosa interesante que dijo de Quadros[32] cuando dimitió. Quadros dimitió, ¿no?

Dimitió, sí.

Y Jack movía la cabeza. Estaba bastante disgustado y dijo: «No tienes derecho a hacer esto». Uno no tiene derecho a hacer eso. «Quiero decir, no tienes por qué volverte a presentar o eso. Pero no tienes derecho, una vez que estás dentro y la cosa se pone fea, a salir por la puerta de atrás». Creo que todo el mundo miraba a Quadros antes de eso, ¿no? Y había depositado en él muchas esperanzas. Jack estaba, bueno, no horrorizado porque ésa es una palabra muy fuerte, pero no era su estilo. Quiero decir que cuando se hacía cargo de algo... Igual que estaba preparado para perder unas elecciones, lo que no creo que hubiera ocurrido, pero él siempre estaba hablando del tema, igual que de los derechos civiles. A veces, cuando las cosas se ponían mal, decía: «Bien, quizá, pero tú sabías que era algo que había que hacer. No puedes ser un gran presidente si no estás preparado para que te odien o para perder en algo que importa. Otra vez lo mismo que en *Perfiles de coraje*. Y eso es justo lo contrario de Quadros.

¿Recuerdas alguna reacción especial respecto a Goulart[33]*?*

No, eso fue... otra vez esa comida. Yo estaba enferma. Y creo que pensaba que Goulart no era un personaje limpio y... quiero decir que... ya sabes... Que Goulart estaba liando todo, ¿no? La economía, y los comunistas... Creo que él pensaba que era un falso y un ladrón pero no sé exactamente qué pensaba.

---

[31] Paul Harkins (1904-1984) fue el comandante militar de Estados Unidos en Vietnam.

[32] Janio Quadros (1917-1992) fue presidente de Brasil desde enero de 1961 hasta que renunció en agosto de ese año.

[33] Joao Goulart (1918-1976) fue presidente de Brasil desde 1961 hasta 1964. JFK no estuvo precisamente encantado de la inclusión en su gobierno de simpatizantes comunistas, su oposición a las sanciones estadounidenses a Castro o sus esfuerzos por mejorar las relaciones con los países del bloque soviético.

Tenía algo particular... ¿Pensaba algo en especial respecto a Perú?

Sí, ya sabes, Prado, de Perú, había estado aquí en visita de Estado. En realidad era un personaje cómico. Pero, de todas formas, cuando fue derrocado, me acuerdo ahora de que todo el mundo dijo que Estados Unidos había reconocido a la Junta de Brasil demasiado rápido, porque suspendimos el reconocimiento o algo así. Cortamos...

Suspendimos las relaciones y paralizamos las ayudas.

Es verdad. Y más tarde en casa de Pat[34]... Rosita Prado fue al colegio con Pat, escribió a Jack una carta diciendo «salvaste la vida de mi padre» porque iban a ejecutar a Prado y supongo que a su mujer. Y gracias a lo que hicimos dejaron que se marchara y se fue a París. Pero, ya sabes, se lo hicieron pasar mal una temporada. Pero nosotros hicimos que al final la cosa mejorara, no nos limitamos a decir «hurra, hurra, lo han derrocado».

No, tienes toda la razón.

Eso es.

Lo que hicimos fue suspender y decirles que empezaríamos otra vez si aceptaban ciertas cosas como partidos políticos libres, restaurar la libertad de prensa, convocar elecciones... Al final aceptaron y nosotros reanudamos las relaciones, supuso una gran diferencia.

Y en Brasil en el momento en que la Junta tomó el poder todo lo que hicimos fue aplaudir. Fue muy descorazonador. Betancourt había estado aquí, hablando conmigo del tema dos meses antes. Dijo que todos, la mitad del Congreso, o Parlamento, lo que sea que tengan, los grandes escritores, a todos les quitaron las libertades civiles. Eso era una de las cosas más descorazonadoras de Latinoamérica, la diferencia entre Kennedy y Johnson. Afectó a todos los países. Jack nunca lo hubiera hecho así.

Charlie Bartlett desempeñó un papel importante en la negociación de las condiciones con el nuevo gobierno de Perú. ¿Recuerda algo sobre él?

No, no lo sabía.

Ayudó. Creo que Charlie y Berckemeyer[35] estuvieron organizándolo. La República Dominicana... ¿Hubo algo particular ahí? John Bartlow Martin o Bosch[36]. No mucho.

---

[34] La hermana de JFK, Pat Kennedy Lawford (1924-2006), estaba casada con el actor Peter Lawford (1923-1984).

[35] Fernando Berckemeyer era el embajador peruano.

[36] John Bartlow Martin (1915-1987) fue periodista y durante algún tiempo asistente de Stevenson, embajador de JFK en la República Dominicana presidida

Bueno, sólo comentó los problemas insalvables que iba a tener Bosch. Ya sabes que él esperaba que funcionara pero no fue así.

¿Cuál era su impresión en general sobre el Departamento de Asuntos Exteriores?

Ah, y el Departamento de Estado.

El Departamento de Estado.

Bueno, estaba desesperado y hablaba de eso todo el rato. Al principio tuvo tantas esperanzas puestas en Rusk, se nota cuando ves su dossier sobre él. Y lo apreciaba en cierto modo, en plan personal. Quiero decir, no puedes decir que Dean Rusk sea mala persona ni nada por el estilo pero lo veía como una especie de herramienta en realidad y vio que el tipo era tan... nunca tomaba una decisión. Algunas noches Jack llegaba a casa diciendo: «Maldita sea, Bundy y yo hacemos más en un día en la Casa Blanca que el Departamento de Estado en seis meses». Recuerdo una vez... les pidieron el borrador de un mensaje para Rusia, algo muy poco importante... como felicitar a Kruschev por su cumpleaños... Bueno, quizá algo un poco más importante... y no sé si pasaron seis u once semanas y no se hizo nada. Y otra vez —esto fue en los últimos tiempos— cuando volví de Marruecos, les hablé de un joven muy brillante que tenía un puesto muy bajo en la embajada. Había estado involucrado con el servicio secreto y había aprendido todas las lenguas bereberes o algo así... Había estado dos años y lo iban a transferir al Caribe o un sitio de ésos... y él quería quedarse en esa parte del mundo... En Argelia o así. Bueno, cuando conté esto a Jack se puso realmente furioso porque, según me dijo, había dado instrucciones a Rusk hacía como seis meses de que no se debía mantener la política de trasladar a todo el mundo cada dos años: «Es mejor dejar que adquieran conocimientos». Y solía decir que enviar una orden a Rusk al Departamento de Estado era «como dejarlo caer en el buzón de las cartas muertas». Y una cosa en la que estaba pensando... me preguntaste una vez qué tenía pensado hacer después de ser elegido. Librarse de Dean Rusk[37]. Pero odiaba herir a nadie. Yo decía: «Bueno, ¿no puede volver a la Fundación

---

durante siete meses en 1963 por Juan Bosch Gaviño (1909-2001), el primer presidente del país elegido democráticamente y derrocado en un golpe militar.

[37] En sus memorias escritas en 1991 Rusk insiste en que, desde el primer momento, JFK y él establecieron un acuerdo privado por el que sólo ocuparía el cargo durante una legislatura. Pero, si eso fue cierto, era un dato absolutamente desconocido por Jacqueline y es obvio que Rusk cambió de opinión ya que bajo el mandato del presidente Johnson continuó durante cinco años más en el puesto.

Rockefeller?». Y él decía: «No, no, sabes que ha renunciado a todo eso, realmente ha quemado sus naves». Me parece que barajaba la idea de poner allí a McNamara pero no llegó a nada porque no creo que pensara que McNamara fuera la persona adecuada para la política exterior. Y no quería que Bundy se marchara porque lo necesitaba junto a él. Pero quería alguien allí, alguien como McNamara o Bobby, que pudiera limpiarlo todo... Y fue gracioso, un día vinieron tres embajadores a despedirse y los tres llevaban camisas de rayas con cuello blanco y gemelos. Ya sabes, muy inglés, con paraguas en la mano... y dos de ellos llevaban lo que él llamaba pulseras de esclavo. No sé si quería decir pulseras identificativas o de pelo de elefante.

Ésos eran nuestros embajadores a punto de marcharse a su destino.

Sí. Uno iba a África, otro a Oriente Próximo —no sé, Líbano o Turquía o algo así—. Y esos figurines aparecieron en su despacho y él... ¿sabes? Eran justo lo contrario del tipo de gente que él quería mandar fuera. Él quería mandar tipos más curtidos. Llamó a Rusk en cuanto el último dejó su despacho... quizá no fueran los tres el mismo día, pongamos los tres en la misma semana, y le dijo: «Manda una nota a todos en Asuntos Exteriores diciendo que nadie puede llevar pulsera de esclavo»[38]. Pero ésa era la clase de gente que al final se hizo con el puesto de Rusk. Le preocupaban tanto las cosas pequeñas. Como ¿dónde estaba Rusk? No intervino en la crisis de los misiles o en nada importante porque tenía que ir a...

Nassau.

Ah, Nassau...

No fue a Nassau porque tenía que ir a una cena con los embajadores extranjeros... la cena anual para el Cuerpo Diplomático extranjero en Washington.

Sí, bueno, cosas así, quiero decir que se volvió... Jack dijo una cosa fantástica sobre Angie Duke, del que estaba muy orgulloso porque Angie tenía los modales más exquisitos del mundo y eso allanaba el camino. Pero Angie quería dejar de ser jefe de protocolo y a Jack le sorprendió adónde quería ir. Era Tanganika. Jack pensaba que él hubiera querido...

Dinamarca.

Eso es... algo así como ser un Bill Blair, siempre de fiesta en fiesta. Bill Blair le desilusionó un poco por eso. Pero el caso es que

---

[38] Los mercaderes de esclavos nigerianos utilizaban monedas portuguesas para fabricar «pulseras de esclavos». No era la mejor imagen para un diplomático estadounidense en época de tumultos en el país sobre los derechos civiles.

dijo: «No estoy seguro de que Angie esté preparado para Tanganika». Pero estaba muy impresionado de que quisiera ir a un sitio donde la vida podía ser tan dura. Y otra cosa sobre Dean Rusk. Jack era muy formal. Nunca tuteaba a nadie hasta que lo conocía muy bien. Y Dean Rusk era el único miembro de su gabinete —probablemente porque era mayor que él y no lo conocía de antes— al que llamó señor Rusk hasta el último año. Y de repente empezó a llamarlo Dean. La gente no entendía lo que eso significaba para él. Era parte de su admiración por lo inglés. Nunca le gustó que nadie lo llamara Jack, o a mí Jackie, excepto cuando lo gritaban en campaña. Pero eso es un signo de que les gustas. Él nunca llamaba a nadie... Siempre llamaba señor o señora Aunchincloss a mi madre y a mi padrastro.

¿En serio?

Llamaba «Mami» a mi madre porque pensaba que era un nombre gracioso, una especie de chiste. Pero siempre llamó señor Bouvier a mi padre.

¿Nunca llamó a tu madre Janet?

Jamás. Y, sin embargo, ya sabes, los conocía muy bien. Pero pensaba que no era adecuado.

¿Qué hay respecto a otra gente del Departamento de Estado? ¿George Ball?

No recuerdo exactamente qué, pero sí recuerdo que nunca estaba satisfecho del todo de George Ball.

Y, por supuesto, el pobre Chester.

Ah, sí, Chester. Chester Bowles[39] hablaba y hablaba en las reuniones sobre que debíamos esclavizar..., derribar las chozas de la esclavitud y elevar el nivel de... y bla bla... ya sabes, horas con esas frases, y Jack decía: «Sí, Chester, pero no es eso lo que te he preguntado. Te pregunto sobre lo que debemos hacer con este problema...», el que fuera. Algo bastante simple y Chester nunca tenía respuesta. Por eso deseaba perderlo de vista.

Apreciaba a Averell.

Sí, Averell le gustaba. Walt Rostov[40]... es gracioso, una noche yo estaba en un seminario en casa de los Dillon. Jack estaba de viaje, dando un discurso no sé dónde, me llamó por teléfono y salí

---

[39] Chester Bowles fue el pomposo primer subsecretario de Estado, George Ball fue el segundo.

[40] Walt Rostow (1916-2003) fue un economista de desarrollo en el MIT (Massachusetts Institute of Technology) y más tarde asistente de Bundy antes de dirigir el Consejo de Planificación Política.

de la habitación. Me preguntó: «¿De qué va el seminario?». Yo le dije: «Walt Rostow está hablando sobre países subdesarrollados». Había mucha gente allí, tú, y Bundy, y todo el mundo. Y dijo tan alto que tuve que tapar el auricular: «Dios, ¿me estás diciendo que toda esa gente, que Walter Rostow ha conseguido atraparlos para escucharle?». Porque pensaba que Walt Rostow hablaba, y hablaba y era duro escucharle. Me dijo: «Me alegro de no estar en ese seminario». Pero lo apreciaba. Nunca dijo nada malo de él. Decía que Jerome Wiesner le solía espiar por encima del hombro[41]. Llegaba a su despacho a través de la oficina de la señora Lincoln y espiaba... Decía que lo ponía nervioso. Cada vez que se abría la puerta aparecía la cabeza de Wiesner espiando. Lo ponía tan nervioso que un día le dijo: «O entras o te marchas», y siempre iba para cosas poco importantes.

Sin embargo, apreciaba a Wiesner, creo.

Sí, lo apreciaba.

Respecto a esto... Cuando se trataba de nombrar embajadores, siempre había... El Departamento de Estado siempre quería nombrar oficiales de Asuntos Exteriores y la Casa Blanca, gente que no fuera de ahí, como Bill Atwood o alguien así. ¿Comentó alguna vez el problema?

Bueno, como te acabo de decir, los embajadores de Asuntos Exteriores eran normalmente horribles. Y era obvio que a veces había que mandar alguno. No puedes desmoralizar al Departamento de Estado. Entonces él iba a darles una charla y decirles... se preparaba realmente esas charlas. Decía que todo era horrible en el Departamento de Estado, se desmoralizaban por completo. Están entrenados para no tomar posición en ningún sentido. Pero a medida que ascendían, y él opinaba que los jóvenes debían ascender más rápido, sólo pueden darte una respuesta que no responde a nada, contentando a las dos partes. De modo que el único objetivo de la charla era decirles que hay que estar preparado para aceptar una respuesta en un sentido u otro, que hay que estar preparados para ir al Congreso o... no sé. Sólo que su entrenamiento era erróneo y que para cuando llegaban allí ya les habían lavado el cerebro, y la mayoría eran demasiado ineficaces como para hacer nada de provecho, y ése era el tipo de gente que los del Departamento de Estado admiraban. Y sólo por decir algo interesante e in-

---

[41] Jerome Wiesner (1915-1994) era el presidente del MIT cuando JFK lo nombró su asesor científico.

justo de alguien que era un amigo... algo que Jack nunca me dijo pero de lo que me di cuenta más tarde ese invierno cuando vino a verme... está Chip Bohlen. Él adoraba a Chip Bohlen y le encantaba que anduviera cerca. Pero a veces le tomaba el pelo y decía que era demasiado estirado y demasiado típico del Departamento de Estado. A veces veía que hacía ese tipo de cosas. Pero lo nombró embajador en París justo en la época de la crisis de los misiles...

Es verdad.

Y Bobby le pidió que se quedara y creo que Jack también aunque de forma vaga, pero Chip Bohlen no veía el momento de embarcar[42]. Le pregunté ese invierno —vino a verme a esta casa— algo como: «¿Por qué no te quedaste?». Bobby me dijo que la razón por la que deseaba tanto que se quedara aquí era que durante mucho tiempo había sido su asesor en temas rusos y Llewellyn Thompson acababa de aterrizar y en realidad no lo conocían demasiado bien. De modo que ahí estábamos, metiéndonos en la crisis de los misiles con un experto en Rusia recién llegado. Pero Bohlen tenía que coger el barco —ni siquiera era un avión—. Bueno, pues le pregunté a Bohlen: «¿No estás triste?» o «Te lo perdiste» o «¿Por qué te marchaste?». Y me contestó: «Bueno, no me pareció muy importante. No parecía muy grave». Y luego dijo: «Pensé que podría ser más útil allí, en ese lado». Lo que era un camelo porque acababa de llegar. Me preguntó: «¿Fue realmente tan serio? No me lo pareció». Y yo pensé: «Dios mío, la cosa más grave y terrible que te ha pasado en la vida... ¿Y todo lo que puedes decir es que no era tan serio?». La cosa es que incluso Chip Bohlen —que es un hombre brillante— estaba tan empapado por el espíritu del Departamento de Estado que lo que más le importaba por fin había llegado, ser nombrado embajador en París, donde esperaba y supuso que se quedaría, me dijo. Eso fue con Jonhson. Una vez que llegó lo

---

[42] Llewellyn *Tommy* Thompson (1904-1972), hijo de un ranchero de ovejas en Colorado, se incorporó al Servicio de Asuntos Exteriores en 1929 y se especializó en la Unión Soviética al ocupar el cargo de embajador en Moscú desde 1957 hasta 1962. Con el estallido de la crisis de los misiles JFK quiso que Bohlen aplazara su marcha. Conocía bien a Bohlen y éste, como embajador en Moscú desde 1953 hasta 1957, había desarrollado una sofisticada relación de mutuo entendimiento con Kruschev y su entorno. En su lugar fue Thompson quien asesoró a JFK durante la crisis. Aunque el presidente lo conocía poco, el discreto Thompson, tal como se demostró más tarde, estaba en posición de proporcionar una visión interna respecto a los líderes soviéticos que resultó estar más actualizada que la de Bohlen.

que quería, lo demás no le importaba, se iba a París. Creo que es triste. Aunque adoro a Bohlen, eso me decepcionó.

Ya lo sé. Es muy misterioso. Hice una cosa de historia oral con él y empezó a hablar de esto y cuando le pregunté sólo conseguí eso tan poco convincente... Dijo: «Bueno, todo estaba preparado y en París podría explicar nuestra política». Fue muy poco convincente. Pero adoraba al presidente y dijo cosas maravillosas de él. Dijo —está grabado—: «Cuando el presidente fue asesinado y llegó Johnson, sentí como si el futuro diera paso al presente o al pasado».

Ah, otra cosa que me decepcionó de él... Estuvo en la ceremonia cuando pusieron el nombre de Jack a una calle de París y me mandó su discurso. Bueno, una línea decía que, aunque ese día había «una cierta tristeza», el acto de dar su nombre a la calle mostraba que las relaciones francoestadounidenses... un gran paso para las relaciones francoestadounidenses o algo parecido. Bueno, sentí ese día *une certaine tristesse.* Pensé en contestarle —aunque el pobre me había enviado el discurso o sea que, por supuesto, estaba haciéndolo lo mejor que podía—: «¿Eso es todo lo que sientes ese día? ¿Una cierta tristeza? Pareces Hervé con eso de las relaciones francoestadounidenses». De modo que Bohlen tenía mucho dentro pero le faltaba algo... algo más.

Es el mejor en Asuntos Exteriores pero incluso a él lo deformaron de alguna manera...

Y, por ejemplo, si él, que es brillante, hubiera sido nombrado secretario de Estado, no habría hecho nada útil porque habría protegido a los suyos, y eso es algo con lo que Jack quería acabar, con gente que protegiera a los suyos.

En la parte interna, economía, política y demás, Walter Heller[43].

No sé muy bien lo que pensaba de lo que hacía Walter Heller. No tenían la misma personalidad, de modo que mientras invitábamos a Galbraith y a los demás a cenar a casa, a Walter Heller nunca lo veíamos. Creo que pensaba que había filtrado muchas cosas, ¿no?

Sí, creo que lo pensaba.

O que había hablado con la prensa o algo así. No sé, nunca le oí decir nada contra Walter Heller. Siempre he pensado que Wal-

---

[43] Walter Heller (1915-1987), presidente del Consejo de Asesores Económicos de Kennedy, nació en Buffalo, hijo de inmigrantes alemanes y fue economista de la Universidad de Minnesota.

ter Heller parece una especie de... bueno, de idiota cuando lo conoces. Nunca creí que fuera un economista tan brillante.

Hizo un buen trabajo, creo...

Pero...

Y ha sido muy infeliz... desde entonces.

Nunca le oí. Pero quiero decir que nosotros... Jack y yo no hablábamos realmente de economía de modo que supongo que pensaba que lo hacía bien.

En el Tribunal Supremo el presidente...

Ah, adoraba a Douglas Dillon.

Sí.

Y respetaba mucho a Dave Bell.

Sí, confiaba muchísimo en Dave Bell. Cuando Kermit Gordon llegó a director de la Tesorería, ¿reaccionó de alguna forma en particular? [44].

Bueno, eso es porque quería... ¿Qué? Dave Bell....

Dave Bell se fue a la AID [45]

AID, sí...

Sí, pero Gordon no...

No sé nada de esto. ¿No se entristeció cuando Dave Bell tuvo que marcharse para dirigir la Tesorería?... Sí, se entristeció mucho.

Pensaba que Dave era la única persona que podía enderezar la situación de la AID [46]. *Recuerda que Fowler Hamilton* [47] *tuvo...*

Ah, es verdad. Le dio mucha pena lo que pasó con Fowler Hamilton. No me acuerdo exactamente pero parecía como si él... ah, no, no, Labouisse [48].

Labouisse.

Labouisse. Parecía que lo hubieran echado por incompetencia o algo así y Jack estaba tan interesado en su vuelta que lo propuso como embajador en Grecia. Al final la historia salió a la luz...

---

[44] David Bell (1919-2000) y Kermit Gordon (1916-1976) fueron sucesivamente directores de lo que se llamó Oficina de la Tesorería.

[45] *[N. de la T.]* La AID es Agency for International Development (Agencia para el Desarrollo Internacional).

[46] En noviembre de 1961 JFK había creado la Agencia para el Desarrollo Internacional, que proporciona ayuda y que tenía problemas de crecimiento.

[47] Fowler Hamilton (1911-1984) fue el primer administrador de la AID.

[48] Henry Labouisse (1904-1987), conocido como Harry, un conocido de los Kennedy, había sido el director de la Agencia que precedió a la AID y más tarde fue el embajador de Kennedy en Grecia en 1962.

le dio mucha pena de Labouisse. Demuestra un punto de caridad otra vez, ¿no?

El presidente hizo dos nombramientos para el Tribunal Supremo, ¿recuerdas? Byron White[49] y Arthur Goldberg. ¿Hablaba mucho del Tribunal o...?

Bueno, recuerdo que estaba encantado de haber hecho dos nombramientos y pensaba que los dos eran buenos.

Sí.

Y sé que el juez Frankfurter quería que nombrara a como se llame... ¿Paul algo?

Paul Freund[50].

Sí. Él lo sabía. Fue a hablar con Frankfurter un par de veces y una vez lo llevó a su despacho. Pero quería nombrar a Goldberg.

Él y Bill Douglas eran... al menos Bill Douglas... era un gran amigo del señor Kennedy[51].

De su padre, y después realmente de Bobby. Se pasaban el día juntos hablando de Rusia y demás. Yo no conocí demasiado a Bill Douglas pero creo que le caía bien.

No iba mucho por la Casa Blanca.

No, nunca.

Nunca.

Pero nadie de esta gente iba. Arthur Goldberg venía mucho a nuestra casa de Georgetown en la época de la Ley del Trabajo pero siempre a desayunar. «Y Arthur Goldberg...». Le dije una vez a Jack después de estar sentada a su lado en una cena: «Es el mayor

---

[49] Byron White (1917-2002) fue un defensa de la liga de fútbol americano de Colorado, donde se ganó el apodo de *Whizzer*, y un estudiante de la Universidad de Rhodes a quien JFK conoció en Londres antes de la Segunda Guerra Mundial. Casualmente fue uno de los oficiales de la Inteligencia Naval que escribió los informes sobre el heroísmo de Kennedy mientras estuvo a cargo del barco torpedero PT-109. White se incorporó al Tribunal Supremo en abril de 1962 y se reveló como más conservador de lo que Kennedy y su gente habían esperado.

[50] Paul Freund (1908-1992), catedrático de Derecho en Harvard y experto en derecho constitucional, rechazó la invitación del presidente Kennedy de convertirse en procurador general. JFK también lo tuvo en cuenta para el Tribunal Supremo antes de elegir a Arthur Goldberg.

[51] William O. Douglas (1898-1980), liberal, defensor de los derechos civiles y experto en medioambiente, era un amigo cercano de la familia Kennedy desde que trabajó con Joseph Kennedy en la Comisión del Mercado de Valores en la década de 1930.

ególatra que he conocido en mi vida». Y es verdad. No he conocido nunca a otro hombre que hable más de sí mismo.

Sí, lo hace de esa forma inocente, juguetona, pero es duro.

Bueno, yo lo encuentro espantoso. No estoy segura de que Jack no cometiera un error poniéndole en el Tribunal Supremo porque eso hace que la gente piense que es especial.

Y como no salen en los periódicos piensan que tienen que compensarlo hablando más sobre...

Y la sentencia de ese invierno. Ya sabes, después de la muerte de Jack, por la que se autoriza a publicar en la prensa todo, incluso libelos sobre cualquiera. Es un poco más complicado que eso pero seguro que te acuerdas.

El caso de The New York Times.

Sí. Parecía una cosa tan fea. Y Goldberg fue uno de los que mantuvo que podían publicarse incluso noticias maliciosas o completamente falsas. Y pensé, eso fue justo después del anuncio del día de Dallas, en el retrato de Jack... «Se busca por traidor». ¿Y luego la persona que tú has elegido llega y dice que todo, incluso eso, es válido? Es porque el Tribunal Supremo está muy aislado. No le afecta la prensa, nada. De modo que a Arthur Goldberg se le subirá todo aún más a la cabeza en unos años. No sé, Jack decía que era el mejor abogado laboralista que había existido.

Respecto al presidente y la prensa, aparte de Charlie Bartlett y Ben Bradlee que eran...

Supongo que muchos de nuestros amigos de antes de la Casa Blanca eran de la prensa. Están Rowlie Evans, Hugh Sidey, Bill Lawrence, con el que jugaba al golf[52]. Ya sabes, en principio le caían bien. Siempre pensé que en Washington la política y la prensa... estáis siempre envueltos en algo. Muchos de sus amigos pertenecían a ese mundo. A Bill Kent lo veíamos a veces en Florida. Le gustaban sus bromas y demás. Mucho más que las de sus colegas en el Congreso aunque teníamos algunos amigos ahí también. Y además... Decían que era muy susceptible con la prensa pero no era realmente cierto. Y fue divertido porque una noche Ben Bradlee estaba tomándole el pelo... o no, le estaba diciendo a Ben Bradlee que algo que se había publicado no era cierto. Y una noche Ben Bradlee vino a cenar enfurecido porque en una revistilla republicana a la que

---

[52] Rowland Evan, del *New York Herald Tribune*; Hugh Sidey (1927-2005), de *Time*, y William Lawrence (1916-1972), de *The New York Times* y más tarde de ABC News.

estaba suscrita la suegra de John Birch aparecía un párrafo escrito por... no por Tony Lewis, un Tony no sé qué que escribía para Nixon...

Ralph de Toledano[53].

Ralph de Toledano había escrito algo malo sobre Ben Bradlee. Parecía que hubiese aparecido en la portada de *The New York Times*. Un par de frases y Ben montó en cólera. Y Jack se echó para atrás, quiero decir que no hurgó en la herida sino simplemente se recostó en la silla con cara de guasa y dijo: «Bueno, ya veo cómo reaccionáis vosotros cuando se escribe algo injusto». Supongo que una cosa que reconoció como un error fue la cancelación del *Herald Tribune*[54]. Le importaba más al principio pero al final nunca mencionaba los comentarios desfavorables o si yo decía cuando volvía a casa: «Creo que esto o aquello es injusto». Él decía: «No lo pienses. No leas esas cosas». ¿Sabes? Lo aceptaba como parte del..., si era algo bueno tampoco lo mencionaba. Era yo la que decía: «¿No es estupendo lo que... lo que fuera que han dicho hoy?». Eso cuando encontraba algo estupendo.

¿Y con los magnates de la prensa, como Lippmann o Scotty o el resto... y Joe Alsop?

Bueno, Joe era amigo suyo. Y creo que con Lippmann y Reston... Reston era un mojigato terrible, nunca estuvieron muy unidos. Quiero decir que Jack los recibía en su despacho y demás. Y, por supuesto, ellos sentían una especie de celos y resentimiento hacia Jack porque era la primera vez que había un presidente que probablemente era más inteligente, más joven, más... que ellos. Lippmann tenía dos cosas en contra de Jack: en parte su padre y en parte ser católico, por extraño que suene. Oías estas cosas en conversaciones con otra gente, nunca pudo librarse de eso...

Sí. Y creo que la mujer de Lippmann era una ex católica. La educaron en un convento y luego rompió con todo eso, y creo que tenía algún...

Bueno, recuerdo cuando...

Aunque recuerdo que en 1960 Lippmann escribió columnas maravillosas.

---

[53] Ralph de Toledano (1916-2007) fue el fundador de *National Review* del conservador William F. Buckley, cercano a Nixon.

[54] Harto de las críticas del periódico neoyorquino, cuyo objetivo sospechaba era lanzar a Nelson Rockefeller en 1964, Kennedy canceló su suscripción, lo que provocó una breve *cause célèbre* en Washington.

Sí. No recuerdo qué escribían y qué no. Pero no..., quiero decir que no se volvía loco por ellos. Veía a la gente de la prensa que apreciaba. Gente divertida como Bill Lawrence, sólo que... ya sabes.

Pero no crees que fuera particularmente sensible...

Noooo.

... a la prensa. Algo de lo que se ha escrito mucho sobre su administración es que ninguna otra estuvo nunca tan interesada en su propia imagen, por utilizar esa odiosa palabra[55].

Para mí es como leer sobre otra persona... es tan falso. Todos hablaban de la organización de las relaciones públicas antes, durante, antes de la campaña, y que si esto y que si aquello. Y que si nuestra imagen. Nunca pensé en nada de eso como imagen. Y nunca hubo un relaciones públicas excepto... Charlie Bartlett solía decir: «Estás en demasiados artículos». Pero él solía responder a Charlie: «Tengo tanto en contra que es lo único que podría ayudarme a conseguir lo que aspiro, la nominación. Pero ésta es la forma, ser cada vez más conocido y bombardearles». Así que si los relaciones públicas organizaban entrevistas él las concedía. Pero nunca tuvo a nadie que lo asesorara y nunca pensó en nuestra imagen. De hecho, si piensas en términos tan increíbles sobre mí, yo era perjudicial hasta que llegamos a la Casa Blanca. Y él nunca me pidió que cambiara ni nada por el estilo. Todos pensaban que yo era una esnob de Newport, de pelo cardado y ropa francesa que odiaba la política. Y además, como yo no estaba con ellos sino teniendo niños, no podía hacer campaña, ya sabes, ir con él por ahí tanto como hubiera debido. Y él se sentía mal por mí cuando decían cosas así. A veces le decía: «Jack, ojalá... ya sabes, siento ser tan inútil». Y él sabía que no era verdad y no quería que cambiara. Él sabía que lo amaba y que haría todo lo que pudiera y cuando hacía campaña con él trabajaba mucho, estuve hablando francés por todo Massachusetts para contrarrestar a Henry Cabot Lodge... ¡hasta que la gente empezó a sorprenderse de que hablara inglés! Estaba, sabes, orgulloso. De modo que nunca me pidió... yo era lo más perjudicial para él y encima estaba Lee... Princesa Radziwill y todo eso. Y yo era tan feliz... recuerdo pensar que una vez que estás en la Casa Blanca es lo que siente la mujer de cualquier presidente. Todo lo que iba mal de

---

[55] A primeros de 1960 esta práctica, que es de rutina para los presidentes modernos, parecía tan novedosa que en una rueda de prensa preguntaron a JFK por sus esfuerzos para «controlar la prensa».

El presidente y la señora Kennedy reciben invitados en la Casa Blanca con ocasión de la recepción conmemorativa del centenario de la Declaración de Independencia celebrada en el aniversario de Lincoln en 1963.

repente es una novedad y por tanto es interesante. Así que tener buena comida francesa es un bonus en lugar de un problema, [como lo es] que no te guste estar todo el día en la cocina preparando un estofado irlandés. Cuando hice el tour por la Casa Blanca estaba muy orgulloso.

Solía enseñárselo a todo el mundo y preguntarles su opinión. Y luego hice la guía en contra de las objeciones de todos. Todos decían en el ala oeste que iba a ser espantoso que hubiera intercambio de dinero en la Casa Blanca[56]. Pero él estaba orgulloso de mí y yo era feliz de, al fin, poder hacer algo de lo que estuviera orgulloso. Pero quiero decir que todo esto demuestra que no pensaba en la imagen, porque en ese caso me hubiera pedido que me hiciera una permanente y fuera como Pat Nixon. Ya sabes, «Pat y Dick». Y él nunca me cogía la mano en público o me abrazaba, porque por supuesto eso le resultaba desagradable como supongo lo es para cualquier persona casada... Así que no hacía nada por su imagen.

---

[56] En 1940, durante un tour por la Casa Blanca cuando era niña, Jackie se sintió desilusionada de que no hubiera una guía disponible.

El presidente, el vicepresidente y la primera dama dan la bienvenida a la Casa Blanca en 1963 al astronauta del *Mercury* Gordon Cooper.

Solía decirme... a veces me dijo que me pusiera un sombrero en lugar de pañuelo[57], ah, y esas cartas sobre el largo de mi falda. Yo decía: «No son tan cortas», y él decía: «Supongo que tienes razón». Pero jamás me pidió que las alargara o...

¿Nunca trató de pedirte que hicieras... no dejar de comportarte... dejar de ser tú misma por alguna razón política o de relaciones públicas?

No. Creo que le gustaba que fuera... quiero decir, que él sabía que yo estaba siendo yo misma y que me gustaba permanecer en un segundo plano. Creo que apreciaba eso en una esposa. Y en realidad se casó conmigo por lo que yo era, pero luego, cuando no funcionó políticamente no iba a pedirme que cambiara, lo que creo fue magnífico por su parte. Porque él no era falso en ningún aspecto, no era falso respecto a sus hijos y no besaba niños, o sea que todo lo que se ha escrito ha sido escrito por gente que no lo entendía. Algo que nadie puede entender y es por lo que me da pena Nixon, que tiene esa desventaja... Jack era la persona menos consciente de sí misma que he visto nunca. Podía ser atractivo en un salón o entre la mul-

---

[57] JFK prefería los sombreros a los pañuelos.

JFK presidiendo una cena privada en la Casa Blanca, 9 de febrero de 1962.

El presidente Kennedy y su esposa conversan con Isaac Stern en una cena en honor a André Malraux en 1962.

titud. Podía andar por ahí envuelto en una toalla, si se le hubiera caído o algo así, se la habría vuelto a poner pero... Hay mucha gente preocupada o nerviosa cuando está en público o en apariciones públicas. Nixon era así, ya sabes, sudaba y demás. Así que la gente que no estaba segura de sí misma, o no tenía esa maravillosa facilidad, estaba de algún modo celosa y, ya sabes, le atribuía todo tipo de cosas que no eran ciertas. Siempre fue muy natural.

¿Cómo se llevaba con el personal de la Casa Blanca?

¿A quién te refieres?

Bueno, hablamos de aspectos públicos, Pierre y...

Creo que los quería a todos. Yo me enfadaba con Pierre porque exageraba y esto no ayudaba a proteger a mis hijos. Quiero decir... concedió una larga entrevista acerca de un conejo borracho[58]. Yo me encendía con Pierre pero luego le decía a Jack que eso era lo más agradable de él. Podías decirle las cosas más terribles, cosa

---

[58] Preocupada como estaba por preservar la intimidad de sus hijos, Jacqueline se sintió horrorizada en una ocasión en que Salinger habló a un periodista sobre uno de sus animales, un conejo llamado Zsa Zsa al que le gustaba la cerveza.

El presidente Kennedy habla con Pearl Buck y Jacqueline con Robert Frost en una cena en honor de los Premios Nobel en 1962.

que yo hacía a veces, y nunca te guardaba rencor. Lo olvidaba, tal cual. Así que Jack le agradecía mucho esa faceta. Y cuando los miro ahora, sin Jack, te das cuenta de que su personal de la Casa Blanca era la colección más extraordinaria de gente, todos muy diferentes... algunos no se caen bien entre sí. Quiero decir, quizá fuera así, pero entonces no te dabas cuenta. Pero estaba la Mafia Irlandesa. Estaba Pierre. Estaba la señora Lincoln, celosa de todos los que se acercaban a Jack, estaban los profesores... ya sabes, estabas tú, y Bundy, y Ralph Dungan y Mike Feldman[59]. Todos adoraban a Jack y sabían... y luego estaba yo y nuestra vida privada, y los amigos. Todos juntos porque sabían que tenía a cada uno de ellos en mucha consideración y que la cooperación entre todos era lo mejor que podían hacer. Él adoraba a todos y todos lo adoraban a él. Jack mantuvo unida a esa mezcla de gente que ahora... alguno de ellos, al menos

---

[59] Ralph Dungan (1923-) y Myer Feldman (1914-2007) pertenecieron al personal de la Casa Blanca.

337

los irlandeses... tienen tanto resentimiento hacia los otros[60]. Pero eso nunca lo veías.

Creo que fue una experiencia extraordinariamente armoniosa. Y sabes, todo el mundo me advirtió antes de unirme a ellos de que habría riñas y puñales en alto y todo eso. Sólo pensaba que era la mejor forma de tratar con la gente que rodeaba al presidente debido a la forma en que, ya sabes, él trataba a todo el mundo.

Sí. A menudo pensaba que... bueno, no exactamente, ya sabes, se suele decir que el amor de madre es infinito y que no por tener dos hijos los quieres menos, y que si tuvieras nueve tampoco querrías menos a cada uno. Bueno, no había celos ni favoritos. Nadie pensaba que Jack tuviera un favorito...

Es cierto.

... a no ser que fuera Dave Powers, que era un favorito en el sentido de que todo el mundo esperaba que fuera un favorito... alguien que lo relajara, ya sabes. Pero no tenía ningún favorito. Y de esa manera todos podían trabajar juntos. No había intrigas sobre quién estaba al alza o a la baja. Como decía Kenny, no puso a Kenny en posición de ser el único con acceso directo al presidente. Todos podían colarse en su despacho a través de la puerta de la señora Lincoln, o Tish se las apañaba para... ya sabes, había muchas formas.

Sí.

Bueno, era tan accesible... y aun así conseguía que se hiciera mucho más trabajo que ahora. Él era accesible pero cuando trabajaba, trabajaba. No saltaba de una cosa a otra.

¿Cuándo veía el presidente a los niños?

Veía a los niños... No te he hablado de nuestro día a día, ¿no? O de que por la mañana George Thomas llamaba a nuestra puerta a eso de las ocho menos cuarto y él se iba a su habitación y llegaban los niños. Ponían la televisión al máximo volumen y él desayunaba en un sillón con una bandeja haciendo todo eso... leyendo los periódicos, repasando las actividades del día o, ya sabes, todas esas hojas mecanografiadas... su agenda para el día...

¿Eso antes de vestirse?

---

[60] Se refiere en especial a Ken O'Donnell, quien se llevaba mal con Soreman y Schlesinger. Una muestra de la habilidad de JFK para mantener unidas a tantas facciones distintas es el hecho de que no tenía jefe de personal. Siempre cuidadoso de mantener una «línea de mando directa» con sus ayudantes, los altos cargos de su entorno respondían directamente ante él.

Sí. Él llevaba una especie de...
Una bata o algo así.
No, se bañaba antes y los niños llegaban mientras se bañaba.
Ya te he contado que los juguetes de John estaban al lado de su
bañera. Y luego desayunaba en camisa y calzoncillos. Y en la televisión... Dios, a veces estaba realmente alta y a menudo yo me levantaba por su culpa... a veces me gustaba quedarme en la cama
hasta alrededor de las nueve. Pero otras me levantaba y me sentaba
allí con ellos. Pero ponían dibujos animados y ese hombre horrible
de la gimnasia...
LaLanne, sí.
Jack bajaba el volumen y allí estaba Jack LaLanne y él pedía
a Caroline y John que hicieran lo mismo que ellos así que se tum-
baban en el suelo. A veces hacía flexiones con John. Los tenía dando vueltas a su alrededor. Le gustaba que los niños estuvieran por
ahí con él de una forma... sensual es la única palabra en la que
puedo pensar. Y cuando se tomaba un descanso salía al jardín y daba
palmadas y los niños de la escuela llegaban corriendo[61]. Las profe-
soras... solía llamar en especial a sus dos favoritas, a Caroline
y a Mary Warner. Y entonces la profesora dijo que no era justo que
les diera caramelos. Le dijo a Caroline que sólo podía obtener
caramelos si también los tenía el resto de la clase. Así que la señora Lincoln tenía una caja entera de caramelos Barracini que... pero
el caso es que salía o, si yo estaba por allí con John, nos pedía que
entráramos un rato en su despacho y echaba a todo el mundo para
que John jugara con la máquina de escribir de la señora Lincoln...
Después venían por la noche, cuando estaba terminando, y jugaban
en el despacho. Recuerdo uno de los últimos días... bueno, ya sabes,
está esa preciosa foto de todos hablando de Berlín y Jack, que estaba en medio de alguna terrible crisis, y John rodando debajo de
su mesa. Pero, ah, y otra vez en los últimos días, Charlie, el perro,
entró y mordió a John en la nariz y Bundy tuvo que llamar al doctor Burkley[62]. Sabes que los niños nunca estuvieron malcriados

---

[61] Mientras vivió en la Casa Blanca, Caroline asistió a la escuela establecida por su
madre en el solario. La mayoría de sus compañeros eran los hijos del personal
administrativo.

[62] George Burkley (1902-1991) fue un almirante de la Marina que sirvió como
médico principal del presidente una vez que se apartó a la doctora Travell de su
caso (manteniendo el acuerdo de JFK con el Dr. Kraus), si bien Travell públicamente conservó su título oficial.

pero a él le gustaba tenerlos a su alrededor y los llevaba a nadar o también, si la cosa no funcionaba como él había pensado, cuando subía antes de cenar, no importa quién viniera a cenar, los niños pasaban a nuestra habitación. Ya sabes, pasaba un tiempo con ellos cuando estaban ya en pijama. Primero jugaba un rato con ellos aunque hubiera una cena de Estado. Siempre decía que incluso si era una comida de Estado o sólo una comida de hombres. Normalmente me tenía en la habitación y decía: «¡Vete por los niños!». Y solían estar durmiendo la siesta con la ropa interior o así, y tenía que sacarlos con su ropa interior porque nunca te lo avisaba con tiempo. Pero le encantaba tenerlos alrededor. Él enseñó a nadar a Caroline. Hizo que se tirara desde el trampolín alto y que nadara el largo de la piscina en Florida la última Navidad que ella estuvo allí. Bueno, hizo un cuarto del recorrido y el resto debajo del agua. Él decía: «¡Vamos, puedes hacerlo!». ¿Sabes? hizo mucho con ellos. Y les contó todas esas historias. Se inventó el tiburón blanco y el tiburón negro y Bobo el Lobo y Maybelle —una niñita que se escondía en el bosque—. Un día estaba desesperado y dijo: «¿Qué? Dios, tienes que conseguirme libros, o algo. Me estoy quedando sin cuentos para niños. Acabo de contar a Caroline cómo ella y yo disparamos hasta derribar los tres aviones de combate japoneses[63]». Pero...

¿Había algún libro que les gustara leer a los niños o que los niños le pidieran que leyera?

No, no leía, no le gustaba mucho leerles libros. Más bien les contaba historias. Pero solía inventarse unas fantásticas. Estaban como en boceto. Oh, y entonces solía tener ponies para Caroline: *White Star* y *Black Star*. Caroline me dijo: «Papá siempre me va a dejar elegir qué pony quiero montar y cuál llevará mi amiga». Y luego solía hacer una carrera y siempre dejaba que ganara Caroline. Y también la señora Shaw estaba en muchas de ellas de forma bastante disparatada y la señora Throttlebottom estaba en las carreras. Y cómo Caroline se fue a cazar los sabuesos de Orange County y luego *White Star* y *Black Star*, fue al Grand National y los ganó a todos, sabes, cositas que tenían que ver con su mundo, que les iban extraordinariamente bien. John consiguió su barco patrullero y disparó a un destructor japonés, o algo así. Pero nunca se impacientaba con ellos. Solían meterse en su cama.

---

[63] Jacqueline usa aquí la forma coloquial «Jap» para referirse a «Japanese».

La escuela de la Casa Blanca.

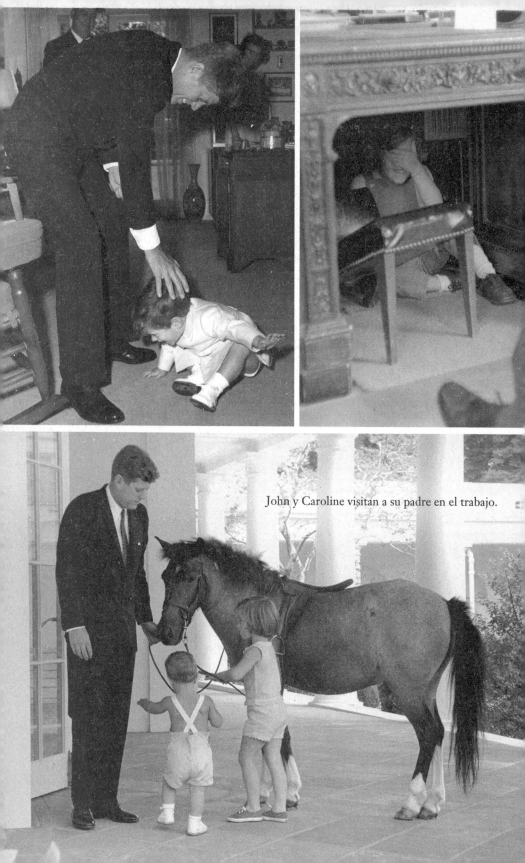

John y Caroline visitan a su padre en el trabajo.

Cuando fueron a Hyannis Port o a Newport o a Palm Beach, donde él solía pasar más tiempo con los niños. Naturalmente, no podía cogerlos en el aire o jugar físicamente con ellos, por la espalda, ¿verdad?

Solía ponerse en el suelo y ahí podía rodar con ellos. Y solía hacerlo y podía levantar a Caroline y al menos un poco la lanzaba antes de que llegáramos a la Casa Blanca[64]. Pero, bueno, solían venir a nuestra habitación por la mañana, y luego nadaba con ellos durante una hora, y después siempre quería que vinieran en el barco con nosotros. Muchas veces, sabes, eran realmente bastante pequeños. Se enfadaban si echaban en falta la siesta. Pero él siempre quería que vinieran, así que solía meterlos en la cama media hora o así, y puede que se pusieran quejicas, pero él siempre los quería allí. O en Camp David y así solíamos sentarnos fuera y cenar con ellos o correr por el césped y demás.

¿Qué lugar le relajaba más, te parece, de los diversos lugares a los que ibais?

Realmente era el barco el que más le relajaba. Antes de ser presidente era salir en el barco de su padre, el *Marlin*, y después el *Honey Fitz*. Y la razón era que no había teléfono. Era horrible con el teléfono. Sonaba y no quería responder. O si no podía tener a diez personas en el teléfono. Así que allí, llueva o luzca el sol, era feliz; me acuerdo de él hablando con Adlai Stevenson en el *Honey Fitz* un día a finales de octubre en Newport, temporada de huracanes. Llevé dos polos para Adlai y un salacot de mi padrastro. Y Jack estaba sentado en la parte de atrás con un suéter negro, el pelo, el viento le movía el pelo, muy feliz con su sopa de pescado. Y yo estaba dentro con dos mantas y bebiendo sopa caliente. Tanto frío hacía. Él pensaba que todo el mundo amaría aquel barco porque era su forma de alejarse de las preocupaciones. Era para él lo que para mí era salir con el caballo, al aire libre, sin teléfono. No me chifla tanto montar o la caza. Pero la liberación de la tensión era importante para él. Le gustaban el sol y el agua y la ausencia de teléfono. Y sabes, los amigos allí —uno siempre tenía amigos allí que...—, nunca usaba el barco para trabajar, sino para estar con quien quisiera relajarse.

¿Qué pensaba de todos aquellos sketches satíricos sobre él como «La primera familia» y demás? ¿Los conocía?

---

[64] Tras hacerse daño en la espalda en un plantado simbólico de árboles de Ottawa, JFK una vez predijo en privado que John podría levantarlo a él antes de que él pudiera esperar a levantar a su hijo.

La primera familia del presidente en Hyannis Port en 1963.

El *Honey Fitz.*

Creo que los oía. No estoy segura de que escuchara toda la grabación[65]. Yo oí una parte y después lo aparté porque no quería que mis hijos lo vieran. Y supongo que él lo cogería o así. Sabes, me pareció que era tan injusto que él no... supongo que simplemente lo aceptó. Quiero decir que obviamente no le gustaba, pero yo era la que más se ocupaba de estas cosas. Y pensé que era tan mezquino. No me importaba que se rieran de mí ni nada, pero cuando se reían de niños pequeños... Y el primer año que era presidente fui a la cena del Club de las Mujeres de la Prensa. Él tenía fiebre ese día y me llevó Lyndon. Es una tradición que vaya el presidente con su mujer,

---

[65] *La primera familia*, del cómico de nightclub Vaughn Meader, fue la grabación que se vendió con más rapidez de la historia, llegando a la cifra sorprendente de 7,5 millones de copias. Como Kennedy contó en una rueda de prensa, pensó que la imitación de él sonaba «más como Teddy que como yo».

El presidente y la señora Kennedy navegan con la madre de ella
y su padrastro cerca de Newport en 1962.

y una mujer llamada Bonnie Angelo salió en un triciclo como Caroline y cantó una canción horrible[66]. Y el año siguiente no quise ir y aquella Bonnie Angelo era presidente. Pierre en realidad se enfadó con eso. Y yo dije: «No pienso ir y puedes o bien decirles por qué, Pierre (por lo que hicieron el año anterior), o inventarte la excusa que te parezca mejor». Y después se lo expliqué a Jack. Yo tenía sentimientos tan fuertes por esos niños. Ya era bastante duro protegerlos en la familia Kennedy, donde algunos de los sobrinos, en especial los niños de Eunice, eran tan conscientes de la posición y solían llevar chapas de Kennedy y solían interpretar esa grabación: «Mi papá es presidente, ¿qué hace tu papá?[67]», o *La primera familia*. Y yo escondía todas aquellas cosas de la vista de mis hijos y les enseñaba siempre que la Casa Blanca era una cosa temporal. Estoy tan

---

[66] Bonnie Angelo (1924-) cubría a la señora Kennedy como primera dama para la revista *Time*.

[67] En 1962 *My Daddy is President*, interpretada por Little Jo Ann Morse, de 7 años, cantada con habla infantil con ritmo de bossa nova era un favorito de las juke box de 45 revoluciones. La letra: «No importa lo que haga, todo se convierte en noticias, porque mi papá es el presidente».

El presidente y Caroline en el *Honey Fitz*.

contenta de haberlo hecho, por la forma en que acabó. Pero eso era mientras papá era presidente, y los presidentes lo habían vivido antes. Se lo contaba cuando Franklin Roosevelt venía a cenar y la señora Longworth o el presidente Truman. Les contaba historietas sobre otros presidentes y que habría otro presidente después de papá y que entonces viviríamos en Hyannis. Y, sabes, así nunca pensaron que iban a vivir siempre con este poder respecto a lo que los demás eran horribles. Así que yo solía enfadarme con esos sketches pero a él no le gustaba verme enfadada. Pero, supongo, sabía que formaba parte de ser presidente. Y porque era una familia tan diferente y tan joven había mucho más de lo que hacer números satíricos, cosa que me dijo, con cierta ironía, una vez.

¿Te hablaba a menudo de las cosas que le gustaría hacer? Mencionaste a un nuevo secretario de Estado...

Sé que se iba a deshacer de J. Edgar Hoover en el instante que —y siempre dijo que ésas eran las cosas que hizo las primeras—... sabes, Hoover y Allen Dulles, que supongo que tuvo que hacer al mismo tiempo. No hubiera podido dejar de hacerlo.

¿Tenía alguna idea... habló alguna vez de quién, de qué haría con el FBI?

No, no dijo qué haría, y Bobby entonces iba a dejar el Departamento de Justicia. Creo que quizá hubiera hecho jefe a Nick Katzenbach[68], no estoy segura. Y, bueno, sé que iba a haber cuerpos de paz nacionales pero supongo que eso empezó de alguna forma, ¿verdad? Y sé que iba a hacer ese asunto de la pobreza[69]. Y sé que realmente se preocupaba. Kentucky era el lugar del que él me habló

---

[68] Nicholas Katzenbach (1922-), que fue capturado por los italianos y los alemanes como prisionero de guerra durante dos años durante la Segunda Guerra Mundial, sirvió como subdirector de RFK y en el gobierno del presidente Johnson como su sucesor.

[69] Finalmente fue LBJ quien creó Voluntarios al Servicio de Norteamérica (VISTA en sus siglas en inglés) en 1964 como parte de su «guerra contra la pobreza», otro programa que adaptaba algunas de las ideas que JFK estaba considerando en la época de su muerte. Preocupado de que la reducción de los impuestos no ayudara mucho a los parados y los pobres, Kennedy había querido ayudar a las familias pobres como aquellas que tanto le habían afectado cuando hizo la campaña en Virginia Occidental en 1960. Cuando le habló sobre esto, el nuevo presidente Johnson se aferró a aquella idea. En enero de 1964, durante su primer mensaje sobre el Estado de la Unión, un discurso escrito en gran medida por Sorensen, Johnson declaró una «guerra incondicional a la pobreza en Norteamérica».

e íbamos a ir a Kentucky alguna vez, y me refiero a que sé que se mencionó[70].

Sí, Appalachia.

Eso es, Appalachia. E iba a ir a Rusia.

Sí. Eso es... le quería preguntar sobre eso.

En algún momento del segundo mandato íbamos a ir a Rusia y eso hubiera sido tan increíble. E íbamos a ir al Lejano Oriente. Supongo, siempre pensé que él iría en diciembre, pero, como no hablaba sobre ello, supongo, con Indonesia y todo eso, era como...

Pero pienso que eso era, creo que estaba planeando ir en abril... en primavera, al Lejano Oriente.

Y hubiera sido tan increíble para él ir a Japón, cuando piensas que Eisenhower no podía ir allí[71], y las muchedumbres y demás que habríamos tenido. Si todo eso tenía que pasar, sólo deseo que él hubiera podido ver llegar algunas cosas buenas más para las que se esforzó tanto. La ley de impuestos, la de los derechos civiles, la mejora de la economía. Sabes, piensa en todos esos hombres de negocios que todavía dicen cosas horribles sobre él, y de repente la salida del oro se para completamente, el producto interior bruto nunca ha sido tan alto. Ir a Japón e ir a Rusia. Si hubiera podido ver todo eso y... y ganar. Si hubiera podido simplemente ganar. Rezaba para que su contrincante fuera Goldwater. Decía: «Dejad en paz a Barry. Lo está haciendo muy bien». Sabes, si hubiera podido ver algunas de las cosas buenas.

Le habría gustado presentarse contra Goldwater[72]. ¿Pensaba que Goldwater lo iba a conseguir, o era que...?

---

[70] Y en 1964 el presidente Johnson fue quien posó para las fotos con las familias pobres en Appalachia.

[71] Un viaje planeado por Eisenhower a Japón en junio de 1960 se canceló justo antes de su llegada prevista como consecuencia de disturbios antinorteamericanos.

[72] Barry Goldwater (1909-1998) fue senador republicano por Arizona y el más conservador del momento. JFK lo conoció antes de la Segunda Guerra Mundial cuando fueron a un campo de trabajo al aire libre cerca de Phoenix y siguieron siendo buenos y alegres amigos durante el resto de su vida. Kennedy suponía que los votantes encontrarían al de Arizona tan extremo que si era nominado perdería contra Kennedy de forma estrepitosa en 1964 (como finalmente le ocurrió a Goldwater contra LBJ). Goldwater insistió que JFK había aceptado, en el caso de que ambos fueran candidatos en 1964, volar por el país y debatir juntos, casi como Lincoln y Stephen Douglas en 1858. No cabe duda de que cuando Goldwater propuso la idea el presidente contestó complacido, pero no parece probable que en 1964 el competitivo JFK, deseoso de tener la mayor victoria posible, le hubie-

Oh, eso era demasiado esperar. Quiero decir, era demasiado bueno para ser verdad. No creo que lo hiciera. Al principio, hace bastante, pensó que Romney lo conseguiría, y estaba nervioso con Romney porque dijo que sería un candidato bastante duro[73]. Pero creo que más tarde pensó que Romney no era para tanto. No sé quién pensó que lo conseguiría.

¿Habló alguna vez de Rockefeller?

Sí. Dijo que Rockefeller de alguna forma era una especie de cobarde, porque debería haber hecho lo que hizo Jack y presentarse a aquellas primarias[74]. Pero le entró miedo o estaba nervioso respecto a no ir en New Hampshire y todo eso. Y dijo que si lo hubiera hecho, habría sido presidente.

Sí. Oh, el presidente realmente tenía la impresión de que, si Rockefeller conseguía la nominación en 1960, habría sido elegido. Creo que es correcto.

Y dijo, sabes, que simplemente no tenía las agallas o le faltaba el discernimiento o sólo era un alma apocada, o así. Y por supuesto ahora el hombre actúa con el sentido de los tiempos completamente equivocado. Y no creo que tuviera muy buena opinión de Rockefeller, pero tampoco dijo nada mezquino sobre él. No le gustaba Nixon y realmente pensaba que era peligroso. Sabes, y era un poco...

Yo pensaba que estaba enfermo.

---

ra brindado tan cuidadosamente a un oponente tan débil la ventaja de que todo el país lo viera discutiendo con el presidente como un igual. Kennedy, sin embargo, sí se había comprometido a enfrentarse a su rival en debates televisados como el de 1960 con Nixon.

[73] George Romney (1907-1995) era presidente de American Motors antes de su elección como gobernador de Michigan en 1962. RFK recordó más tarde en una conversación de historia oral de 1964 que por un tiempo Romney fue el oponente que su hermano «más temía... pensaba que tenía este atractivo para... Dios y el país. Hablaba bien, tenía buen aspecto. Quizá causara problemas en el sur, donde de todas formas teníamos problemas [por los derechos civiles]. Por eso... nunca hablábamos de Romney».

[74] Nelson Rockefeller (1908-1979) fue elegido gobernador de Nueva York en 1958. Dos años después consideró seriamente presentarse contra Nixon, a quien odiaba, en las primarias republicanas de 1960 pero decidió mantenerse al margen. JFK había temido que Rockefeller pudiera ser un oponente fuerte cuando él se presentara para la reelección; sin embargo, se divorció de su mujer en mayo de 1963 y se casó con una mujer más joven, lo que en aquel tiempo era un pecado mortal en unas elecciones presidenciales.

Enfermo, sí[75].

¿Scranton?

Bueno, no recuerdo hablar con él sobre Scranton[76]. Sabes, estaba como surgiendo y supongo que pensó que podía haberlo tenido. Pero no recuerdo haber hablado nunca con él...

¿Estaba deseando que llegara la campaña de 1964?

Oh, sí. Y yo también lo estaba deseando. Era una que podíamos hacer juntos. Hacer campaña es tan diferente cuando eres presidente. No serían esas cosas horribles de ir pesadamente por Wisconsin, forzar a alguien a que te choque la mano. Quiero decir, él tenía ganas, y después de ganar y luego como solidificar o asentarse. De verdad que tenía muchas ganas. No había mucho que hacer, salvo que surgiera algo. Y habría habido relaciones con otros países. Quiero decir, podría haber sido Latinoamérica o con Rusia y De Gaulle nunca habría reconocido la China comunista, y todo eso si hubiera seguido vivo.

¿Habló alguna vez en relación al viaje a Rusia sobre algo que quisiera hacer o ver en especial?

Sólo que allí habría las muchedumbres más fantásticas.

¿Era sólo Moscú o sería también...?

Creo que sólo era un viaje a Rusia. Sabes, nunca se metió en el tema realmente. Y, oh, ¿qué dijo? Cuando las cosas se pongan mejor con Kruschev, sabes, después de la *détente*[77] y todo, decía, bueno, recuerda lo que dijo después de Viena, que realmente era un gángster y que nadie debía dejarse engañar. Pero que si tratabas con él con firmeza, era diferente, aunque no quería que la gente pensara que ahora Kruschev es una persona dulce, benigna e inofensiva.

---

[75] Tras la campaña de 1960 JFK contó a Bradlee que Nixon estaba «muy desequilibrado» y «enfermo, enfermo, enfermo». Cuando Nixon fue derrotado en 1962 para el cargo de gobernador de California, Kennedy llamó al vencedor —la grabadora del presidente estaba encendida aunque escondida— y se sorprendió de que el perdedor hubiera dicho a los reporteros de Los Ángeles que no podrían «maltratar más» a Nixon porque era su «última rueda de prensa». JFK explicó a Brown: «Lo habéis dejado para el manicomio». Brown estuvo de acuerdo: «Creo de veras que es un psicópata. Es un hombre capaz, pero está loco».

[76] William Scranton (1917-) era un congresista republicano moderado cuando lo eligieron gobernador de Pensilvania en 1962.

[77] Se refiere al periodo de calma entre Washington y Moscú que comenzó tras la crisis de los misiles y que culminó con el acuerdo de prohibición de las pruebas nucleares en el verano de 1963.

¿Habló alguna vez sobre sus cartas, su correspondencia con Kruschev[78]?

Bueno, sólo me dijo que se escribían. Pero nunca me contó sobre qué. No le pregunté qué había en esas cartas. Si se lo pedía, podría haberlas visto, porque cada vez que preguntaba por algo como eso solía decir: «Haz que Bundy te las enseñe». Bundy lo hacía y durante un par de meses allí Bundy me mandó todos los datos de inteligencia, resúmenes más importantes y demás. Finalmente me aburrí tanto —no, aburrí no, me desanimé— leyéndolos que dije: «Por favor, no me mandes ninguno más». Y cuando leía aquellas cosas con las que tenía que lidiar Jack todos los días no comprendía cómo podía estar tan animado por la noche o tomar una copa o salir en el *Honey Fitz*. Él acababa de leer veinte páginas de problemas. Y entonces pensé: «Bueno, más vale que no las lea más, porque yo puedo leer sólo las cosas buenas y estar de buen humor para él». Y recuerdo que dimos una pequeña cena con motivo de la despedida de Ros Gilpatric y la señora Gilpatric le contaba —era la época de TFX—: «Le digo a Ros cuando llega a casa cada noche: "¿Cómo pueden decir esas cosas sobre ti? ¿No son horribles esas personas?"»[79]. Y él le dijo: «Dios mío, no le dices eso a tu marido cuando llega a casa por la noche, ¿verdad? Eso no es lo que deberías hacer. Encuentra una cosa buena de las que dicen y comenta: "¿no es estupendo?" o menciona algo que le vaya a hacer feliz». Y así, eso fue lo que yo sentí que él quería que yo fuera, y entonces es cuando realmente dejé de leer aquellos informes y cosas, porque no quería que se preocupara por nada. Quería que, de alguna forma, él me diera el pie y...

Uno de sus grandes dones era su capacidad de pasar de un tema a otro y que no le persiguieran los problemas, dejarlos aparte sabiendo que no podía hacer nada más en ese momento sobre ellos y no dejar que le preocuparan.

---

[78] JFK mantuvo una correspondencia privada frecuente con el líder soviético, que Bundy llamaba pícaramente «las cartas de tu amigo por correspondencia».

[79] En 1963 el Comité de Investigaciones Permanentes del Senado examinó la concesión a General Dynamics de un contrato de 6.500 millones de dólares, el mandato más lucrativo de la historia de Estados Unidos para construir un nuevo avión de combate TFX. Antes de su nombramiento como subsecretario de McNamara, Gilpatric había sido consejero de General Dynamics y fue criticado por participar en la decisión del TFX. Aunque en marzo de 1963 Gilpatric había anunciado su vuelta a la abogacía, permaneció en el Pentágono hasta enero de 1964 en un intento de limpiar su nombre.

Y eso es... ¿te contó alguna vez que me hizo cambiar de sitio mi escritorio?

No.

Bueno, yo solía tener mi escritorio en el saloncito del oeste, donde siempre nos sentábamos y siempre estaba lleno de cosas, sobre todo porque Tish no hacía más que mandar esas malditas carpetas. Cuando estaba tranquilamente sentada con Jack, entró un mensajero corriendo y él dijo: «Saca de aquí tu escritorio». Sé que esto te lo he contado.

Lo contaste, sí.

Lo llevé al Treaty Room. Bueno, y yo no podía deshacerme de los problemas. Pero él siempre podía dormir, también, cosa que yo pensaba que era tan importante. No tenía esta cosa dentro, sabes, simplemente podía desconectar. Y yo siempre pensé algo, y creo que es cierto en el caso de Lyndon Johnson y creo que puede haber sido cierto para Adlai Stevenson. Que estas cosas se te meten y se te meten y hay indecisión o algo, y no puedes dormir... Realmente te vuelves, siempre pensé que cualquier presidente se volvería insomne. Pero Jack tenía incorporada esta cosa de la que Ted Reardon[80] me habló antes, como soldados en una trinchera. Cuando era hora de irse a dormir, podía hacerlo. Y era afortunado por poder hacerlo. Y esto es todo.

[John entra en la habitación y juega con la grabadora].

---

[80] Timothy Reardon (1915-1993) era el asistente de administración en la Casa y el Senado y un asistente especial en la Casa Blanca.

El presidente y la primera dama en Washington DC
el 3 de mayo de 1961.

RECONOCIMIENTOS

El apoyo y los ánimos de muchas personas me han ayudado en gran medida durante la preparación de este proyecto. En primer lugar y sobre todo y siempre para mi marido y mis hijos por su amor, su integridad y su interés. Me gustaría dar las gracias a la familia de Arthur M. Schlesinger, Jr., especialmente a Alexandra Schlesinger, por su entusiasmo encantador, y a Bill van den Heuvel por el mismo sabio consejo y la perspectiva alegre que lo hicieron un amigo tan querido para mi madre. No podría haber completado este proyecto sin la ayuda de Lauren Lipani, que leyó, escuchó y revisó cada detalle a lo largo del proceso.

Estoy agradecida a Tom Putnam, el director de la Biblioteca y del Museo Presidencial John F. Kennedy, además de los entregados archiveros de la biblioteca, Karen Adler Abramson, Jaimie Quaglino, Maura Porter y Jenny Beaton. Las fotos poco usuales y poco familiares que tanto añaden a este libro son resultado de los esfuerzos y la experiencia de Laurie Austin y Maryrose Grossman. Gracias también a Sharon Kelly, Jane Silva y Stephen Plotkin por su ayuda con las investigaciones adicionales. También estoy agradecida a Tom McNaught, director de la Fundación de la Biblioteca John F. Kennedy; a Rachel Day, por coordinar las solicitudes y la nueva tecnología en relación a este libro; y a todo el personal de la Fundación por su compromiso con la excelencia en todo lo que hacen para fortalecer el legado de mis padres.

Por su consejo y su condición de expertos en cuanto a aspectos legales y de edición, me gustaría dar las gracias a Bob Barnett, Deneen Howell, Jim Fuller, Tom Hentoff y Esther Newberg.

Todos hacemos lo mejor que podemos por nuestras madres y este proyecto no es una excepción. Ella habría estado especialmente complacida de que el equipo talentoso de Hyperion esté compuesto por mujeres, incluyendo a Sharon Kitter, Linda Prather, Kristin Kiser, Jill Sansone, Marie Colman, SallyAnne McCartin y Ellen Archer. Por su trabajo en la restauración del audio y la producción estoy agradecida a Marcos Sueiro Bal, además de a Paul Fowlie y Karen Dziekonski.

Desearía que mi madre hubiera podido tener la suerte de trabajar con Gretchen Young, que es exactamente el tipo de editora que ella era; con Shubhani Sarkar, que ha aportado creatividad y visión al diseño; y con Navorn Johnson, que dirigió este proyecto desde el principio hasta el final. Por su continuada sabiduría y su sabio consejo me gustaría dar las gracias a Ranny Cooper y Stephanie Cutre, y por aportar su experiencia y sus habilidades a este proyecto a Debra Reed y Amy Weiss.

Finalmente estoy en deuda con Michael Beschloss por su iluminadora introducción y sus completas notas que suponen una aportación tremenda a este libro.

CAROLINE KENNEDY

FUENTES

Nota general: los números a continuación corresponden a las páginas en el libro y los entrecomillados reproducen declaraciones de Jacqueline Kennedy en diferentes publicaciones y medios de comunicación. Éstos se encuentran situados a lo largo del texto y en las notas a pie de página.

24. «congresista joven, alto y delgado»: Carl Sferraza Anthony, *As We Remember Her [Como la recordamos]* (Harper Collins, 1997), p. 37.

24. «a través de aquella enorme muchedumbre»: historia oral de Charles Bartlett, Biblioteca John F. Kennedy.

24. «cortejo espasmódico»: Robert Dallek, *An Unfinished Life [Una vida inacabada]* (Little, Brown, 2003), p. 103.

25. «romper a llorar de nuevo»: JBK a Lyndon Johnson, 9 de enero de 1964, transcripción de una conversación telefónica grabada, en Michael Beschloss, *Reaching for Glory* [Alcanzar la gloria] (Simon and Schuster, 2001), p. 22.

25. «por su humor ácido»: *The New York Times*, 1 de marzo de 2007.

25. «Te devuelvo tus cartas»: JBK a Arthur M. Schlesinger, Jr., 3 de diciembre de 1963. Las cartas de JBK citadas aquí y más abajo figuran en sus papeles aún sellados en la Biblioteca Kennedy, y en la mayoría de los casos, en los archivos de los destinatarios.

26. «estaba muy presente en mi mente»: American Archivist, otoño 1980.

27. «de vez en cuando»: ibíd.

30. «frívola en cuanto a política»: Diario de Arthur M. Schlesinger, Jr., 19 de julio de 1959, Papeles de Schlesinger, biblioteca pública de Nueva York.

31. «¡nadie se pregunta»: John F. Kennedy en el desayuno de la Cámara de Comercio de Fort Worth, 22 de noviembre de 1963.

32. «aprobaran una ley»: David Finley, memorando de conversación, 19 de febrero de 1962; Papeles Finley, archivos de la National Gallery of Art.

32. «se tiraban abajo»: JBK a Bernard Boutin, 6 de marzo de 1962.

32. «prácticamente nada»: White House History [Historia de la Casa Blanca], n.º 13, 2004.

32. «Contén la respiración»: JBK a David Finley, 18 de abril de 1962.

32. «puede que sea el único monumento»: *Time*, 20 noviembre de 1964.

33. «solía recorrer a pie la mitad del camino»: JBK a Edward Kennedy, 17 septiembre de 1970.

33. «primeros Statler»: Mary Van Rensselaer Thayer, *Jacqueline Kennedy: The*

White House Years [Jacqueline Kennedy: Los años de la Casa Blanca] (Little, Brown, 1971), p. 93.

33. «instinto de caza»: JBK a Adlai Stevenson, 24 de julio de 1961.

33. «una tienda de curiosidades»: JBK a Lady Bird Johnson, 1 de diciembre de 1963.

34. «el escenario en el que»: *Un tour por la Casa Blanca*, CBS-TV, 14 de febrero de 1962.

34. «una sala de estar de Nueva Inglaterra»: *The New York Times*, 29 de enero de 1961.

34. «era muy trabajadora»: historia oral de Lady Bird Johnson, Biblioteca Kennedy.

35. «Lo que ha sido triste»: revista *Ms*, marzo de 1919.

35. «Es el mayor templo»: JBK a John. F. Kennedy, escrito a mano, sin fecha, año 1962.

35. «unas rocas egipcias»: Richard Goodwin, Foro de la Biblioteca Kennedy, 4 de noviembre de 2007.

35. «recordar a la gente que los sentimientos»: JBK a JFK, memorando titulado «Abu Simbel», escrito a mano, sin fecha.

36. «atroz»: *Look*, 17 de noviembre de 1964.

36. «una nueva vida»: JBK a David Finley, 22 de agosto de 1964.

36. «Ahora es una leyenda»: *Look*, 17 de noviembre de 1964.

36. «si podría armarse de valor»: JBK a Lyndon Johnson, 28 de marzo de 1965.

37. «cosas que creo son demasiado personales»: JBK a Arthur M. Schlesinger, Jr., manuscrito, sin fecha, 1965.

37. «Cierra los ojos»: US News & World Report, 26 de julio de 1999.

47. «Yo había respaldado públicamente»: Ted Sorensen, Kennedy (Harper & Row, 1965), p. 80.

48. «un encuentro tormentoso»: ibíd.

53. «Mi preciosa casita»: Gordon Langley Hall y Ann Pinchot, *Jacqueline Kennedy* (Frederick Fell, 1964), p. 141.

55. «voy a entrar»: William Manchester, *The Death of a President [La muerte de un presidente]* (Harper & Row, 1967), p. 186.

64. «como si Jack fuera presidente de Francia»: Oleg Cassini, *A Thousand Days of Magic [Mil días de magia]* (Rizzoli, 1995), p. 29.

64. «un Stevenson con pelotas»: Dallek, p. 259.

68. «Recuerdas en mi historia oral»: JBK a Schlesinger, 28 de mayo de 1965. Su primer borrador se vendió en una subasta en 2009.

77. «amigos atesorados»: Ted Sorensen, Counselor (Harper, 2008), p. 399.

81. «mucho dinero»: *The New York Times*, 12 de diciembre de 1996.

81. «¡No soy *whig*!»: James MacGregor Burns, *John Kennedy: A Political Profile [John Kennedy: Perfil político]* (Harcourt Brace, 1960), p. 268.

83. «Fue el único presidente»: JBK a Edward Kennedy, 17 de septiembre de 1970.

86. «Creo que lo subestimas»: JBK a James MacGregor Burns, manuscrito, sin fecha, 1959.

89. «olvidado a Goschen»: Winston Churchill, *Lord Randolph Churchill* (Macmillan, 1908), p. 647.

95. «yo he alardeado de forma privada»: Sorensen, *Counselor*, p. 150.

96. «¿Puedo ser el padrino»: Edward Kennedy, *True Compass [Verdadera brújula]* (Twelve, 2009), p. 24.

97. «tenía buen ojo para los detalles»: Anthony, *As We Remember Her [Como la recordamos]*, p. 60.

101. «Id a Alemania»: Michael Beschloss, *The Crisis Years [Los años de crisis]* (Harper Collins, 1991), p. 608.

114. «un buen demócrata»: Schlesinger, *Robert Kennedy and his time [Robert Kennedy y su tiempo]*, p. 201.

118. «descansando»: Schlesinger, *A Thousand Days [Mil días]*, p. 103.

118. «incumplir una promesa hecha de buena fe»: Clark Clifford, *Counsel to the President [Asesor del presidente]* (Random House, 1992), p. 318.

118. «tan divertido si hubierais»: James Olson, Stuart Symington (University of Missouri, 2003), p. 362.

119. «¿Cómo está mi niña?»: Lyndon Johnson a JBK, 23 de diciembre de 1963, transcripción de llamada telefónica grabada, en Beschloss, *Reaching for Glory [Alcanzar la gloria]*, p. 18.

120. «Johnson la había "agarrado"»: historia oral de Robert Kennedy, Biblioteca Kennedy.

122. «Eso no me sorprende»: John Connally, *In History's Shadow [La sombra de la historia]* (Hyperion, 1994), p. 10.

122. «Por lo que más quieras»: Manchester, *The Death of a President [La muerte de un presidente]*, p. 116.

142. «el chico más brillante»: David Halberstam, *The Best and the Brightest [El mejor y el más brillante]* (Random House, 1973), p. 44.

152. «un país chiflado»: Manchester, *The Death of a President [La muerte de un presidente]*, p. 121.

154. «Mi vida aquí, que me daba terror»: JBK a William Walton, 8 de junio de 1962.

158. «si Jack lo logra»: historia oral de Letitia Baldrige, Biblioteca Kennedy.

164. «¡El presidente me dijo!»: JBK a David Finley, 22 de marzo de 1963.

164. «Tengo que ser sincero»: David Finley a JBK, 27 de marzo de 1963.

164. «Nunca me imaginé»: JBK a David Finley, 22 de marzo de 1963.

169. «pero había unos cien mil»: Sorensen, *Kennedy*, p. 383.

169. «He aprendido más»: James Abbott y Elaine Rice, *Designing Camelot [Diseñando Camelot]* (Wiley, 1997), p. 86.

170. «la obra maestra de Boudin»: ibíd., p. 101.

189. «el sitio más privado»: JBK a Eve Fout, julio de 1962, en Sally Bedell Smith, *Grace and Power [Gracia y poder]* (Random House, 2004), p. 113.

193. «veinte veces al día»: The Estate of Jacqueline Kennedy Onassis, 23-26 de abril de 1996 (Sotheby's, 1996).

194. «la mínima información»: Mary van Rensselaer Thayer, *Jacqueline Kennedy*, p. 31.

195. «tan nerviosa como un perro de caza»: ibíd., p. 318.

195. «¿Por qué algunas personas están tan ávidas»: JBK a Henry du Pont, 28 de septiembre de 1962.

208. «Demonios, señor presidente»: Beschloss, *The Crisis Years*, p. 122.

212. JFK a Raskin: Entrevista con Raskin, y memorias no publicadas de Raskin, ambas citadas en Beschloss, *The Crisis Years*.

223. «Un muro es mucho mejor»: ibíd., p. 278.

225. «Todo va a estar relacionado»: JBK a William Walton, 8 de junio de 1962.

229. «Obviamente ella tenía la lengua rápida»: Sergei Kruschev, editor, *Memoirs of Nikita Kruschev: Statesman, 1953-1964 [Memorias de Nikita Kruschev: hombre de Estado, 1953-1964]* (Pennsylvania State University, 2007), p. 304.

232. «Ofreces cambiarnos»: Beschloss, *The Crisis Years*, p. 325.

246. «Pensamos en usted»: Manchester, *The Death of a President [La muerte de un presidente]*, p. 446.

255. «la peor visita de un jefe de Estado»: Arthur M. Schlesinger, Jr., *A Thousand Days [Mil días]* (Houghton Mifflin, 1965), p. 526.

256. «todos los fines de semana desde»: J. B. West, *Upstairs at the White House [El primer piso de la Casa Blanca]* (Coward, McCann, 1973), p. 235.

260. «¿No puedes controlar»: Schlesinger, *A Thousand Days*, p. 28.

263. Correspondencia JBK-Macmillan: Harold Macmillan Papers, Bodleian Library, University of Oxford.

272. «Entrevistadlos a todos»: Arthur M. Schlesinger, Jr., *Robert Kennedy and His Times [Robert Kennedy y su tiempo]* (Houghton Mifflin, 1978), p. 404.

281. «¡Siempre hay un hijo de perra»: Richard Reeves, *President Kennedy* (Simon and Schuster, 1993), p. 416.

288. «numerosas referencias elogiosas»: Sorensen, *Counselor* (Harper, 2008), pp. 408-409.

291. «Lyndon realmente echaba humo»: Benjamin Bradlee, *Conversations with Kennedy [Conversaciones con Kennedy]* (Norton, 1975), p. 226.

302. «bajo el dominio y la dirección»: Schlesinger, *A Thousand Days*, p. 842.

308. «este asunto de Francia, Inglaterra y Norteamérica»: Manchester, *The Death of a President [La muerte de un presidente]*, p. 710.

316. «con una sola frase»: Ralph Martin, *A Hero for Our Time [Un héroe de nuestro tiempo]* (Macmillan, 1983), p. 431.

317. «golpeado en la cabeza»: *Life*, 11 de mayo de 1959.

338. «línea de mando directa»: Schlesinger, *A Thousand Days [Mil días]*, p. 50.

351. «muy desequilibrado»: Bradlee, *Conversations with Kennedy [Conversaciones con Kennedy]*, p. 32.

351. «Lo habéis dejado»: Grabación de la conversación telefónica de John F. Kennedy con el gobernador Edmund Brown, 7 de noviembre de 1962, Biblioteca Kennedy.

CRÉDITOS FOTOGRÁFICOS

© Courtesy Hyperion Books/2000 Mark Shaw/mptvimages. com: 9, 76, 209.

Courtesy Hyperion Books/AP Photo/Henry Burroughs: 178.

Biblioteca y Museo John F. Kennedy, Boston: 42, 45, 46, 50, 63, 71, 85, 87, 94, 102, 103, 156, 162 (arriba y abajo), 168 (izquierda y derecha), 171, 230, 237, 242 (izquierda), 312 (arriba).

Courtesy Hyperion Books/AP/ Biblioteca y Museo Presidencial John F. Kennedy, Boston: 125.

Archivo de fotos de CBS/Getty Images/Biblioteca y Museo John F. Kennedy, Boston: 166.

Fay Foto Service/Biblioteca y Museo John F. Kennedy, Boston: 90, 117.

Caroline Kennedy/Biblioteca y Museo John F. Kennedy, Boston: 57.

Robert Knudsen, Casa Blanca/Biblioteca y Museo John F. Kennedy, Boston: 163 (arriba), 191 (abajo), 194, 197, 244, 332, 334-335, 337, 341 (arriba y abajo), 342 (arriba a la izquierda, arriba a la derecha, abajo), 346.

Dan McElleney/BettmanCORBIS/Biblioteca y Museo John F. Kennedy, Boston: 55.

President's Office Files, Speech Files Series, «Inaugural address, 20, 1961», Box 34/Biblioteca y Museo John F. Kennedy, Boston: 172 [Discurso de investidura].

Abbie Rowe, Servicio Nacional de Parques/Biblioteca y Museo John F. Kennedy, Boston: 60, 147, 160, 163 (arriba), 196, 259, 289, 307-308.

Bob Sandberg, revista *Look*/Biblioteca y Museo John F. Kennedy, Boston: 130, 347.

Courtesy Hyperion Books/Paul Schutzer, *Time* & *Life* Pictures/Getty Images/Biblioteca y Museo presidencial John F. Kennedy, Boston: 1, 180.

Cecil Stoughton, Casa Blanca/Biblioteca y Museo John F. Kennedy, Boston: 29, 61, 132, 167, 184, 189, 190, 191 (arriba), 214, 221, 238, 284-285, 300, 312 (abajo), 313, 333, 336, 344, 345.

Stanley Tretick/BettmannCORBIS/Biblioteca y Museo John F. Kennedy, Boston: 354-355.

Cuerpo de Señales del Ejército de los Estados Unidos/ Biblioteca y Museo John F. Kennedy, Boston: 176-177.

Departamento de Estado de Estados Unidos/Biblioteca y Museo John F. Kennedy Boston: 242 (derecha), 266.

USIS/Biblioteca y Museo John F. Kennedy, Boston: 261.

Hank Walker, *Time* & *Life* Pictures/Getty Images/Biblioteca y Museo John F. Kennedy, Boston: 112-113, 141.

Courtesy Hyperion Books/George Tames/*The New York Times*/Redux: 28.

Este libro
se terminó de imprimir
en los talleres gráficos
de HCI Printing
en el mes de octubre de 2011